다시
복음으로

다시
복음으로

초판 1쇄 발행 2025. 10. 29.

지은이 하인택
펴낸이 김병호
펴낸곳 주식회사 바른북스

편집진행 김재영
디자인 최다빈
마케팅 송송이 박수진 박하연

등록 2019년 4월 3일 제2019-000040호
주소 서울시 성동구 연무장5길 9-16, 301호 (성수동2가, 블루스톤타워)
대표전화 070-7857-9719 | **경영지원** 02-3409-9719 | **팩스** 070-7610-9820

•바른북스는 여러분의 다양한 아이디어와 원고 투고를 설레는 마음으로 기다리고 있습니다.

이메일 barunbooks21@naver.com | **원고투고** barunbooks21@naver.com
홈페이지 www.barunbooks.com | **공식 블로그** blog.naver.com/barunbooks7
공식 포스트 post.naver.com/barunbooks7 | **페이스북** facebook.com/barunbooks7

ⓒ 하인택, 2025
ISBN 979-11-7263-633-3 03230

•파본이나 잘못된 책은 구입하신 곳에서 교환해드립니다.
•이 책은 저작권법에 따라 보호를 받는 저작물이므로 무단전재 및 복제를 금지하며,
 이 책 내용의 전부 및 일부를 이용하려면 반드시 저작권자와 도서출판 바른북스의 서면동의를 받아야 합니다.

로마서 강해 설교 1

다시
복음으로

하인택 목사 저

바른북스

목 차

1. 예수 그리스도의 종 바울(로마서 1:1-2) · 6
2. 우리 주 예수 그리스도(로마서 1:1-7) · 21
3. 복음을 다시 들어야 하는 사람들(로마서 1:8-17) · 38
4. 하나님을 아는 자로 살아갑시다(로마서 1:18-23) · 54
5. 거룩한 책임(로마서 1:24-32) · 70
6. 듣는 자에서 행하는 자로(로마서 2:1-16) · 86
7. 하나님의 이름이 너희 때문에(로마서 2:17-29) · 104
8. 자기 합리화에 빠지지 맙시다(로마서 3:1-8) · 121
9. 가인의 피가 아닌 예수의 보혈로(로마서 3:9-18) · 138
10. 믿음으로 말미암아(로마서 3:19-31) · 156
11. 언약의 상속자(로마서 4:1-16) · 174
12. 바랄 수 없는 중에 바라고 믿었으니(로마서 4:17-25) · 191
13. 십자가에 나타난 하나님의 사랑(로마서 5:1-11) · 208
14. 한 사람으로 말미암아(로마서 5:12-21) · 226
15. 그리스도와 연합한 자(로마서 6:1-11) · 244
16. 거룩함에 이르는 열매(로마서 6:12-23) · 262
17. 율법에서 벗어났으니(로마서 7:1-13) · 280
18. 하나님을 바라보면 답이 있습니다(로마서 7:14-25) · 297
19. 하나님을 기쁘시게 할 것이 무엇인가(로마서 8:1-11) · 314
20. 그리스도와 함께 한 상속자(로마서 8:12-17) · 330
21. 참음으로 기다릴지니라(로마서 8:18-25) · 346

롬 1:1-2

예수 그리스도의 종 바울은 사도로 부르심을 받아 하나님의 복음을 위하여 택정함을 입었으니 이 복음은 하나님이 선지자들을 통하여 그의 아들에 관하여 성경에 미리 약속하신 것이라

1

예수 그리스도의 종 바울

    오늘부터 로마서 강해를 시작하고자 합니다. 로마서의 제목은 헬라어로 '르포스 로마이우스', '로마인들에게'입니다. 로마에 있는 성도들에게 사도 바울이 보내는 편지가 로마서입니다. 로마서의 저자는 사도 바울로 알려져 있는데 로마서는 사도 바울이 직접 기록한 것이 아니라 더디오에 의해 대필 되었습니다.

'이 편지를 기록하는 나 더디오도 주 안에서 너희에게 문안하노라'
(롬 16:22)

    로마서가 기록된 연대와 장소를 알기 위해서는 사도행전으로 돌아가야 합니다. 행 19장에는 사도 바울이 에베소에 들어가 복음을 전하는 장면이 나옵니다. 사도 바울은 에베소에서 두란노 서원을 세워 제자들에게 말씀을 가르치는 훈련 목회에 집중하게 되는데 이 기간 동안 많은 사람들이 복음의 말씀을 듣게 됩니다. 에베소 지역에 말씀이 심어지기 시작하면서 성령의 능력이 나타나기 시작하는데 사도 바울의 몸에 손수건이나 앞치마를 가져다가 병든 사람에게 얹으면 병이 치유되고 악귀가 떠나가는 기적이 일어나게 되었습니다.

'**하나님이 바울의 손으로 놀라운 능력을 행하게 하시니** 심지어 사람들이 바울의 몸에서 손수건이나 앞치마를 가져다가 병든 사람에게 얹으면 그 병이 떠나고 악귀도 나가더라' (행 19:11-12)

에베소 지역에는 마술사들이 많이 활동하고 있었는데 사도 바울을 통하여 성령의 능력이 나타나자 마술사들이 주술책을 자발적으로 불사르는 일까지 발생하였습니다. 복음이 전파되는 곳에는 성령의 역사와 함께 사탄의 방해도 동시에 나타나게 되는데 에베소에서도 소동이 일어나게 됩니다. 사도 바울이 전하는 예수 때문에 아데미 여신의 형상을 팔던 은장색들이 장사가 안되자 들고 일어나게 된 것입니다.

'이 바울이 에베소뿐 아니라 거의 전 아시아를 통하여 수많은 사람을 권유하여 말하되 **사람의 손으로 만든 것들은 신이 아니라** 하니 이는 그대들도 보고 들은 것이라 우리의 이 영업이 천하여질 위험이 있을 뿐 아니라 큰 여신 아데미의 신전도 무시 당하게 되고 온 아시아와 천하가 위하는 그의 위엄도 떨어질까 하노라 하더라' (행 19:26-27)

은장색들의 소동으로 인하여 사도 바울은 3년의 사역을 마치고 에베소를 떠나게 되는데 에베소는 사도 바울에게 잊을 수 없는 선교지였습니다. 두란노 서원에서 제자들에게 말씀을 가르치는 훈련 목회에 집중하였던 곳이 에베소이고 성령의 능력이 나타나기 시작하면서 많은 사람들이 예수 이름의 권세를 인정하던 곳이 에베소였으며 거대한 아데미 신전이 세워진 땅에 복음의 씨앗을 심어 하나님의 살아 계심을 증거하였던 곳이 바로 에베소입니다. 사도 바울이 에베소를 떠나 어디로 가게 되는가.

'소요가 그치매 바울은 제자들을 불러 권한 후에 작별하고 떠나 마게도냐로 가니라 그 지방으로 다녀가며 여러 말로 제자들에게 권하고 **헬라에 이르러**'(행 20:1-2)

헬라에 이르렀다고 나오는데 여기가 바로 고린도입니다. 고린도에 도착한 사도 바울은 겨울을 맞이하여 배에 오르지 못하게 되고 꼼짝없이 3개월을 기다려야 했는데 그 기간 동안 사도 바울이 기록한 책이 바로 로마서입니다. 에베소에서 일어난 소동으로 사도 바울은 고린도에 가게 되었지만 고린도에서의 머무름은 로마서를 기록하기 위한 하나님의 계획이었다고 말할 수 있습니다. 성도의 발걸음에는 언제나 합력하여 선을 이루도록 인도하시는 하나님의 뜻이 있음을 우리는 믿어야 합니다. 이 배경을 근거로 로마서의 기록 연대를 추정하면 사도 바울의 세 번째 선교 여행이 마무리되는 A.D. 56년경으로 생각할 수 있습니다.

말씀드리고 싶은 것은 로마서는 사도 바울이 복음에 대한 신학적 이해를 체계적으로 정리한 기독교 교리서가 아니라는 사실입니다. 이러한 오해는 로마서가 쓰인 당시의 상황을 모르기 때문에 생겨나는 것입니다. 로마서는 교회 형편에 맞게 쓰인 상황 서신임을 알아야 로마서에서 사도 바울이 전하는 말씀을 이해할 수 있습니다. 바울이 로마서를 기록한 이유가 무엇인가, 바울이 로마서를 통해 전하고자 하는 주제가 무엇인가, 이것을 알기 위해서는 로마 교회의 형편과 로마서를 쓰게 된 사도 바울 개인의 상황을 먼저 살펴보아야 합니다.

1. 로마 교회의 기원

로마 교회가 어떻게 시작이 되었고 누가 설립했는가, 이에 대한 자료가 없는 것이 사실입니다. 하지만 로마 교회가 시작하게 된 배경을 사도행전의 자료를 통하여 추적해 낼 수 있습니다. 예수님께서 부활 승천 하신 후 첫 번째 맞이하는 오순절 절기를 지키기 위해 수많은 유대인들이 예루살렘에 머물고 있었습니다. 이때 성령께서 마가의 다락방에 강림하였고 성령충만을 입은 베드로가 복음을 증거하게 되는데 당시의 모습을 성경은 전해주고 있습니다.

'브루기아와 밤빌리아, 애굽과 및 구레네에 가까운 리비야 여러 지방에 사는 사람들과 **로마로부터 온 나그네** 곧 유대인과 유대교에 들어온 사람들과 그레데인과 아라비아인들이라 우리가 다 우리의 각 언어로 **하나님의 큰 일을 말함을 듣는도다** 하고' (행 2:10-11)

여기서 말씀하는 하나님의 큰일이 무엇인가, 하나님께서 예수 그리스도를 통하여 이루신 구원의 역사를 말합니다. 예수 그리스도의 십자가와 부활 사건을 통하여 하나님이 이루신 구원 역사에 대하여 베드로가 말씀을 전하였을 때 그 현장에는 로마로부터 온 유대인 나그네가 있었다고 성경은 기록하고 있습니다. 사도들을 통하여 복음을 들은 나그네가 로마로 돌아가 무엇을 하였겠는가, 당연히 회당에 모인 유대인들에게 사도들로부터 들은 하나님이 예수 그리스도를 통하여 하신 큰일을 전하였을 것입니다. 그렇게 해서 생겨난 믿는 사람들의 모임이 로마 가정 교회의 시작이었을 것으로 성서학자들은 이해하고 있습니다.

2. 로마 교회의 특징

로마 교회는 사도들에 의해 세워진 교회가 아니라 성도들이 중심이 되어 세워진 평신도 교회였습니다. 사도의 가르침 없이 교회를 세우다 보니 여기에는 한계가 올 수밖에 없었습니다. 교회는 말씀 위에 세워지는 믿음의 공동체인데 사도의 가르침이 없는 상황에서 성도들끼리 모여 교회를 세우다 보니 시간이 지날수록 믿음이 약해지고 복음에 대한 이해가 흐릿해지면서 교회가 온전하지 못하는 것은 당연한 결과였을 것입니다. 이 소식을 들은 사도 바울은 로마에 있는 성도들의 믿음을 바로 세워주기 위하여 선교 현장에서 경험하고 알게 된 복음의 능력에 대하여 말씀을 전하게 되는데 로마에 있는 성도들에게 복음을 전하고 싶어 하는 사도 바울의 마음을 롬 1:15절에서 확인할 수 있습니다.

'그러므로 나는 할 수 있는 대로 로마에 있는 너희에게도 복음 전하기를 원하노라'

초기 기독교 시절 로마에 실제로 믿음의 공동체가 있었는가, 롬 1:7절 보면 중요한 기록을 보여주고 있습니다.

'로마에서 하나님의 사랑하심을 받고 성도로 부르심을 받은 모든 자에게 하나님 우리 아버지와 주 예수 그리스도로부터 은혜와 평강이 있기를 원하노라'

이 구절은 로마에 그리스도인들의 공동체가 있었다는 것을 알려주는 첫 번째 증거자료입니다. 로마 교회에 대한 공식 자료는 역사가 수에토니우스가 쓴 클라우디우스 황제의 생애에 나타나고 있습니다. 그 책에 보면 로마에 있는 유대인들 사이에 크레스토스 때문에 분쟁이 생기고 문제가 빈번히 발생하기 때문에 클라우디우스 황제가 칙령을 내려 로마에 있는 모든 유대인들을 떠나게 하는 추방령을 발표하게 됩니다. 그 원인이 크레스토스 때문에 생겨난 유대인들의 분쟁이라고 나오는데 성서학자들은 크레스토스는 그리스도를 가리키는 것으로 이해하며 유대인 출신 그리스도인들과 정통 유대인 사이에 생겨난 갈등으로 클라우디우스 황제가 유대인들을 로마에서 쫓아내었습니다. 이때 유대인 출신 성도들도 로마를 떠나게 되는데 로마 교회에는 누가 남게 되는가, 당연히 이방인 성도들이 교회의 주된 구성원이 되었을 것입니다. A.D. 54년 클라우디우스 황제가 죽고 추방령이 해제되었을 때 유대인 출신 성도들은 로마 교회로 돌아오게 되었고 이방인 성도들이 교회의 주도권을 행사하는 주객이 전도된 상황을 맞이할 수밖에 없었을 것입니다. 다수의 이방인 성도와 소수의 유대인 성도들로 구성된 로마 교회는 갈등이 생겨날 수밖에 없는 구조였고 이것은 교회가 갈라지는 분쟁의 씨앗이 될 수밖에 없었습니다. 이 소식을 들은 사도 바울은 자기가 개척한 교회는 아니지만 로마 교회의 갈등을 해소하기 위하여 로마서를 기록하게 되는데 유대인 출신 성도와 이방인 성도가 가지고 있는 문제를 다루기 시작하였습니다. 유대인 출신 성도들은 예수를 믿고 유대교에서 기독교로 개종하기는 했지만 율법의 그림자가 완전히 지워진 것은 아니었습니다. 예수를 믿어도 율법의 행위를 여전히 강조하는 유대인 출신 성도들을 위해 사도 바울은 오직 믿음으로만 구원을 받는다는 이신칭의 복음을 롬 1:16-17절에서 전해주고 있습니다.

'내가 복음을 부끄러워하지 아니하노니 이 **복음은 모든 믿는 자에게 구원을 주시는 하나님의 능력이 됨이라** 먼저는 유대인에게요 그리고 헬라인에게로다 복음에는 하나님의 의가 나타나서 믿음으로 믿음에 이르게 하나니 기록된 바 **오직 의인은 믿음으로 말미암아 살리라** 함과 같으니라'

이방인 성도의 문제는 무엇인가, 유대인 출신 성도들이 로마에서 추방을 당하고 교회의 주도권을 갖게 된 이방인 성도에게 문제가 생겨나기 시작하였습니다. 사도의 가르침 없이 신앙생활 하다 보니 말씀대로 믿는 것이 아니라 자기 생각대로 자기 주관대로 신앙생활 하면서 자유가 아닌 방종에 가까운 삶을 살고 있었습니다. 예수에 대한 복음을 듣고 그리스도인이 되었지만 이방인 성도들은 생활 속에서 여전히 이방인의 풍습과 우상과 관련된 습관을 버리지 못하고 있었습니다. 이것을 바로 잡아주기 위해 사도 바울은 공동체의 덕을 세우기 위하여 하나님 주신 자유를 절제해야 하며 그리스도인은 하나님을 기쁘시게 할 뿐만 아니라 사람에게도 칭찬을 받아야 한다고 롬 14:18-19절에서 강조하고 있습니다.

'이로써 그리스도를 섬기는 자는 **하나님을 기쁘시게 하며 사람에게도 칭찬을 받느니라** 그러므로 우리가 화평의 일과 **서로 덕을 세우는 일을 힘쓰나니**'

로마 교회의 가장 큰 약점은 사도에 의해 세워진 교회가 아닌 평신도 중심의 교회였고 사도의 가르침 없이 신앙생활을 하다 보니 믿음이 바로 세워지지 않았다는 것과 유대인 출신 성도와 이방인 성도의 갈등으로 교회는 분열의 위기에 처해 있었다는 것입니다. 사도 바울은 로마 교회 성도들의 믿음을 바로 세우기 위해 믿음으로 구원에 이르는 복음, 공동체에 일어나는 갈등의 문제, 성도의 거룩한 삶에 대하여 로마서를 기록하게 된 것입니다.

3. 스페인 선교

사도 바울이 10년에 걸쳐 세 번째 전도 여행을 마쳤을 때 고민이 있었습니다. 사도 바울의 고민이 무엇인가, 롬 15:19절을 보면 알 수 있습니다.

'그리하여 내가 예루살렘으로부터 두루 행하여 일루리곤까지 **그리스도의 복음을 편만하게 전하였노라**'

1, 2, 3차 전도 여행을 통하여 유럽의 동북부 선교를 마친 사도 바

울은 복음을 전할 새로운 사역지를 찾고 있었습니다. 이때가 사도 바울에게는 중대한 결정을 내려야 할 선교적 전환점이었습니다. 새로운 선교지를 찾아야 하는 상황에서 사도 바울은 서바나 지금의 스페인을 새로운 사역지로 정하게 되는데 사도 바울은 롬 15:23절에서 자신의 선교 비전을 밝히고 있습니다.

'이제는 이 지방에 일할 곳이 없고 또 **여러 해 전부터 언제든지 서바나로 갈 때에 너희에게 가기를 바라고 있었으니**'

서바나는 사도 바울에게 마지막 땅끝이었습니다. 스페인 선교를 위해서는 반드시 로마를 거쳐 가야 하기 때문에 로마에 있는 성도들을 방문하기 원하는 사도 바울의 마음을 롬 1:13절에서 확인할 수 있습니다.

'형제들아 내가 여러 번 너희에게 가고자 한 것을 너희가 모르기를 원하지 아니하노니 이는 너희 중에서도 다른 이방인 중에서와 같이 열매를 맺게 하려 함이로되 지금까지 길이 막혔도다'

사도 바울이 스페인 선교를 추진하기 위해서는 로마 교회의 기도와 후원이 절대적으로 필요하였습니다. 지금까지는 안디옥 교회가 후원하여 1, 2, 3차 전도 여행을 감당할 수 있었지만 스페인은 안디옥 교회와 지리적으로 너무 멀었고 가까이 후원할 수 있는 교회가 바로 로마 교회였습니다. 사도 바울은 로마에 있는 교회를 방문하기 원하였고 스페인 선교에 동참해 주기를 바라는 마음을 롬 15:24절에서 전하고 있습니다.

'이는 지나가는 길에 너희를 보고 먼저 너희와 사귐으로 얼마간 기쁨을 가진 후에 **너희가 그리로 보내주기를 바람이라**'

하지만 사도 바울은 스페인 선교보다 로마 교회가 복음의 능력을 회복하는 것이 더 중요한 일임을 알게 되었습니다. 교회가 말씀 위에 바로 서지 못하고 유대인 출신 성도와 이방인 성도가 갈등하는 상황에서 하나님 나라 선교 사역에 동참할 수 있겠는가. 사도 바울은 교회를 바로 세우는 것이 우선순위임을 깨닫고 복음에 대한 이해를 돕기 위해 로마서를 기록하여 전하게 된 것입니다.

4. 로마서의 주제

로마서 전체에 나타나는 주제는 하나님의 의라 말할 수 있습니다. 로마서에서 사도 바울이 전하는 하나님의 의는 두 가지 내용을 다루고 있습니다. 예수 믿는 자를 의롭다 칭하시는 하나님의 의, 우리가 알고 있는 이신칭의입니다. 또 하나는 예수 믿는 성도들에게 요구하시는 하나님의 의가 로마서의 중요한 주제를 이루고 있습니다. 사도 바울은 로마서에서 예수 그리스도 안에 나타난 하나님의 의를 강조하는데 죄인 된 인간이 예수를 믿음으로 하나님께서 의롭다 여겨주시고 의롭다 여김을 받은 성도에게 하나님은 의로운 생활을 요구하시는 것이 사도 바울이 전하는 하나님의 의입니다.

이 주제를 강조하기 위해 로마서는 내용상 이분법 구조를 가지고 있습니다. 죄인 된 인간이 어떻게 의롭다 여김을 받을 수 있는가 이신칭의에 대한 말씀이 1-11장까지인데 사도 바울은 체계적이고 논리적인 언어를 사용하여 복음에 대한 이해를 돕고 있습니다. 로마서의 후반부에서 사도 바울은 구원받은 성도가 어떻게 공동체 안에서 덕을 세우며 세상 가운데 의롭게 살 수 있는가, 실천적인 내용을 12-16장까지 전해주고 있습니다. 사도 바울이 로마서에서 강조하는 주제 말씀은 그리스도 안에 나타난 하나님의 의입니다.

'이제는 율법 외에 **하나님의 한 의가 나타났으니** 율법과 선지자들에게 증거를 받은 것이라 곧 **예수 그리스도를 믿음으로 말미암아 모든 믿는 자에게 미치는 하나님의 의니 차별이 없느니라**' (롬 3:21-22)

예수를 믿음으로 의롭다 칭함받은 성도에게 어떤 일이 일어나는가, 사도 바울은 이것을 의의 효과로 이해하고 있는데 죄의 권세에서 자유하며(롬 5장), 죽음의 권세에서 자유하며(롬 6장), 율법의 권세에서 자유하며(롬 7장), 성령 안에서 참된 자유를 누리게 됨을 롬 8장에서 다루고 있습니다.

5. 로마서의 특징

로마서는 선교의 현장에서 성령과 말씀의 능력을 체험한 선교사가 증거하는 복음의 책이지 신학자가 집필한 기독교 교리서가 아닙니다. 로마서는 16세기 종교 개혁의 신학적 근거를 제공한 책으로 로마서에는 사도 바울의 구약과 신약을 연결시키는 신학적 이해와 이신칭의 복음에 대한 말씀을 집대성 한 책으로 성서학자들은 주장하고 있습니다. 로마서는 회심의 책으로 어거스틴은 롬 13:13-14절 말씀을 읽고 기독교에 회심한 것으로 알려져 있습니다.

'낮에와 같이 단정히 행하고 방탕하거나 술 취하지 말며 음란하거나 호색하지 말며 다투거나 시기하지 말고 **오직 주 예수 그리스도로 옷 입고 정욕을 위하여 육신의 일을 도모하지 말라**'

마틴 루터와 칼빈 역시 로마서에 기록된 말씀을 근거로 종교 개혁을 부르짖었습니다.

'복음에는 하나님의 의가 나타나서 믿음으로 믿음에 이르게 하나니 기록된 바 **오직 의인은 믿음으로 말미암아 살리라** 함과 같으니라' (롬 1:17)

6. 로마서가 주는 유익

로마서를 통해 얻게 되는 유익은 복음에 대한 이해라고 말할 수 있습니다.

'예수 그리스도의 종 바울은 사도로 부르심을 받아 **하나님의 복음을 위하여 택정함을 입었으니**' (롬 1:1)

복음을 위하여 택함을 받은 사도 바울, 신약 13권을 저술한 성경 기자로 사도 바울은 로마서를 통해 복음에 대한 신학적 이해를 체계적으로 전해주고 있습니다. 또한 로마서를 읽으면 구원론에 대한 이해를 깊게 가질 수 있습니다. 구원의 5단계라 부르는 예정하심, 부르심, 의롭다 하심, 성화의 여정, 마지막 영화의 단계에 대해 사도 바울은 롬 8:29-30절에서 전해주고 있습니다.

'하나님이 **미리 아신 자**들을 또한 그 아들의 형상을 본받게 하기 위하여 **미리 정하셨으니** 이는 그로 많은 형제 중에서 맏아들이 되게 하려 하심이니라 또 미리 정하신 그들을 또한 **부르시고** 부르신 그들을 또한 **의롭다 하시고** 의롭다 하신 그들을 또한 **영화롭게 하셨느니라**'

로마서를 통해 얻게 되는 유익 가운데 하나는 성령의 사역에 대한 이해입니다.

'이와 같이 성령도 우리의 연약함을 도우시나니 우리는 마땅히 기도할 바를 알지 못하나 오직 **성령이 말할 수 없는 탄식으로 우리를 위하여 친히 간구하시느니라** 마음을 살피시는 이가 성령의 생각을 아시나니 이는 **성령이 하나님의 뜻대로 성도를 위하여 간구하심이니라**' (롬 8:26-27)

성령장이라 불리는 롬 8장에서 사도 바울은 성령의 사역에 대하여 자세히 알려주고 있습니다. 특히 로마서 8장에서 사도 바울은 로마의 성도들에게 고난에 대한 이해를 돕고 있음을 롬 8:17-18절 말씀에서 확인할 수 있습니다.

'자녀이면 또한 상속자 곧 하나님의 상속자요 그리스도와 함께 한 상속자니 **우리가 그와 함께 영광을 받기 위하여 고난도 함께 받아야 할 것이니라** 생각하건대 **현재의 고난은 장차 우리에게 나타날 영광과 비교할 수 없도다**' (롬 8:17-18)

7. 로마서에 대한 기대

　로마서의 말씀을 통하여 기대하는 것이 있습니다. 로마서의 말씀을 통해 우리는 복음에 대한 이해가 깊어지며 우리의 구원을 위하여 지금도 일하시고 합력하여 선을 이루시는 삼위일체 하나님을 로마서에서 만나게 될 것입니다. 또한 로마서를 통해 예수 그리스도를 믿음으로 의롭다 함을 얻은 성도가 삶을 통하여 이루어야 할 하나님의 의가 무엇인지 배우게 될 것입니다. 로마서의 말씀을 통해 우리의 믿음이 복음의 반석 위에 견고히 세워지기를 주님의 이름으로 축원합니다. 아멘

롬 1:1-7

　예수 그리스도의 종 바울은 사도로 부르심을 받아 하나님의 복음을 위하여 택정함을 입었으니 이 복음은 하나님이 선지자들을 통하여 그의 아들에 관하여 성경에 미리 약속하신 것이라 그의 아들에 관하여 말하면 육신으로는 다윗의 혈통에서 나셨고 성결의 영으로는 죽은 자들 가운데서 부활하사 능력으로 하나님의 아들로 선포되셨으니 곧 우리 주 예수 그리스도시니라 그로 말미암아 우리가 은혜와 사도의 직분을 받아 그의 이름을 위하여 모든 이방인 중에서 믿어 순종하게 하나니 너희도 그들 중에서 예수 그리스도의 것으로 부르심을 받은 자니라 로마에서 하나님의 사랑하심을 받고 성도로 부르심을 받은 모든 자에게 하나님 우리 아버지와 주 예수 그리스도로부터 은혜와 평강이 있기를 원하노라

2

우리 주 예수 그리스도

    로마서는 사도 바울이 고린도에 머무는 동안에 기록한 로마 교회와 성도들을 향한 목회서신입니다. 로마 교회는 사도 바울이 세운 교회는 아니지만 사도 바울은 로마에 있는 성도들을 향하여 관심을 가지고 있었습니다. 하나님께서 기회의 문을 열어주신다면 언제든지 로마 교회를 방문하기 원하는 사도 바울의 마음을 롬 1:13절에서 보여주고 있습니다.

    '<u>형제들아 내가 여러 번 너희에게 가고자 한 것을</u> 너희가 모르기를 원하지 아니하노니 이는 너희 중에서도 다른 이방인 중에서와 같이 열매를 맺게 하려 함이로되 <u>지금까지 길이 막혔도다</u>'

자신이 개척한 교회도 아닌데 사도 바울이 로마 교회를 방문하기 원하는 이유가 무엇일까. 로마 교회가 가지고 있는 위치 때문입니다. 10년에 걸쳐 1, 2, 3차 전도 여행을 마친 사도 바울에게 새로운 선교지가 필요하였습니다. 기도하는 가운데 사도 바울은 서바나, 지금의 스페인 지역을 새로운 사역지로 정하게 되고 이를 위해 로마 교회 성도들의 도움이 절대적으로 필요하였습니다. 왜냐하면 스페인에서 가장 가까운 믿음의 공동체가 로마 교회에 있었기 때문입니다. 사도 바울은 로마의 성도들에게 스페인 선교의 비전을 밝히며 함께 동참해줄 것을 롬 15:23-24절에서 전해주고 있습니다.

'이제는 이 지방에 일할 곳이 없고 또 **여러 해 전부터 언제든지 서바나로 갈 때에 너희에게 가기를 바라고 있었으니** 이는 지나가는 길에 너희를 보고 먼저 너희와 사귐으로 얼마간 기쁨을 가진 후에 **너희가 그리로 보내주기를 바람이라'**

하지만 들려오는 소식은 그리 좋지 않았습니다. 로마 교회는 사도들이 세운 교회가 아니었고 평신도 중심의 교회였습니다. 말씀의 가르침을 받지 못하여 믿음이 약해지고 복음에 대한 이해가 떨어지며 소수의 유대인 출신 성도와 다수의 이방인 성도 사이에 갈등이 심화되고 있다는 이야기를 사도 바울이 듣게 되었습니다. 사도 바울은 로마 교회를 말씀 위에 바로 세우고 성도들의 복음에 대한 이해를 돕기 위하여 자신의 신학적 역량을 총동원하여 로마서를 기록하게 되는데 이런 배경 때문에 성서학자들은 로마서를 서신서 중의 복음서, 기독교 교리 요약이라 부르고 있습니다. 신약 성경에는 바울이 기록한 서신서 13권과 공동 서신 8권 총 21개의 서신서가 있는데 로마서는 21개의 서신서 가운데 가장 앞부분에 위치하고 있습니다. 로마서가 가장 먼저 기록된 서신서이기 때문인가, 그렇지 않습니다. 데살로니가 전서가 서신서 가운데 가장 먼저 기록된 것으로 알려져 있는데 A.D. 50년경 쓰였습니다. 그 뒤를 이어 갈라디아서와 고린도전서가 A.D. 53~55년경, 고린도 후서가 A.D. 56년경 기록이 되었고 로마서는 A.D. 55~57년경 기록한 것으로 알려져 있습니다. 그럼에도 불구하고 21개의 서신서 가운데 맨 처음에 배치된 이유가 무엇인가, 로마서는 내용상 서신서를 대표하는 책으로, 신약의 복음을 집대성한 책으로 인정받고 있기 때문 아닌가 생각됩니다. 오늘 살펴보게 될 본문은 로마서가 시작하는 곳으로 사도 바울은 서신서를 기록할 때 편지를 보내는 발신인과 수신인을 밝히고 인사말을 짧게 언급하는 습관이 있습니다. 서신서들이 보통 2-3절 정도 인사말을 기록하고 있다면 로마서는 다른 서신서와는 달리 인사말이 무려 7절로 이루어져 있습니다. 로마서에 나오는 인사말이 다른 서신서와 구별되는 특징을 갖고 있음을 알 수 있습니다. 데살로니가 전서의 인사말은 19개, 골로새서의 인사말은 28개, 에베소서의 인사말은 30개, 빌립보서의 인사말은 32개, 갈라디아서의 인사말은 75개의 단어로 구성이 되어 있습니다. 그런데 로마서에 나오는 인사말은 무려 93개의 단어로 이루어져 있습니다. 놀라운 것은 복음, 예수 그리스도의 인성과 신성, 사도의 직분, 성도로 부르심, 로마서에서 다루고자 하는 신학적 주제를 인사말에서 이미 사용하고 있음을 성경은 보여주고 있습니다. 사도 바울은 로마서를 시작하면서 로마의 성도들에게 자신을 이렇게 소개하고 있습니다.

우리 주 예수 그리스도

'예수 그리스도의 종 바울은 사도로 부르심을 받아 하나님의 복음을 위하여 택정함을 입었으니' (1절)

사도 바울은 로마에 있는 성도들에게 나는 예수 그리스도의 종이요 사도로 부르심을 받았으며 하나님의 복음을 위하여 택정함을 입었다고 전하고 있습니다. 사도 바울이 이처럼 무게감 있게 자신을 소개하는 이유는 로마 교회는 사도 바울이 세운 교회가 아니었기 때문입니다. 또한 로마 교회가 사도 바울의 스페인 선교를 후원하기 위해서는 바울에 대한 이해가 필요하였기 때문에 사도 바울이 자신에 대하여 자세히 소개하고 있지 않나 생각해 볼 수 있습니다. 본문에서 사도 바울은 자신이 누구인지, 복음에 대하여, 예수 그리스도에 대하여, 사도의 직분과 성도의 부르심에 대하여 인사말에서부터 중요한 주제를 다루고 있습니다. 오늘은 **우리 주 예수 그리스도**, 이 제목으로 함께 말씀 나눌 때 성령께서 우리를 진리 가운데로 인도하셔서 복음의 비밀을 깨닫게 하시기를 주님의 이름으로 축원합니다. 아멘

첫째, 우리는 하나님의 부르심을 받은 성도입니다.

사도 바울이 자신을 어떻게 소개하고 있는지 1절 보시기 바랍니다.

'예수 그리스도의 종 바울은 사도로 부르심을 받아 하나님의 복음을 위하여 택정함을 입었으니'

사도 바울은 자신을 어떻게 전해주고 있는가.

1. 예수 그리스도의 종

사도 바울은 로마에 있는 성도들에게 나는 예수 그리스도의 종이라고 이것을 제일 먼저 알리며 자신을 소개하고 있습니다. 종이라는 단어에서 우리는 사도 바울의 자의식을 찾아볼 수 있습니다. 종이라는 단어는 헬라어로 둘로스라고 하는데 노예라는 뜻입니다. 그 당시 노예는 인간이 아닌 수단이요 도구에 불과한 시대였습니다. 주인의 생각, 주인의 기분, 주인의 뜻대로 움직이고 필요 없으면 버림받는 존재가 바로 노예입니다. 이것을 알고 있는 사도 바울이 자신을 가리켜 나는 그리스도의 종이라고 예수의 둘로스, 노예라고 소개하고 있습니다. 이것은 억지로 강제적으로 종이 된 사람에게 나올 수 있는 고백이 아닙니다. 사도 바울이 로마서를 시작하며 자신을 예수 그리스도의 종이라 선언하는 것은 그리스도의 일꾼으로 부름받은 것이 나의 기쁨이요 자랑임을 알려주기 위함입니다. 기록에 의하면 기원전 3세기 중엽 히브리어로 구성된 구약 성경을 헬라어로 번역한 칠십인 역에 보면 종이라는 것은 하나님 앞에 선 인간이 스스로에 대해 일컫는 호칭이라고 전해주고 있습니다. 사도 바울이 자신을 가리켜 예수 그리스도의 종이라고 선언하는 것은 사나 죽으나 나는 그리스도의 것임을 고백하는 사도 바울의 믿음을 보여주고 있는 것입니다. 사도 바울은 가진 것이 많은 사람이었습니다. 로마 시민권을 가지고 있었고 가말리엘 문하에서 최고의 랍비 교육을 배웠으며 율법의 열심으로는 바리새인 중의 바리새인이라고 인정받은 사람이었습니다. 하지만 사도 바울이 다메섹 도상에서 부활의 주님을 만나 회심하면서 그리스도의 종으로 부름받은 것, 예수님에게 매여 살아가는 것이 내게는 기쁨이라고 빌 3:7-8절에서 고백하고 있습니다.

'그러나 **무엇이든지 내게 유익하던 것을 내가 그리스도를 위하여 다 해로 여길뿐더러** 또한 모든 것을 해로 여김은 **내 주 그리스도 예수를 아는 지식이 가장 고상하기 때문이라**'

그리스도의 종으로 부름받은 사도 바울, 자신의 모든 소유권을 내려놓고 사나 죽으나 나는 주의 것임을 롬 14:7-8절에서 선언하고 있습니다.

'우리 중에 누구든지 자기를 위하여 사는 자가 없고 자기를 위하여 죽는 자도 없도다 우리가 살아도 주를 위하여 살고 죽어도 주를 위하여 죽나니 그러므로 **사나 죽으나 우리가 주의 것이로다**'

하나님께서 모세와 여호수아를 부르실 때 네 발에서 신을 벗으라 말씀하셨습니다. 신을 벗으라 말씀하심은 하나님의 종이 되기 위해서는 세상의 모든 것을 내려놓으라는 의미로 해석할 수 있습니다. 모세와 여호수아는 하나님의 부르심에 반응하며 신을 벗었고 하나님은 그들을 통하여 출애굽의 기적과 가나안 정복이라는 위대한 역사를 이루셨습니다. 하나님의 부르심을 받아 세상의 신을 벗었던 모세와 여호수아, 성경은 이들을 가리켜 여호와의 종이라 부르고 있습니다.

'이에 **여호와의 종 모세가** 여호와의 말씀대로 모압 땅에서 죽어' (신 34:5)
'이 일 후에 **여호와의 종 눈의 아들 여호수아가** 백십 세에 죽으매'
(수 24:29)

사랑하는 성도 여러분!

우리는 예수 그리스도의 종으로 부름받은 사람들입니다. 세상에서의 헛된 신을 벗어버리고 하나님 나라 일꾼으로, 예수님에게 매여 살아가는 것이 우리의 자랑과 기쁨이 될 수 있기를 간절히 소망합니다.

2. 사도

사도 바울은 자신을 가리켜 사도로 부르심을 받은 자라고 전해주고 있습니다.

'예수 그리스도의 종 바울은 **사도로 부르심을 받아** 하나님의 복음을 위하여 택정함을 입었으니' (1절)

사도라는 말에는 보내심을 받은 자라는 뜻을 가지고 있습니다. 중요한 것은 사도로 부르심을 받은 자에게는 부르심의 목적이 있으며 주어지는 사명이 있다는 사실입니다. 하나님께서 사도 바울을 부르신 이유가 무엇인가, 이것을 알기 위해서는 사울이 부르심을 받았던 다메섹 현장으로 돌아가야 합니다. 사울이 그리스도인들을 핍박하기 위하여 다메섹으로 달려가고 있을 때 부활의 주님께서 그를 만나 주셨습니다. 주님께서 사울의 눈을 보지 못하게 하셨고 아나니아로 하여금 사울에게 가서 기도해 줄 것을 말씀하셨습니다. 이때 아나니아가 머뭇거리면서 질문을 드렸습니다. 사울에 대한 소문이 좋지 아니한데 교회의 핍박자인 사울을 위해 기도해 준다는 것이 이해가 되지 않는다고 이야기하자 주님께서 아나니아에게 사울을 부르신 목적을 알려 주셨습니다.

'주께서 이르시되 가라 이 사람은 <u>내 이름을 이방인과 임금들과 이스라엘 자손들에게 전하기 위하여 택한 나의 그릇이라</u>' (행 9:15)

주님께서 사울을 부르실 때 이방인이라는 단어와 전하다는 단어가 함께 나오는데 전하다는 헬라어로 운반하다라는 뜻을 가지고 있습니다. 하나님께서 사울을 부르심은 이방 사람들에게 예수의 이름이 전해지기를 원하셨고 복음의 운반자로 사용하기를 원하셨기 때문입니다. 사도로 부름받은 사울은 먼저 자신의 이름을 바울로 바꾸었습니다. 1절 보시면 예수 그리스도의 종 바울이라고 소개하고 있는데 원래 히브리식 이름은 여호와께 구하다라는 뜻의 사울이었습니다. 이방인의 사도로 부름을 받은 사울은 히브리 이름을 내려놓고 작은 자라는 뜻의 헬라식 이름 바울로 바꾸게 된 것입니다. 이방인의 사도로 부름받은 사도 바울, 예수의 이름을 운반하는 전도자로서 10년에 걸쳐 선교 여행을 다녔고 복음을 전하기 위하여 다닌 거리가 16,000km, 바닷길만 5,600km를 항해하였습니다. 이방인의 사도로 부름받은 것이 사도 바울에게 어떤 의미였을까.

'내가 이방인인 너희에게 말하노라 <u>내가 이방인의 사도인 만큼 내 직분을 영광스럽게 여기노니</u>' (롬 11:13)

이방인의 사도로 부름받은 사도 바울은 내 직분을 영광스럽게 여긴다고 고백하고 있습니다. 하나님 주신 직분을 자랑스럽게 여기는 사도 바울, 복음의 운반자로 살고자 했던 그에게 어떤 일이 일어났는가,

'유대인들에게 사십에서 하나 감한 매를 다섯 번 맞았으며 세 번 태장으로 맞고 한 번 돌로 맞고 세 번 파선하고 일 주야를 깊은 바다에서 지냈으며 여러 번 여행하면서 강의 위험과 강도의 위험과 동족의 위험과 이방인의 위험과 시내의 위험과 광야의 위험과 바다의 위험과 거짓 형제 중의 위험을 당하고 또 수고하며 애쓰고 여러 번 자지 못하고 주리며 목마르고 여러 번 굶고 춥고 헐벗었노라' (고후 11:24-27)

사도 바울이 겪었던 험난한 시간, 죽음 직전까지 이르렀던 고난의 시간을 우리가 이해할 수 있을까. 그럼에도 불구하고 사도 바울은 이방인의 사도로 부름받은 것에 대하여 하나님이 주신 영광스러운 직분이라고, 이것이 내게 주신 은혜의 선물이라고 5절에서 고백하고 있습니다.

'그로 말미암아 우리가 **은혜와 사도의 직분을 받아** 그의 이름을 위하여 모든 이방인 중에서 믿어 순종하게 하나니'

은혜와 사도의 직분이 함께 등장하는 이유가 있습니다. 은혜라는 단어는 헬라어 카리스에서 유래되었는데 받을 자격이 없는 자에게 주어지는 선물을 의미합니다. 사도 바울은 은혜와 사도의 직분을 하나로 연결시켜 이방인의 사도로 부름받은 것이 내게는 영광스러운 직분이요 하나님이 주신 은혜라고 고백하고 있습니다. 우리는 여기서 하나님 주신 직분과 사명을 자랑스럽게 생각하는 사도 바울의 믿음을 보아야 하지 않을까 생각합니다. 어느 순간 이런 생각이 들었던 적이 있습니다. 하나님께서 나를 사랑하시는 것은 너무나도 당연한데 베푸신 은혜와 사랑을 나눌 때 왜 이렇게 계산적으로 되어가는지, 하나님께서 나의 허물을 덮어주시고 죄를 용서해 주시는 것은 너무나도 자연스러운데 내 자존심을 건드린 사람 용서하는 것이 왜 그렇게 어려운지, 예수님께서 나의 구원을 위해 십자가를 지시는 것은 지극히 당연한 일인데 직분자로 섬기며 살아가는 것이 왜 이렇게 부담이 되는 것인지. 이방인의 사도로 부름받은 것에 대하여 영광스러운 직분이요 은혜의 선물이라고 고백하는 사도 바울, 지금 우리의 믿음을 돌아보아야 하지 않을까 생각합니다. 사랑하는 성도 여러분! 하나님께서 부족한 우리를 직분자로 세워주심은 우리를 통하여 영광을 받기 위함이요 우리의 헌신과 섬김을 통하여 예수의 이름이 존귀하게 여김받기를 원하시기 때문입니다. 사도 바울이 로마에 있는 성도들을 향하여 뭐라고 부르고 있습니까. 6절 말씀에 성도로 부름받은 우리의 정체성이 있습니다.

'너희도 그들 중에서 **예수 그리스도의 것으로 부르심을 받은 자**니라'

또한 7절 보시면 사도 바울은 성도를 가리켜 하나님의 사랑하심을 받고 부르심을 받은 자라고 알려주고 있습니다.

'로마에서 **하나님의 사랑하심을 받고 성도로 부르심을 받은 모든 자**에게 하나님 우리 아버지와 주 예수 그리스도로부터 은혜와 평강이 있기를 원하노라'

성도로 부르심을 받았다고 할 때 여기에는 헬라어 '하기오스'라는 단어가 들어가 있습니다. 하기오스에는 하나님께 봉헌된, 하나님께 바쳐진 제의적 의미가 담겨 있습니다. 성도로 부름받았다는 것은 하나님께 바쳐진 존재가 되었다는 것을 의미합니다. 성도로 부름받은 사람, 거룩한 제단에 봉헌된 사람을 의미합니다. 그래서 성도로 부름받은 우리는 함부로 살아서는 안 되는 것이며 세상의 것들을 고집스럽게 붙잡아서는 안 되는 것입니다. 하나님께서 우리를 영광스러운 직분자로, 예수 그리스도의 종으로 부르셨음을 기억하시고 맡겨주신 사명 충성된 믿음으로 감당하여 하나님의 부르심이 헛되지 않기를 간절히 소망합니다.

3. 복음을 위하여 택정함

1절 마지막 보시면 사도 바울은 하나님의 복음을 위하여 택정함을 입었다고 고백하고 있습니다.

'예수 그리스도의 종 바울은 사도로 부르심을 받아 **하나님의 복음을 위하여 택정함을 입었으니**'

이 말씀을 시작으로 사도 바울은 예수 그리스도를 전하기 시작하는데 2절 보시면

'이 복음은 하나님이 선지자들을 통하여 **그의 아들에 관하여 성경에 미리 약속하신 것이라**'

하나님께서 선지자들을 통하여 그 아들에 관하여 성경에 미리 약속

하신 것, 이것이 복음이라고 사도 바울은 기록하고 있습니다. 구약에서 미리 약속하신 복음은 무엇을 의미하는가, 사 11:10절에서 이사야 선지자는 다윗의 혈통을 통하여 오실 메시야를 선포하고 있습니다.

'그 날에 이새의 뿌리에서 한 싹이 나서 **만민의 기치로 설 것이요 열방이 그에게로 돌아오리니 그가 거한 곳이 영화로우리라**'

이새의 뿌리에서 한 싹이 난다는 말씀은 다윗의 자손으로 오시는 메시야를 의미합니다. 사도 바울은 3절에서 육신으로는 다윗의 혈통으로 오신 예수님을 증거하고 있습니다.

'그의 아들에 관하여 말하면 **육신으로는 다윗의 혈통에서 나셨고**'

복음서 기자들은 한결같이 다윗의 자손으로 오신 예수가 구약에서 예언했던 메시야임을 증거하고 있습니다. 신약 성경이 시작하는 마 1:1절과 20절에서 마태는 메시야의 나심을 이렇게 기록하고 있습니다.

'아브라함과 **다윗의 자손 예수 그리스도의 계보라**'
'이 일을 생각할 때에 주의 사자가 현몽하여 이르되 **다윗의 자손 요셉아** 네 아내 마리아 데려오기를 무서워하지 말라 그에게 잉태된 자는 성령으로 된 것이라'

본문 3절에서 사도 바울이 육신을 입고 오신 예수님의 인성을 전하고 있다면 4절에서는 예수님의 신성을 증거하고 있습니다.

'**성결의 영으로는 죽은 자들 가운데서 부활하사** 능력으로 하나님의 아들로 선포되셨으니 곧 **우리 주 예수 그리스도시니라**'

'성결의 영으로는 죽은 자들 가운데서 부활하사' 누구와도 비교할 수 없는 거룩한 영이라는 의미로 신성을 가지고 오신 예수의 하나님 되심을 전해주고 있습니다. 사도 바울은 부활 사건을 통하여 예수의 신성이 확실히 증거되었다고 증거하며 죽음을 이기시고 사망을 정복하신 예수 그리스도는 하나님의 아들이라고 선포하고 있습니다. 십자가의 제물 되기 위하여 인간의 몸을 입고 오신 예수님, 성결의 영을 가지고 계시기에 죄가 없으신 그분이 우리의 죄를 대속하여 십자가에 죽으시고 죽음을 정복하사 부활의 첫 열매가 되어주신 예수님. 그분이 바로 우리 주가 되신다고 사도 바울은 전하고 있습니다. 4절 마지막에 기록된 말씀을 기억하셨으면 좋겠습니다. '우리 주 예수 그리스도' 이것이 사도 바울이 로마서에서 전하고 싶어 하는 복음의 핵심입니다. 우리 주 예수 그리스도, 이 말씀이 얼마나 중요한 고백인지 알기 위해서는 1절부터 다시 살펴보아야 합니다. 1절에서 사도 바울은 예수 그리스도의 종으로 부름받았다고 하면서 소유격을 사용하고 있습니다. 2절에서 사도 바울은 예수를 가리켜 그의 아들로 소개하며 여기서도 소유격을 사용하고 있습니다. 3절에서 사도 바울은 인간의 몸을 입고 오신 예수의 인성을 강조하기 위해 다윗의 혈통이라는 단어에서 소유격을 사용하고 있습니다. 마지막 4절에서도 예수의 신성을 증거하기 위해 성결의 영, 하나님의 아들이라는 표현에서 소유격을 사용하고 있습니다. 사도 바울은 4절 마지막에서 이 땅에 오신 메시야가 바로 우리의 주가 되시는 예수 그리스도라고 선포하며 여기서도 소유격 대명사 '헤몬'이라는 단어를 사용하고 있습니다. 로마서가 워낙 무게감 있는 말씀이기 때문에 강해설교를 위해 본문을 여러 번 읽고 묵상하며 준비하는 가운데 사도 바울이 선포하는 복음 우리 주 예수 그리스도, 이 말씀에서 많은 은혜를 받았습니다. **우리의 주가 되시는 예수 그리스도**, 사도 바울이 외치는 생명의 복음입니다. 사도 바울이 예수 그리스도, 복음을 선포하며 우리의 주가 되신다는 소유격을 사용하는 이유가 무엇일까, 단어 하나하나에 의미가 담겨 있습니다. **우리**, 부름받은 성도는 예수님과 연합한 자가 되었음을 알려주고 있습니다. 주, 예수님이 우리의 주가 되시며 경배의 대상이 되심을 전해주고 있습니다. **예수**, 자기 백성을 죄에서 구원하기 위하여 인간의 몸을 입고 오신 하나님의 아들을 증거하고 있습니다. **그리스도**, 하나님께서 기름 부어 보내신 메시야가 예수이심을 선포하고 있습니다. **우리의 주가 되시는 예수 그리스도**, 사도 바울이 로마서에서 전하는 복음의 핵심입니다. 중요한 것은 사도 바울은 예수 그리스도가 우리의 주가 되심을 전해주며 소유격을 사용하고 있다는 사실입니다. 소유격, 예수와 우리는 끊어질 수 없는 관계임을 알려주고 있습니다. 성도로 부름받은 우리, 십자가의 피로 구속함을 받은 우리, 그리스도의 종으로 부름받은 우리, 절대 끊어질 수 없는 관계임을 사도 바울은 소유격을 통해 증거하며 누가 그리스도에게 속한 우리를 하나님의 사랑에서 끊을 수 있겠느냐 롬 8장에서 외치고 있습니다.

'<u>누가 우리를 그리스도의 사랑에서 끊으리요</u> 환난이나 곤고나 박해나 기근이나 적신이나 위험이나 칼이랴 기록된 바 우리가 종일 주를 위하여 죽임을 당하게 되며 도살 당할 양 같이 여김을 받았나이다 함과 같으니라 그러나 이 모든 일에 우리를 사랑하시는 이로 말미암아 우리가 넉넉히 이기느니라 내가 확신하노니 사망이나 생명이나 천사들이나 권세자들이나 현재 일이나 장래 일이나 능력이나 높음이나 깊음이나 다른 어떤 피조물이라도 **우리를 우리 주 그리스도 예수 안에 있는 하나님의 사랑에서 끊을 수 없으리라**' (롬 8:35-39)

롬 1:8-17

먼저 내가 예수 그리스도로 말미암아 너희 모든 사람에 관하여 내 하나님께 감사함은 너희 믿음이 온 세상에 전파됨이로다 내가 그의 아들의 복음 안에서 내 심령으로 섬기는 하나님이 나의 증인이 되시거니와 항상 내 기도에 쉬지 않고 너희를 말하며 어떻게 하든지 이제 하나님의 뜻 안에서 너희에게로 나아갈 좋은 길 얻기를 구하노라 내가 너희 보기를 간절히 원하는 것은 어떤 신령한 은사를 너희에게 나누어 주어 너희를 견고하게 하려 함이니 이는 곧 내가 너희 가운데서 너희와 나의 믿음으로 말미암아 피차 안위함을 얻으려 함이라 형제들아 내가 여러 번 너희에게 가고자 한 것을 너희가 모르기를 원하지 아니하노니 이는 너희 중에서도 다른 이방인 중에서와 같이 열매를 맺게 하려 함이로되 지금까지 길이 막혔도다 헬라인이나 야만인이나 지혜 있는 자나 어리석은 자에게 다 내가 빚진 자라 그러므로 나는 할 수 있는 대로 로마에 있는 너희에게도 복음 전하기를 원하노라 내가 복음을 부끄러워하지 아니하노니 이 복음은 모든 믿는 자에게 구원을 주시는 하나님의 능력이 됨이라 먼저는 유대인에게요 그리고 헬라인에게로다 복음에는 하나님의 의가 나타나서 믿음으로 믿음에 이르게 하나니 기록된 바 오직 의인은 믿음으로 말미암아 살리라 함과 같으니라

3

복음을
다시 들어야 하는 사람들

　오늘 함께 살펴볼 본문은 사도 바울이 로마서를 쓰는 이유와 로마 교회를 방문하기 원하는 심정을 전해주고 있습니다. 사도 바울은 먼저 로마 교회에 대한 좋은 소식을 듣게 되어 하나님께 감사하다는 말을 전해주고 있습니다. 8절 보시면

'먼저 내가 예수 그리스도로 말미암아 너희 모든 사람에 관하여 **내 하나님께 감사함은 너희 믿음이 온 세상에 전파됨이로다**'

　사도 바울은 로마 교회 성도들의 믿음이 좋은 소문을 내고 있다는 소식에 감사하다고 전하면서 로마 교회를 위해 쉬지 않고 기도하고 있음을 9절에서 밝히고 있습니다.

'내가 그의 아들의 복음 안에서 내 심령으로 섬기는 하나님이 나의 증인이 되시거니와 항상 내 기도에 쉬지 않고 너희를 말하며'

로마 교회는 사도 바울이 직접 세운 교회가 아님에도 불구하고 쉬지 않고 기도하는 이유가 무엇인가, 당시 세계를 지배하고 있는 로마 제국의 수도에 세워진 믿음의 공동체가 로마 교회이기 때문입니다. 로마를 복음으로 정복한다는 것은 로마를 통하여 복음이 전 세계에 전파되는 것을 의미하기 때문에 사도 바울은 로마 교회와 성도들을 위하여 쉬지 않고 기도하고 있다고 전해주고 있습니다. 또한 사도 바울은 로마 교회를 방문하기 원하는 자신의 심정을 10절에서 알려주고 있습니다.

'어떻게 하든지 이제 하나님의 뜻 안에서 너희에게로 나아갈 좋은 길 얻기를 구하노라'

하지만 사도 바울에게 로마 교회로 가는 길은 쉽게 열리지 않았습니다. 이에 대한 사도 바울의 안타까운 심정이 13절에 나와 있습니다.

'형제들아 내가 여러 번 너희에게 가고자 한 것을 너희가 모르기를 원하지 아니하노니 이는 너희 중에서도 다른 이방인 중에서와 같이 열매를 맺게 하려 함이로되 지금까지 길이 막혔도다'

그러나 하나님이 길을 막으실 때는 더 좋은 계획이 있음을 우리는 기억해야 합니다. 소아시아에 가서 복음을 전하기 원하는 사도 바울의 발걸음을 성령이 막으셨습니다. 결국 사도 바울은 마게도냐로 선교의 방향을 수정하게 되고 빌립보를 시작으로 복음이 유럽에 전파되는 새로운 역사가 시작되었습니다. 로마 교회를 방문하기 원하는 사도 바울의 발걸음이 번번이 막혔지만 그 막힘 때문에 하나님은 사도 바울로 하여금 로마서를 기록하게 하신 것입니다. 하나님이 길을 막으실 때는 더 좋은 계획을 가지고 우리를 인도하신다는 사실 믿으시기 바랍니다. 사도 바울은 로마 교회 성도들을 만나기 원하는 이유를 두 가지로 전해주고 있습니다. 첫 번째 이유가 11절에 나옵니다.

'내가 너희 보기를 간절히 원하는 것은 **어떤 신령한 은사를 너희에게 나누어 주어 너희를 견고하게 하려 함이니**'

사도 바울은 하나님 주신 은사를 가지고 로마 교회 성도들을 섬기기 원하였고 그리함으로 믿음의 공동체를 견고히 세워주는 것이 로마를 방문하고 싶은 이유였습니다. 로마 교회가 든든히 서야 사도 바울의 스페인 선교가 시작될 수 있고 로마 교회가 바로 서야 로마를 통하여 복음이 땅끝까지 전파되기를 원하시는 하나님의 계획이 이루어질 수 있기 때문이었습니다. 사도 바울이 로마 교회를 방문하기 원하는 두 번째 이유, 로마서를 기록하게 된 목적이라 말할 수 있는데 15절 보시면

'그러므로 나는 할 수 있는 대로 **로마에 있는 너희에게도 복음 전하기를 원하노라**'

로마에 있는 너희에게도 복음 전하기를 원하노라. 이 구절이 이해가 되십니까. 사도 바울이 로마 성도들의 믿음을 칭찬하지 않았습니까. '하나님께 감사함은 너희 믿음이 온 세상에 전파됨이로다' 그런데 사도 바울은 할 수 있는 대로 로마에 있는 너희에게도 복음 전하기 원한다고 말하고 있습니다. 그 이유가 무엇인가. 로마 교회는 사도들이 세운 교회가 아닌 평신도 중심의 교회였고 사도들의 가르침 없이 20년의 세월이 흐른 교회였습니다. 말씀의 가르침을 받지 못하면서 20년의 시간이 흘렀을 때 어떤 현상이 일어났을까. 믿음이 바르게 성장하지 못하고 있었습니다. 복음에 대한 이해가 약해져 갈 수밖에 없었습니다. 소수의 유대인 출신 성도와 다수의 이방인 성도 간의 갈등이 교회 분열의 씨앗이 되고 있었습니다. 당시 로마 교회 성도들의 상태를 보여주는 구절이 있습니다. 롬 13:13-14절 보시면

'낮에와 같이 단정히 행하고 **방탕하거나 술 취하지 말며 음란하거나 호색하지 말며 다투거나 시기하지 말고** 오직 주 예수 그리스도로 옷 입고 정욕을 위하여 육신의 일을 도모하지 말라'

이 기록만 보더라도 로마 교회 성도들이 복음을 다시 들어야 할 심각한 상태에 있었다는 사실을 알 수 있습니다. 사도 바울은 복음에 대한 이해를 돕고 교회를 말씀 위에 세우기 위해 선교 현장에서 체험한 성령의 역사와 복음의 능력을 로마서에 기록하여 전해주게 된 것입니다. 특별히 오늘 본문에는 로마서의 주제를 담고 있는 중요한 말씀이 나오는데 16-17절에서 사도 바울은 로마서에서 전하고자 하는 복음을 언급하고 있습니다.

'내가 복음을 부끄러워하지 아니하노니 이 **복음은 모든 믿는 자에게 구원을 주시는 하나님의 능력이 됨이라** 먼저는 유대인에게요 그리고 헬라인에게로다 **복음에는 하나님의 의가 나타나서** 믿음으로 믿음에 이르게 하나니 기록된 바 **오직 의인은 믿음으로 말미암아 살리라** 함과 같으니라'

오늘은 복음을 다시 들어야 하는 사람들, 이 제목 가지고 말씀 나눌 때 로마서의 말씀을 통해 복음에 대한 이해가 깊어지고 구원의 감격을 회복하여 삶의 현장에 십자가의 능력이 나타날 수 있기를 주님의 이름으로 축원합니다. 아멘

첫째, 성도로 부름받은 사람은 빚진 자의 심정으로 살아가야 합니다.

사도 바울이 로마 교회 성도들에게 자신을 어떻게 소개하고 있는가, 14절 보시기 바랍니다.

'헬라인이나 야만인이나 지혜 있는 자나 어리석은 자에게 **다 내가 빚진 자라**'

사도 바울은 자신을 가리켜 빚진 자라고 소개하고 있습니다. 사도 바울이 자신을 가리켜 빚진 자라고 고백하는 이유가 무엇일까, 우리가 알다시피 사도 바울은 율법에 매여 살던 사람이었습니다. 유대교를 지키기 위해 초대 교회를 핍박했던 사람이었습니다. 스데반 집사가 복음을 전하다 순교당할 때 스스로 증인이 되었던 사람이었습니다. 예수 믿는 그리스도인들을 잡아 가두기 위해 다메섹으로 달려갔던 사람이 바로 사도 바울의 옛 모습이었습니다. 교회를 무너뜨리고

성도를 핍박하는 것이 유대교를 지키는 것이요 율법을 수호하는 길이며 여호와 하나님을 위한 것이라 생각했습니다. 그 열정이 지나쳐 사도 바울은 다메섹에 있는 그리스도인들을 잡아가기 위해 달려가다가 부활의 주님을 만나 회심하게 되었습니다. 이 과정에서 사도 바울은 신비한 체험을 하게 됩니다. 주의 보내심을 받은 아나니아가 사울을 위하여 기도해 주었을 때 사울의 눈에서 비늘 같은 것이 벗겨지게 되었음을 행 9:18절에서 보여주고 있습니다.

'즉시 사울의 눈에서 비늘 같은 것이 벗어져 다시 보게 된지라'

비늘 같은 것이 벗겨져 다시 보게 되었다. 무엇을 의미하는 것일까. 비늘 같은 것이 벗겨졌다는 것은 옛사람의 허물이 벗겨졌다는 의미요 성령 안에서 새롭게 태어났다는 것이며 율법의 비늘이 벗겨지고 복음의 비밀을 깨닫게 된 것으로 해석할 수 있습니다. 다시 보게 되었다는 것은 그동안 보지 못했던 하나님 나라에 대하여 영적인 눈이 열리게 되었다는 것이고 그동안 알지 못했던 율법과 복음의 관계를 깨닫게 되었으며 십자가에 달린 나사렛 예수가 우리의 구원을 위하여 오신 메시야임을 알게 되었다는 것을 의미합니다. 다메섹 도상에서 부활의 주님을 만나 이방인의 사도로 부름받은 사도 바울, 그에게는 갚아야 할 빚이 많았습니다. 스데반 집사를 죽이는데 증인으로 나섰던 잘못된 판단에 대하여 빚이 있었습니다. 교회를 무너뜨리고 그리스도인들을 핍박했던 잘못된 열심에 대하여 빚이 있었습니다. 십자가에 달린 예수는 저주받은 죽음이라고 비난했던 무지에 대하여 빚이 있었습니다. 사도 바울은 그 빚을 갚기 위해 열심을 다해 복음을 전하는 이방인의 사도로 헌신하였고 빌립보, 에베소, 고린도에 교회를 세우기 위해 수고하였으며 온갖 위험을 겪으면서도 그리스도의 고난에 동참하는 것이 마음의 빚을 갚는 것이라 생각하며 오히려 기뻐하였습니다. 사도 바울이 자신을 가리켜 빚진 자라고 고백하는 이유가 있습니다. 부족한 나를, 아무 자격 없는 나를 복음을 전하는 사도로 세우기 위하여 섬겨주신 사람들이 있었기 때문입니다. 아나니아가 기도로 섬겨주었을 때 사울은 성령충만의 은혜를 입게 되었습니다. 행 9:17절 보시면

'아나니아가 떠나 그 집에 들어가서 그에게 안수하여 이르되 형제 사울아 주 곧 네가 오는 길에서 나타나셨던 예수께서 나를 보내어 너로 다시 보게 하시고 **성령으로 충만하게 하신다 하니**'

예수에 대하여 깊이 알고자 사도들을 만나기 원하였지만 누구도 만나주지 않았습니다. 그때 바나바가 사울을 데리고 사도들에게 가서 연결의 다리가 되어주었고 사울은 사도들과의 사귐의 시간을 통하여 예수 그리스도에 대하여 알게 되는 기쁨을 누리게 되었습니다. 그 장면이 행 9:27절에 나옵니다.

'**바나바가 데리고 사도들에게 가서** 그가 길에서 어떻게 주를 보았는지와 주께서 그에게 말씀하신 일과 다메섹에서 그가 어떻게 예수의 이름으로 담대히 말하였는지를 전하니라'

또한 사도 바울은 교회를 무너뜨리려 했던 자신의 잘못된 열심에 대하여 빚이 있었습니다. 사도 바울이 빌립보, 에베소, 고린도, 데살

로니가에서 교회를 세우기 위해 그토록 애를 쓴 것은 교회를 무너뜨리려 했던 지난날의 빚을 갚기 위해서였습니다. 마지막으로 사도 바울은 성도들을 핍박했던 잘못에 대하여 빚이 있었습니다. 사도 바울이 성도 한 사람 한 사람의 믿음을 말씀 위에 세우는 것이 마음의 빚을 갚는 것이라 생각하며 최선을 다하여 훈련 목회에 임하였다는 사실, 골 1:28-29절에서 기록하고 있습니다.

'우리가 그를 전파하여 **각 사람을 권고**하고 **모든 지혜로 각 사람을 가르침**은 각 사람을 그리스도 안에서 완전한 자로 세우려 함이니 이를 위하여 나도 내 속에서 능력으로 역사하시는 이의 역사를 따라 **힘을 다하여 수고하노라**'

생각해 보면 우리 모두는 빚진 자입니다. 우리가 예수 믿고 구원받기까지 하나님이 보내주신 아나니아들이 있습니다. 나로 하여금 구원의 기쁨을 누리게 하기 위하여 많은 시간을 눈물의 기도로 섬겨준 아나니아들이 있습니다. 그 기도의 섬김이 우리를 믿음의 사람으로 세워주었다는 사실, 우리는 빚진 자입니다. 인생을 돌아보면 하나님의 사랑을 알게 해준 바나바들이 있습니다. 그들의 섬김이 있었기에 십자가에 죽기까지 사랑하신 예수님의 사랑을 알게 되었다는 사실 생각해 보면 우리는 빚진 자입니다. 우리에게 복음을 들려주기 위해 하나님께서 보내주신 빌립 집사들이 있습니다. 에디오피아 내시에게 복음을 전하기 위하여 성령은 빌립으로 하여금 모든 것을 내려놓고 광야로 가게 하셨던 것처럼 우리에게도 복음을 전하기 위해 수고해 주신 빌립 집사들이 있습니다. 생각해 보면 우리에게는 기도로 섬겨주신 아나니아, 하나님의 사랑을 알게 해준 바나바, 복음을 들려주었던 빌립 집사들이 있었음을 고백하지 아니할 수 없습니다. 누군가 기도로 섬겨주셨기에 누군가 주의 사랑을 나누어 주었기에 누군가 복음을 들려주었기에 우리가 예수를 믿고 구원의 은총을 누리게 되었다는 사실, 우리는 빚진 자입니다. 중요한 것은 우리에게는 그 빚을 갚아야 할 거룩한 의무가 있다는 사실입니다. 사도 바울이 이방인의 사도로 부르심을 받고 그 빚을 갚기 위하여 얼마나 많은 고생을 했는지 우리는 알고 있습니다. 그런데 사도 바울의 서신을 살펴보면 고생이라는 단어가 한 번도 등장하지 않습니다. 그 빚을 갚을 수 있도록 이방인의 사도로 부름받은 것에 대하여 감사할 뿐이라고, 아무 자격 없는 나를 직분자로 세워주신 것이 하나님의 은혜라고 사도 바울은 딤전 1:12-13절에서 고백하고 있습니다.

'나를 능하게 하신 그리스도 예수 **우리 주께 내가 감사함은 나를 충성되이 여겨 내게 직분을 맡기심이니** 내가 전에는 비방자요 박해자요 폭행자였으나 도리어 긍휼을 입은 것은 내가 믿지 아니할 때에 알지 못하고 행하였음이라'

사랑하는 성도 여러분! 우리 인생 가운데 하나님께서 보내주신 아나니아, 바나바, 빌립 집사들을 생각해 보시기 바랍니다. 기도의 섬김이 없었다면, 사랑의 수고가 없었다면 예수를 전해주지 않았다면 지금 우리는 어떤 인생을 살아가고 있을까요. 생각해 보면 내가 빚진 자라는 사도 바울의 고백이 우리의 고백이 되어야 하지 않을까 생각됩니다. 사도 바울이 로마서에서 가장 많이 사용한 단어가 무엇인지 아십니까, 하나님이라는 단어입니다. 로마서에 153번이나 등장하는 하나님, 사도 바울은 왜 이렇게 하나님을 많이 사용하여 로마서를 기록하였을까. 나로 나 된 것은 하나님의 은혜임을 고백하기 위해서였습니다. 십자가의 비방자요, 교회의 박해자요, 성도의 폭행자였던 나를 이방인의 사도로 세워주신 것이 하나님의 은혜임을 사도 바울은 고전 15:10절에서 고백하고 있습니다.

'그러나 내가 나 된 것은 하나님의 은혜로 된 것이니 내게 주신 그의 은혜가 헛되지 아니하여 내가 모든 사도보다 더 많이 수고하였으나 내가 한 것이 아니요 오직 나와 함께 하신 하나님의 은혜로라'

우리 모두는 빚진 자임을 기억하시고 기도의 빚, 사랑의 빚, 복음의 빚진 자로 살아가는 우리를 통해 많은 영혼들이 하나님께로 돌아올 수 있기를 주님의 이름으로 축원합니다.

둘째, 우리 모두는 복음을 다시 들어야 합니다.
사도 바울이 로마에 있는 성도들을 위하여 로마서를 기록하는 이유가 무엇인가, 15절 보시면 알 수 있습니다.

'그러므로 나는 할 수 있는 대로 로마에 있는 너희에게도 복음 전하기를 원하노라'

로마 교회는 평신도 중심의 교회였고 사도들의 가르침 없이 20년의 세월이 흐른 교회였습니다. 말씀의 가르침을 받지 못하여 믿음이 바르게 성장하지 못하였고 복음에 대한 이해가 약해지고 있었습니다. 하나님 나라 선교를 위하여 로마 교회가 말씀 위에 바로 서야 함을 알고 있는 사도 바울은 로마에 있는 성도들에게 복음에 대한 이해를 돕기 위하여 로마서를 기록하게 된 것입니다. 오늘 본문에는 로마서 전체의 주제라 할 수 있는 중요한 말씀이 기록이 되어 있습니다. 16-17절 보시면

'내가 복음을 부끄러워하지 아니하노니 이 <u>복음은 모든 믿는 자에게 구원을 주시는 하나님의 능력이 됨</u>이라 먼저는 유대인에게요 그리고 헬라인에게로다 <u>복음에는 하나님의 의가 나타나서 믿음으로 믿음에 이르게 하</u>나니 기록된 바 <u>오직 의인은 믿음으로 말미암아 살리라</u> 함과 같으니라'

사도 바울이 로마서를 통해 전하고자 하는 복음이 무엇인가.

1. 믿는 자를 구원하시는 하나님의 능력

16절 보시면 '복음은 모든 믿는 자에게 구원을 주시는 하나님의 능력'이라 말씀하고 있습니다. 여기서 믿음은 '받아들이다'라는 의미로 예수 그리스도가 우리의 죄를 대신하여 십자가에 죽임당하셨다는 사실을 받아들이는 것이 믿음이라고 알려주고 있습니다. 예수님께서 우리의 죄를 대신하여 십자가의 제물이 되어주셨다는 것을 선포하는 것이 복음이요, 십자가와 부활의 사건을 목격한 증인들이 전하는 말씀을 믿음으로 받아들일 때 믿는 자를 구원하시는 하나님의 능력이 임한다고 사도 바울은 전해주고 있습니다. 중요한 것은 복음을 믿음으로 받아들이는 자에게 하나님은 구원의 역사를 일으키시며 여기에는 유대

인이나 헬라인이나 차별이 없다고 사도 바울은 전해주고 있습니다.

2. 복음에 나타난 하나님의 의

17절에서 사도 바울은 로마서에서 증거하는 복음의 핵심을 전해주고 있습니다.

'복음에는 하나님의 의가 나타나서'

이 말씀의 의미를 이해하기 위해서는 율법의 기능을 먼저 살펴보아야 합니다. 하나님께서 이스라엘 백성을 출애굽시키시고 성막을 짓게 하신 후 모세를 통해 율법의 말씀을 선포하셨습니다. 율법을 주셨다는 것은 말씀을 지켜 행함으로 이스라엘 백성이 하나님 원하시는 의의 수준에 이르기를 기대하셨다는 것을 의미합니다. 하지만 이스라엘 백성은 율법을 온전히 지키지 못하였습니다. 이스라엘은 율법을 맡은 사람들이 되었지만 율법에 기록된 말씀대로 사는 것을 불편하게 여기기 시작하면서 하나님 원하시는 의의 수준에 이르지 못하였습니다. 그 결과 율법으로는 의롭다 함을 얻을 사람이 한 사람도 없다는 것이 입증되었고 율법은 사람으로 하여금 죄를 깨닫게 하는 기능에 멈출 수밖에 없었습니다. 사도 바울은 롬 3:20절에서 율법의 기능을 알려주고 있습니다.

'그러므로 율법의 행위로 그의 앞에 의롭다 하심을 얻을 육체가 없나니 율법으로는 죄를 깨달음이니라'

율법의 행위로 하나님 원하시는 의의 수준에 이르지 못하게 되었을 때 새로운 차원의 의가 필요하게 되었습니다. 이를 위해 하나님은 율법의 요구를 예수의 십자가 대속의 죽음으로 갚아주셨고 우리의 죄를 예수님에게 예수의 의로움을 우리에게 전가시킴으로 예수 믿는 사람을 의롭다 칭하시는 새로운 차원의 의를 이루셨습니다. 이것이 로마서가 증거하는 복음입니다. 사도 바울은 17절에서 복음에는 하나님의 의가 나타났다고 선포하면서 예수 그리스도를 믿음으로 의롭다 함을 얻는 이신칭의 신학을 전해주고 있습니다. 율법의 행위로는 이룰 수 없는 의, 오직 예수에 대한 믿음으로 얻게 되는 하나님의 새로운 의, 롬 3:21-22절에서 사도 바울은 복음을 전해주고 있습니다.

'**이제는 율법 외에 하나님의 한 의가 나타났으니** 율법과 선지자들에게 증거를 받은 것이라 곧 예수 그리스도를 믿음으로 말미암아 모든 믿는 자에게 미치는 하나님의 의니 차별이 없느니라'

3. 오직 믿음으로

사도 바울이 복음에 대하여 말씀을 전하면서 두 가지를 강조하고 있습니다. 복음에는 하나님의 의가 나타났다고 선언하면서 예수 그리스도를 통하여 나타난 하나님의 의를 강조하고 있고 또 하나는 오직 믿음으로 의로움을 얻는 이신칭의를 전하고 있습니다. 17절입니다.

'**복음에는 하나님의 의가 나타나서 믿음으로 믿음에 이르게 하나니** 기록된 바 오직 **의인은 믿음으로 말미암아 살리라** 함과 같으니라'

믿음으로 믿음에 이르게 한다는 말씀이 무엇을 의미하는가. 믿음으로 믿음에 이르게 한다는 것은 헬라어 원문 성경에서는 '믿음에서 믿음으로'라고 되어 있습니다. 믿음에서 시작하여 믿음으로. 오직 믿음으로 의롭다 함을 얻는다는 것이 사도 바울이 전하는 복음 중의 복음입니다. 구원을 이야기할 때 믿음 외에 다른 것들이 들어올 여지를 사도 바울은 남겨두지 않았습니다. 종교 개혁가들이 외쳤던 sola fide, 오직 믿음으로, 믿는 자를 의롭다 칭하여 주시는 하나님의 의, 이것이 복음에 나타난 하나님의 의라고 사도 바울은 전해주고 있습니다. 사도 바울은 오직 믿음으로 의롭다 함을 받는 것은 구약과 신약이 함께 증거하는 복음의 핵심임을 합 2:4절의 말씀을 인용하여 17절 마지막에 기록해 놓았습니다.

'오직 의인은 믿음으로 말미암아 살리라'

복음이 무엇인가. 복음이란 믿는 자를 구원하시는 하나님의 능력이라고 사도 바울은 전해주고 있습니다. 복음이 무엇인가. 복음에는 하나님의 의가 나타나서 예수 그리스도를 믿을 때 의롭다 함을 얻는다는 이신득의, 사도 바울이 강조하는 복음입니다. 복음이 무엇인가. 믿음에서 시작하여 오직 믿음으로만 구원을 받는다는 것, 로마서에서 강조하는 복음의 핵심입니다. 로마서 1:1-17절에 복음이라는 단어가 몇 번 사용되었는지 아십니까. 무려 7번이나 반복되어 나오고 있습니다. 사도 바울이 이처럼 복음이라는 단어를 반복하여 들려주는 이유가 무엇일까. 우리는 복음을 다시 들어야 하는 사람들이기 때문입니다. 신앙생활 오래 했다고 자랑하지 마시기 바랍니다. 직분자로 오래 섬겼다고 자랑하지 마시기 바랍니다. 우리가 자랑할 것은 오직 복음밖에 없습니다. 16절 보실까요, 내가 복음을 부끄러워하지 아니하노니, 사도 바울은 내가 자랑할 것이 십자가 복음밖에 없다고 고백하고 있습니다. 로마서의 말씀을 준비하는 가운데 이런 기도를 드리게 되었습니다. '로마서의 말씀을 통하여 복음에 대한 이해가 깊어지게 하시고 구원의 감격이 회복되게 하시며 냉랭하게 식어버린 우리의 믿음이 뜨거워져서 복음을 전하는데 열심을 내는 우리가 되게 하옵소서'

사랑하는 성도 여러분! 우리 모두는 복음을 다시 들어야 할 사람들입니다. 로마서의 말씀을 통하여 복음의 비밀을 깨닫게 하시고 구원의 감격이 살아나게 하시며 오직 믿음으로 살 수 있도록 도우시는 성령의 역사로 말미암아 우리의 삶과 행실과 성품을 통하여 예수 그리스도가 증거되는 복음의 통로로 살아가시기를 주님의 이름으로 축원합니다. 아멘

롬 1:18-23

하나님의 진노가 불의로 진리를 막는 사람들의 모든 경건하지 않음과 불의에 대하여 하늘로부터 나타나나니 이는 하나님을 알 만한 것이 그들 속에 보임이라 하나님께서 이를 그들에게 보이셨느니라 창세로부터 그의 보이지 아니하는 것들 곧 그의 영원하신 능력과 신성이 그가 만드신 만물에 분명히 보여 알려졌나니 그러므로 그들이 핑계하지 못할지니라 하나님을 알되 하나님을 영화롭게도 아니하며 감사하지도 아니하고 오히려 그 생각이 허망하여지며 미련한 마음이 어두워졌나니 스스로 지혜 있다 하나 어리석게 되어 썩어지지 아니하는 하나님의 영광을 썩어질 사람과 새와 짐승과 기어다니는 동물 모양의 우상으로 바꾸었느니라

4

하나님을 아는 자로 살아갑시다

지난 시간에 우리는 사도 바울이 전하는 복음이 무엇인가에 대하여 살펴보았습니다. 사도 바울이 로마서를 통해 전하는 복음, 믿는 자를 구원하시는 하나님의 능력이라고 16절에서 기록하고 있습니다.

'복음은 모든 믿는 자에게 구원을 주시는 하나님의 능력이 됨이라'

여기서 믿는다는 것은 '받아들이다'라는 의미로 예수 그리스도가 우리의 죄를 대신하여 십자가에 죽임당하시고 말씀대로 살아나셨다는 사실을 받아들이는 것이 믿음이라고 알려주고 있습니다. 또한 복음에는 하나님의 의가 나타났다는 사실에 대하여 사도 바울은 17절에서 말씀을 전해주고 있습니다.

'**복음에는 하나님의 의가 나타나서** 믿음으로 믿음에 이르게 하나니 기록된 바 오직 의인은 믿음으로 말미암아 살리라 함과 같으니라'

구약의 역사를 보면 율법으로는 하나님 원하시는 의의 수준에 이를 사람이 없다는 것이 입증되었고 율법은 사람으로 하여금 죄를 깨닫게 하는 기능에 멈출 수밖에 없다는 사실에 대하여 사도 바울은 롬 3:20절에서 알려주고 있습니다.

'그러므로 율법의 행위로 그의 앞에 의롭다 하심을 얻을 육체가 없나니 **율법으로는 죄를 깨달음이니라**'

율법의 행위로 의롭다 함을 얻지 못하게 되었을 때 새로운 차원의 의가 필요하게 되었습니다. 이를 위해 하나님은 율법의 요구를 예수의 십자가 죽음으로 갚아주셨고 우리의 죄를 예수님에게 예수의 의로움을 우리에게 전가시킴으로 예수 믿는 사람을 의롭다 칭하시는 새로운 의를 이루셨습니다. 이것이 로마서에서 전하는 복음이며 하나님이 예수 그리스도를 통하여 이루신 새로운 의입니다. 사도 바울은 복음에는 하나님의 의가 나타났다고 선포하면서 예수 그리스도를 믿음으로 의롭다 함을 얻는 로마서의 주제 이신칭의 교리를 강조하고 있습니다. 복음에 나타난 하나님의 의를 선포하는 사도 바울, 이제 본격적으로 복음에 대하여 말씀을 전하기 시작하는데 이상하게도 오늘 본문을 보면 복음과 어울리지 않는 단어로 시작하고 있음을 볼 수 있습니다. 18절 보시면

'**하나님의 진노가** 불의로 진리를 막는 사람들의 모든 경건하지 않음과 불의에 대하여 **하늘로부터 나타나나니**'

오늘 본문은 로마서의 본론이 시작하는 곳으로 복음에 대하여 말씀을 전하는 사도 바울을 만나게 되는데 바울은 복음에 대하여 말씀을 기록하면서 하나님의 진노라는 단어로 시작을 하고 있습니다. 그 이유가 무엇일까, 사도 바울은 진노와 심판이라는 단어를 강조하면서 하나님의 의가 필요한 절망적인 인간의 상태를 보여주고 있습니다. 본문에는 주로 하나님의 진노 아래 있는 이방인들이 나타나는데 롬 3장에 가서 사도 바울은 유대인 역시 하나님의 심판 아래 있음을 지적하고 있습니다. 사도 바울이 전하고자 하는 의도는 두 가지입니다. 이방인이든 유대인이든 사람은 하나님의 진노 아래 있으며 심판을 피할 수 없다는 사실, 인간에게는 하나님의 구원이 절대적으로 필요하다는 사실을 강조하면서 예수 그리스도를 믿는 믿음으로 구원에 이를 수 있다는 하나님의 의를 전하고 있습니다. 사람은 자신이 처한 상황에 대하여 정확한 인식을 가지게 될 때 필요성을 느끼는 존재입니다. 인간이 지은 죄가 얼마나 무서운 하나님의 진노를 불러오는지 죄인 된 인간은 누구도 하나님의 심판을 피할 수 없다는 사실을 인식할 때 사람은 하나님의 구원을 갈망하게 된다는 것을 사도 바울은 전하고 있습니다. 바울은 롬 1장 후반부에서 인간의 절망적인 상태를 보여주고 있는데 18-23절까지가 하나님의 진노 아래 있는 이방인들을 보여주고 있다면 24-32절까지는 하나님이 행하시는 심판의 결과에 대하여 알려주고 있습니다. 사도 바울은 진노와 심판이라는 무거운 단어를 통하여 인간의 절망적인 상황을 알려주면서 우리에게는 하나님의 구원이 필요하다는 사실을 강조하고 있습니다. 사도 바울이 진단하는 인간의 상황이 어떠한가, 21-23절에서 보여주고 있습니다.

'하나님을 알되 하나님을 영화롭게도 아니하며 감사하지도 아니하고 오히려 그 생각이 허망하여지며 미련한 마음이 어두워졌나니 **스스로 지혜 있다 하나 어리석게 되어 썩어지지 아니하는 하나님의 영광을 썩어질 사람과 새와 짐승과 기어다니는 동물 모양의 우상으로 바꾸었느니라**'

하나님을 알면서도 하나님을 영화롭게 아니하고 하나님의 은혜에 감사하지 못하며 썩지 아니할 하나님의 영광을 썩어질 우상으로 바꾸어 버린 것 이것이 죄인 된 인간의 실체임을 알려주고 있습니다. 사도 바울은 하나님의 진노 아래 있는 인간과 심판을 피할 수 없는 인간의 상황을 진단하면서 우리에게는 하나님의 구원이 필요하다는 사실, 하나님께서 일으키신 새로운 의, 예수 그리스도를 믿어야 하나님의 진노와 심판을 피할 수 있다는 복음을 전해주고 있는 것입니다. 오늘은 **하나님을 아는 자로 살아갑시다**, 이 제목으로 말씀 나눌 때 하나님을 아는 자로서 하나님을 영화롭게 하며 구원의 문을 열어주신 하나님께 감사의 마음 가지고 살아가는 여러분들에게 하나님이 언제나 함께 하시기를 주님의 이름으로 축원합니다.

첫째, 하나님은 불의로 진리를 막는 자들을 결코 용납하지 아니하십니다.
사도 바울은 불의에 대하여 진노하시는 하나님에 대하여 18절에서 전해주고 있습니다.

'하나님의 진노가 불의로 진리를 막는 사람들의 모든 경건하지 않음과 불의에 대하여 **하늘로부터 나타나나니'**

여기에 나오는 하나님의 진노를 가리켜 orge라고 합니다. orge, 기억할 필요가 있는 단어인데 오르게는 주로 구약에서 불의에 대하여 진노하시는 하나님의 공의를 나타낼 때 사용하는 단어입니다. 하나님께서 불의에 대하여 진노하시는 이유가 무엇인가, 하나님은 죄를 용납할 수 없는 죄와 공존할 수 없는 거룩하신 하나님이시기 때문입니다. 하나님의 진노하심은 죄에 대한 거룩의 반응이라 말할 수 있습니다. 만약 하나님께서 죄에 대하여 불의에 대하여 반응하지 않으신다면 성경은 하나님을 가리켜 거룩하신 하나님이라 말씀하지 않을 것입니다. 하나님께서 진노하시는 이유, 죄에 대한 거룩의 반응이며 하나님은 불의로 진리를 막는 사람들을 결코 용납하지 아니하시는 공의의 하나님을 사도 바울은 전해주고 있습니다.

사랑하는 성도 여러분! 우리가 믿는 하나님은 거룩하신 하나님이십니다. 하나님께서 불의로 진리를 막는 사람들을 결코 용납하지 아니함을 믿으시기 바랍니다. 하나님이 진노하시는 이유가 무엇인가, 사도 바울은 18절에서 두 가지를 알려주고 있습니다. 경건하지 않음과 불의에 대하여 진노하시는 하나님을 강조하고 있습니다. 경건하지 않음, 여기에 해당하는 헬라어는 '아세베이아'라고 하는데 예배하지 않음, 신을 믿지 않음의 의미를 가지고 있습니다. 경건하지 않다는 것을 영어성경에서 찾아보면 ungodliness, 하나님이 없다고 확신하는 불신앙을 뜻하고 나아가 부도덕한 행위를 가리키는 단어입니다. 18절에는 경건하지 않음과 불의가 연속적으로 등장하는 것을 볼 수 있는데 하나님을 없다고 믿는 사람들의 불신앙이 불의한 행동으로 이어지고 있음을 사도 바울은 지적하고 있습니다. 특별히 우리가 기억해야 할 것이 있습니다. 예배드리지 않는 것을 하나님은 경건하지 않은 행위로 하나님의 진노를 불러오는 죄로 여기고 있다는 사실입니다. 세상 사람들이 예배의 자리에 나오지 못하는 이유 하나님이 없다고 생각하기 때문이요 예배를 무시하는 행위를 하나님은 불의한 죄로 여기시고 진노와 심판으로 다스리신다는 사실 성경이 증거하고 있습니다. 성경은 하나님이 없다고 생각하는 경건하지 않은 자들에 대하여 어리석은 자라고 선언하고 있습니다. 시 14:1절 보시면

'**어리석은 자는 그의 마음에 이르기를 하나님이 없다 하는도다** 그들은 부패하고 그 행실이 가증하니 선을 행하는 자가 없도다'

하나님을 믿지 않기에 하나님에 대한 두려움이 없으며 하나님을 두려워하는 마음이 없기에 예배를 무시하는 불의한 행동, 이것이 하나님의 진노를 쌓아두는 죄가 되어 하나님은 경건하지 않은 자들을 심판으로 다스리실 것을 로마서는 말씀하고 있습니다. 당시 이방인들의 상태가 이러하였습니다. 하나님을 알면서도 예배하지 않는 이방인들의 경건하지 않음에 대하여 사도 바울은 19-20절에서 기록하고 있습니다.

'이는 **하나님을 알 만한 것이 그들 속에 보임이라 하나님께서 이를 그들에게 보이셨느니라** 창세로부터 그의 보이지 아니하는 것들 곧 **그의 영원하**

신 능력과 신성이 그가 만드신 만물에 분명히 보여 알려졌나니 그러므로 그들이 핑계하지 못할지니라'

여기서 우리는 질문을 던질 수 있습니다. 성경의 계시가 주어지기 전, 성령의 조명 없이도 인간은 하나님을 인식할 수 있는가, 이에 대한 질문의 답으로 나온 것이 자연신학입니다. 자연신학이란 계시 신학과 대립하는 개념인데 인간은 태어날 때부터 하나님을 알 수 있는 인식의 능력을 가지고 있다는 것을 주장하는 것이 자연신학입니다. 자연신학을 주장하는 브루너와 계시신학을 주장하는 칼 바르트의 신학 논쟁은 유명한 논쟁으로 알려져 있습니다. 사도 바울은 자연신학을 옹호하고 있는 것인가 그렇지 않습니다. 사도 바울은 자연 만물과 인간의 양심을 통하여 하나님을 알 수 있는 자연신학조차 하나님의 계시의 틀 안에 있음을 19절에서 강조하고 있습니다.

'이는 하나님을 알 만한 것이 그들 속에 보임이라 **하나님께서 이를 그들에게 보이셨느니라'**

사도 바울은 하나님께서 자연 만물과 인간의 양심을 통하여 자신이 창조주이심을, 인간은 창조주 하나님을 섬겨야 하는 피조물임을 계시하셨다고 이해하고 있습니다. 바울이 전하고 싶은 것은 하나님께서 알만한 것들을 보여주셨음에도 불구하고 인간은 하나님을 섬기지 아니하고 오히려 피조물을 신격화하여 하나님께 돌릴 영광을 썩어질 우상에게 돌린 것, 이것으로 인해 이방인들이 하나님의 진노 아래 있다는 사실을 전해주고 있습니다. 하나님을 알만한 것이 그들 속에 있음에도 불구하고 하나님께서 당신의 영원하신 능력과 신성을 보여주셨음에도 불구하고 하나님을 하나님으로 인정하지 않고 하나님을 영화롭게 하지 않는 것, 이것이 이방인들이 심판 아래 있는 이유가 되었음을 사도 바울은 강조하고 있습니다. 결국 이방인들이 지은 죄는 하나님을 모르고 지은 죄가 아니라 알고도 지은 죄임을 21절에서 분명하게 선언하고 있습니다.

'**하나님을 알되** 하나님을 영화롭게도 아니하며 감사하지도 아니하고 오히려 그 생각이 허망하여지며 미련한 마음이 어두워졌나니'

하나님을 알면서도 하나님을 하나님으로 인정하지 아니하고 하나님을 영화롭게 하지 아니한 이방인들, 이들은 불의로 진리를 막는 사람들이며 하나님께 돌릴 영광을 썩어질 우상에게 돌린 죄에 대하여 하나님이 진노하고 계심을 사도 바울은 전하고 있습니다. 우리는 여기서 불의로 진리를 막는 사람들을 결코 용납하지 아니하시는 거룩하신 하나님을 발견할 수 있습니다. 불의로 진리를 막는 사람들이 누구인가, 하나님을 하나님으로 인정하지 아니하고 하나님이 없다고 무시하는 사람들을 가리킵니다. 하나님이 없다고 믿는 사람들, 하나님을 믿지 않기에 하나님에 대한 두려움이 없고 하나님을 경외하는 마음이 없기에 불의로 진리를 막는 죄악 된 행동을 서슴없이 함으로 하나님은 이들을 위하여 진노를 쌓아두고 계심을 사도 바울은 강조하고 있습니다. 요즘 우리가 살아가는 사회를 보면 불의로 진리를 막는 소리가 높아지고 있음을 볼 수 있습니다. 하나님의 창조질서에 어긋나는 법안들, 성경적 가치관과 충돌되는 조항들을 보면서 불의로 진리를 막는 사람들이 많아지고 있음을 실감하고 있습니다. 그러나 확신합니다. 공의의 하나님께서 불의로 진리를 막는 자들을 용납하지 아니할 것입니다. 우리가 믿는 하나님은 거룩하신 하나님이십니다. 하나님은 불의로 진리를 막는 자들을 결코 허용하지 않으실 줄 믿습니다. 하나님의 하나님 되심을 인정하지 아니하고 불의로 진리를 막으려는 사람들, 이런 사람들이 짓는 죄가 무엇인지 아십니까. 23절 보시기 바랍니다.

'**썩어지지 아니하는 하나님의 영광을 썩어질** 사람과 새와 짐승과 기어다니는 동물 모양의 **우상으로 바꾸었느니라**'

하나님을 믿지 않기에 자신이 원하는 신의 모양을 만들어 그것을 하나님처럼 섬기는 우상숭배, 우상숭배자들의 최후에 대하여 성경은 사 44:9절에서 말씀하고 있습니다.

'**우상을 만드는 자는 다 허망하도다** 그들이 원하는 것들은 무익한 것이거늘 그것들의 증인들은 보지도 못하며 알지도 못하니 **그러므로 수치를 당하리라**'

사랑하는 성도 여러분! 우리가 믿는 하나님은 거룩하신 하나님이십니다. 우리가 믿는 하나님은 불의로 진리를 막는 자들을 결코 용납하지 아니하시는 공의의 하나님이십니다. 성경이 계시하는 하나님을 살아 계신 하나님으로 믿으십니까. 그 믿음이 우리에게 주신 최고의 선물임을 고백하시기 바랍니다. 많은 사람들 가운데 우리를 택하시고 주의 자녀 삼아주신 하나님께 감사드리며 예배의 제단 쌓는 여러분들을 통해 하나님의 거룩하심이 증거되기를 주님의 이름으로 축원합니다. 아멘

둘째, 믿는 사람은 하나님을 아는 자로 살아가야 합니다.
이방인들의 잘못이 무엇인가, 19절 보시기 바랍니다.

'이는 하나님을 알 만한 것이 그들 속에 보임이라 **하나님께서 이를 그들에게 보이셨느니라**'

하나님을 알만한 것들을 계시해 주셨음에도 불구하고 하나님을 알면서도 하나님으로 인정하지 않는 것, 하나님을 인정하지 않기에 하나님을 영화롭게 아니하며 하나님 주신 것들에 대하여 감사하지 못한 것이 이방인의 죄임을 21절은 말씀하고 있습니다.

'하나님을 알되 하나님을 영화롭게도 아니하며 감사하지도 아니하고 오히려 그 생각이 허망하여지며 미련한 마음이 어두워졌나니'

하나님을 알면서도 하나님을 하나님으로 인정하지 아니하고 하나님을 섬기지 않았던 이방인들, 이들의 어리석음이 우상숭배의 죄악으로 빠지게 되었음을 사도 바울은 지적하고 있습니다. 실제로 로마서가 쓰일 당시 우상숭배는 하나의 문화처럼 유행하고 있었습니다. 헬라 문화권에서는 사람의 모양을 만들어 숭배하였고 로마에서는 황제가 신처럼 숭배받았으며 애굽에서는 뱀과 여러 동물의 모양을 만들어

신처럼 모셨습니다. 사람들이 우상을 섬기는 이유가 무엇일까, 두 가지로 해석할 수 있습니다. 하나는 편해지고 싶은 마음 때문입니다. 구약을 읽어보면 하나님께서 이스라엘을 출애굽시키신 후 여러 가지를 요구하시는 장면을 볼 수 있습니다. 성막을 만들라 말씀하시면서 성막의 기구에 쓰일 재료와 모양 수치까지 구체적으로 말씀하셨습니다. 제사장을 세우시고 구약의 제사에 대하여 말씀하시면서 제단 중심의 삶을 살 것을 요구하셨습니다. 모세를 불러 십계명의 돌판을 전해주셨고 내가 거룩하니 너희도 거룩하라 말씀하시면서 율법을 지키며 살 것을 요구하셨습니다. 시간이 지나면서 이스라엘 백성들, 하나님의 요구를 제대로 지키지 못하였고 거룩을 요구하시는 하나님을 밀어내고 아무것도 시키지 않는 자신들을 편하게 해줄 수 있는 우상을 만들기 시작하였습니다. 결국 우상숭배는 편하게 신을 믿고 싶은 인간의 마음에서 나온 산물임을 알 수 있습니다. 우상을 섬기는 또 하나의 이유가 있습니다. 사람의 욕심 때문입니다. 우상 앞에서 인간이 하는 행위는 한 가지밖에 없습니다. 복을 비는 것입니다. 우상을 만들어 절을 하고 손을 비비는 행위는 오직 복을 받기 위한 것입니다. 우상을 숭배하고 싶어 하는 내면의 중심에 무엇이 깔려 있는가, 인간의 욕심입니다. 우상숭배는 인간이 하나님을 밀어낸 반역의 산물이며 욕심의 허상에 불과함을 알 수 있습니다. 본문에서 사도 바울이 전하고 싶은 메시지가 있습니다. 하나님을 믿는 사람은 하나님을 아는 자로 살아가야 한다는 것입니다. 21절입니다.

'**하나님을 알되 하나님을 영화롭게도 아니하며 감사하지도 아니하고** 오히려 그 생각이 허망하여지며 미련한 마음이 어두워졌나니'

다시 복음으로

하나님을 아는 사람이 해야 할 일이 무엇인가.

1. 하나님을 영화롭게

하나님을 영화롭게 한다는 것은 하나님께 돌려야 할 영광을 마땅히 드리는 것을 의미합니다. 하나님께 돌려야 할 영광을 하나님께 드리지 아니하고 사람이 영광을 취하였을 때 어떤 일이 일어나는가, 행 12:21-23절에서 찾아볼 수 있습니다.

'헤롯이 날을 택하여 왕복을 입고 단상에 앉아 백성에게 연설하니 백성들이 크게 부르되 이것은 신의 소리요 사람의 소리가 아니라 하거늘 헤롯이 영광을 하나님께로 돌리지 아니하므로 주의 사자가 곧 치니 벌레에게 먹혀 죽으니라'

헤롯이 하나님께 영광 돌리지 않은 이유가 무엇인가. 사람들의 환호와 박수 소리에 취해 있었기 때문입니다. 백성들이 헤롯을 향하여 이것은 신의 소리요, 사람의 소리가 아니라며 박수 치고 환호할 때 헤롯은 하나님께 돌릴 영광을 자신이 취하였습니다. 그 결과는 죽음이었습니다. 성도 여러분, 사람들의 칭찬 소리가 들려올 때 낮아지시기 바랍니다. 사람들의 박수 소리가 들려올 때 조심하시기 바랍니다. 모든 존귀와 영광은 하나님께 돌리고 우리가 해야 할 일은 오직 한 가지입니다. '하나님이 하셨습니다' 고백하는 것입니다. 어떤 상황에서도 하나님이 하셨음을 고백하며 하나님께 영광을 드리고 하나님의 이름을 영화롭게 하는 여러분들에게 갚아주심의 은혜가 임하여 더 귀한 감사의 제목으로 주님의 이름을 높여드리는 우리 모두가 될 수 있기를 간절히 소망합니다.

2. 감사의 마음

사도 바울은 하나님을 아는 자가 마땅히 해야 할 일로 감사의 마음을 가지고 살아가는 것을 강조하고 있습니다. 우리가 누리고 있는 것 중의 하나님이 주시지 않은 것이 있을까, 생각해 보면 모든 것이 감사할 것밖에 없음을 고백하지 아니할 수 없습니다. 하나님 주신 선물 중에 최고의 선물이 생명이라 생각됩니다. 하루를 살아갈 수 있는 생명을 주신 것, 새로운 하루를 시작하는 우리가 하나님께 드려야 할 첫 번째 감사의 제목입니다. 생명은 모든 것을 누리게 하는 복의 원천입니다. 생명이 있기에 축복이 축복이 되는 것이고 생명이 있기에 은혜가 은혜가 되는 것이며 생명이 있기에 감사가 감사가 되는 것입니다. 생명이 없다면 축복은 더 이상 복이 될 수 없고 생명이 없다면 은혜는 더 이상 누릴 수 없으며 생명이 없다면 감사할 이유도 사라지게 되는 것입니다. 사랑하는 성도 여러분, 우리가 살아가는 이 땅에 사계절이 있음에 감사하십니까, 겨울이 지나면 아름다운 꽃이 피는 봄이 어김없이 찾아오고 여름이 지나면 결실의 계절 가을을 맞이하는 것, 자연스러운 현상이 아니라 만물을 다스리시는 하나님의 능력 가운데 주어지는 축복입니다. 만약 하나님께서 태양계의 질서를 조금만 흔들어 놓는다면 사계절의 풍성한 축복을 누리며 살아갈 수 있을까, 존재 자체가 힘들 것입니다. 코로나 시대를 지나면서 당연한 것은 하나도 없으며 모든 것이 은혜요, 감사의 제목임을 우리는 깨닫게 되었습니다. 창세기 1장을 읽어보면 하나님께서 정확한 계획과 순서에 의해 자연을 만드시고 사람을 창조하셨음을 보여주고 있습니다. 사람이 살 수 있는 완벽한 환경을 조성하신 후 하나님은 우리에게 자연을 즐길 수 있는 특권을 주셨고 만물을 다스리는 청지기로 세워주셨습니다. 자연만물은 하나님께서 사람에게 주신 선물임에 틀림없고 감사해야 할 제목임을 창세기는 알려주고 있습니다. 한 가지 말씀드리고 싶은 것은 하나님께서 만드신 세상은 결코 어두운 저녁으로 끝나지 않는다는 것입니다. 창 1장에서 반복하는 말씀이 있습니다. '저녁이 되고 아침이 되니' 하나님이 창조하신 날은 모두 저녁으로 시작하여 아침으로 끝이 나고 있습니다. 하나님께서 만드신 날은 결코 어둠으로 끝나지 아니하고 새로운 아침을 맞이함을 믿으시면서 우리에게 새날을 허락하시는 하나님, 우리에게 살아갈 수 있는 생명을 주신 하나님께 감사를 드리는 우리가 되었으면 좋겠습니다. 생각해 보면 우리가 즐기고 누리는 모든 것들이 하나님이 주신 것들입니다. 모든 것이 하나님께서 주신 것임을 아는 자가 해야 할 일이 있습니다. 감사의 마음을 가지고 살아가는 것입니다. 이것이 신앙의 기본입니다. 생명 주심에 감사하시기 바랍니다. 건강한 육신 주심에 감사하시기 바랍니다. 자연의 풍성함을 누리게 하심에 감사하시기 바랍니다. 만남의 축복 허락하심에 감사하시기 바랍니다. 무엇보다 최고의 복인 구원을 믿음을 통하여 선물로 주심에 감사드리며 하나님을 아는 자로서 하나님을 예배함이 축복임을 고백하는 여러분들을 통해 하나님의 이름이 영광받으시기를 주님의 이름으로 축원합니다. 아멘

롬 1:24-32

그러므로 하나님께서 그들을 마음의 정욕대로 더러움에 내버려 두사 그들의 몸을 서로 욕되게 하게 하셨으니 이는 그들이 하나님의 진리를 거짓 것으로 바꾸어 피조물을 조물주보다 더 경배하고 섬김이라 주는 곧 영원히 찬송할 이시로다 아멘 이 때문에 하나님께서 그들을 부끄러운 욕심에 내버려 두셨으니 곧 그들의 여자들도 순리대로 쓸 것을 바꾸어 역리로 쓰며 그와 같이 남자들도 순리대로 여자 쓰기를 버리고 서로 향하여 음욕이 불 일듯 하매 남자가 남자와 더불어 부끄러운 일을 행하여 그들의 그릇됨에 상당한 보응을 그들 자신이 받았느니라 또한 그들이 마음에 하나님 두기를 싫어하매 하나님께서 그들을 그 상실한 마음대로 내버려 두사 합당하지 못한 일을 하게 하셨으니 곧 모든 불의, 추악, 탐욕, 악의가 가득한 자요 시기, 살인, 분쟁, 사기, 악독이 가득한 자요 수군수군하는 자요 비방하는 자요 하나님께서 미워하시는 자요 능욕하는 자요 교만한 자요 자랑하는 자요 악을 도모하는 자요 부모를 거역하는 자요 우매한 자요 배약하는 자요 무정한 자요 무자비한 자라 그들이 이같은 일을 행하는 자는 사형에 해당한다고 하나님께서 정하심을 알고도 자기들만 행할 뿐 아니라 또한 그런 일을 행하는 자들을 옳다 하느니라

5

거룩한 책임

오늘 살펴보는 본문은 이방인들의 죄에 대한 하나님의 심판의 결과가 상세히 기록이 되어 있습니다. 이방인들이 지은 죄가 무엇인가, 사도 바울은 두 가지로 이야기하는데 18절에 나와 있습니다.

'하나님의 진노가 불의로 진리를 막는 사람들의 모든 **경건하지 않음과 불의에 대하여** 하늘로부터 나타나나니'

이방인들이 지은 죄를 가리켜 사도 바울은 경건하지 않음과 불의라고 지적하고 있습니다. 경건하지 않다는 것은 하나님을 하나님으로 인정하지 않는 불신앙을 의미하는데 하나님이 없다고 믿기 때문에 하나님에 대한 두려움이 없고 하나님에 대한 두려움이 없기 때문에 불의한 죄악을 범하고 있음을 성경은 말씀하고 있습니다. 이방인들이 지은 죄는 하나님을 모르기 때문에 지은 잘못인가, 그렇지 않다는 것을 사도 바울은 19-20절에서 분명히 선언하고 있습니다.

'<u>이는 하나님을 알 만한 것이 그들 속에 보임이라 하나님께서 이를 그들에게 보이셨느니라</u> 창세로부터 그의 보이지 아니하는 것들 곧 <u>그의 영원하신 능력과 신성이 그가 만드신 만물에 분명히 보여 알려졌나니 그러므로 그들이 핑계하지 못할지니라</u>'

하나님은 자연 만물을 통하여 하나님을 알만한 것들을 보여주셨고 당신의 영원하신 능력과 신성을 계시하셨기 때문에 이방인들이 결코 하나님을 모른다고 핑계하지 못함을 로마서는 강조하고 있습니다. 여기에 이방인들의 잘못이 있는 것입니다. 하나님을 알면서도 하나님으로 인정하지 아니하고 자연 만물을 주신 하나님의 은혜에 감사하지 못한 것, 이것이 이방인들의 죄임을 21절에서 알려주고 있습니다.

'<u>하나님을 알되 하나님을 영화롭게도 아니하며 감사하지도 아니하고 오히려 그 생각이 허망하여지며 미련한 마음이 어두워졌나니</u>'

하나님의 하나님 되심을 인정하지 아니한 이방인들, 이들은 결국 하나님께 돌릴 영광을 썩어질 우상에게 바꾸어 버림으로 하나님의 심판을 피할 수 없다는 사실을 사도 바울은 23절에서 기록하고 있습니다.

'<u>썩어지지 아니하는 하나님의 영광을 썩어질</u> 사람과 새와 짐승과 기어다

니는 동물 모양의 **우상으로 바꾸었느니라**'

  하나님을 알만한 것들을 보여주셨음에도 불구하고 하나님을 하나님으로 인정하지 아니한 이방인들, 하나님에 대한 경외심이 없다 보니 하나님 자리에 다른 것들을 세워놓기 시작하였습니다. 하나님께 드려야 할 영광을 썩어질 우상으로 바꾸어 버린 것, 이것이 하나님의 심판 아래 있는 하나님의 진노를 피할 수 없는 이방인의 현실임을 사도 바울은 전해주고 있습니다. 본문 24절은 '그러므로'라는 단어로 시작하고 있습니다. 이방인들이 하나님의 심판을 받는 것은 당연한 결과임을 알려주면서 사도 바울은 심판의 결과에 대하여 자세히 기록하고 있습니다. 하나님을 알면서도 하나님으로 인정하지 아니하고 하나님께 돌릴 영광을 썩어질 우상으로 바꾸어 버린 이방인들, 이들이 받을 형벌이 무엇인가, 사도 바울은 본문에서 '내버려두다'라는 단어를 3번이나 사용하면서 이방인들이 받게 되는 심판의 결과에 대하여 알려주고 있습니다. 24절에는 첫 번째 '내버려두사' 단어가 등장합니다.

'그러므로 **하나님께서 그들을 마음의 정욕대로 더러움에 내버려 두사** 그들의 몸을 서로 욕되게 하게 하셨으니'

26절, 두 번째 '내버려두사' 단어가 나오고 있습니다.

'이 때문에 **하나님께서 그들을 부끄러운 욕심에 내버려 두셨으니** 곧 그들의 여자들도 순리대로 쓸 것을 바꾸어 역리로 쓰며'

28절, 세 번째 '내버려두사' 단어가 기록이 되어 있습니다.

'또한 그들이 마음에 하나님 두기를 싫어하매 **하나님께서 그들을 그 상실한 마음대로 내버려 두사** 합당하지 못한 일을 하게 하셨으니'

사도 바울은 내버려두다라는 단어를 3번이나 사용하면서 하나님의 유기가 이방인들을 향한 심판의 결과임을 알려주고 있습니다. 하나님께서 그들을 마음의 정욕대로 내버려둔 결과 서로의 몸을 욕되게 하는 죄악을 범하고 있다는 사실, 하나님께서 그들을 부끄러운 욕심에 내버려둔 결과 하나님이 정하신 순리를 버리고 역리를 따르며 성적 타락에 빠지게 된 것, 하나님께서 그들을 상실한 마음대로 내버려두어 합당하지 못한 불의를 저지르게 된 것, 하나님은 이방인들을 마음의 정욕대로, 부끄러운 욕심대로, 상실한 마음대로 내버려두셨고 하나님의 버려두심이 사실은 이방인이 받게 되는 심판임을 사도 바울은 알려주고 있습니다. 사도 바울이 로마서를 기록한 이유가 무엇인가, 롬 1:15절에서 우리는 로마서를 기록한 이유를 발견할 수 있습니다.

'그러므로 나는 할 수 있는 대로 **로마에 있는 너희에게도 복음 전하기를 원하노라**'

복음을 전하기 원하는 사도 바울이 왜 이처럼 심판이라는 무거운 주제를 다루고 있는가, 사람은 하나님의 진노 아래 있으며 심판을 피할 수 없는 존재라는 것을 알려주어야 하나님께서 예수 그리스도를 통하여 이루신 구원의 필요성을 느낄 수 있기 때문입니다. 오늘은 **거**

룩한 책임**이라는 제목 가지고 말씀 나눌 때 잘못된 길로 가는 사람들을 바른길, 생명의 길로 인도하는 거룩한 책임 감당하여 하나님께 기쁨을 드리는 그리스도인 되실 수 있기를 주님의 이름으로 축원합니다. 아멘

첫째, 믿는 사람은 하나님의 진리를 거짓 것으로 바꾸어서는 안 됩니다.

하나님을 알면서도 하나님으로 인정하지 아니하고 하나님께 돌릴 영광을 썩어질 우상으로 바꾸어 버린 이방인들, 하나님의 심판이 어떻게 나타나는가, 24절 보시기 바랍니다.

'그러므로 하나님께서 <u>그들을 마음의 정욕대로 더러움에 내버려 두사</u> 그들의 몸을 서로 욕되게 하게 하셨으니'

하나님은 이방인들을 심판하기 위하여 마음의 정욕대로 내버려두셨다고 사도 바울은 알려주고 있습니다. 정욕이라는 단어가 긍정적으로 쓰일 때는 '열망, 갈망'이라는 의미를 가지고 있지만 부정적으로 사용될 때는 '금지된 것에 대한 욕망이나 탐욕'이라는 뜻을 가지고 있습니다. 철학자 아리스토텔레스는 잘못된 쾌락을 얻으려고 애쓰는 것이 정욕이라고 정의하였습니다. 정욕이라는 단어는 법률적으로나 윤리적으로 금지된 쾌락에 대한 욕망을 의미하는데 부끄럽고 파렴치한 죄를 사람이 범하는 것은 금지된 쾌락을 즐기고 싶어 하는 죄의 본성 때문이라 말할 수 있습니다. 하나님께서 이방인들을 마음의 정욕대로 내버려두신 결과가 어떻게 나타나는가, 24절 마지막 보시면 '**그들이 몸**

'을 서로 욕되게 하셨으니' 하나님께서 그들을 마음의 정욕대로 내버려 두신 결과 서로의 몸을 욕되게 하는 성적 타락으로 이어지고 있음을 성경은 지적하고 있습니다. 하나님을 알면서도 하나님으로 인정하지 아니하는 이방인들, 하나님은 이들을 마음의 정욕대로 내버려두셨고 그 결과 금지된 쾌락을 즐기며 서로의 몸을 욕되게 하는 성적으로 타락한 자들이 되었음을 알려주고 있습니다. 이방인들이 왜 이렇게 망가진 것일까, 그 이유를 사도 바울은 25절에서 진단하고 있습니다.

'이는 그들이 하나님의 진리를 거짓 것으로 바꾸어 피조물을 조물주보다 더 경배하고 섬김이라 주는 곧 영원히 찬송할 이시로다 아멘'

이방인들이 타락하게 된 이유, 하나님의 진리를 거짓 것으로 바꾸었기 때문이요 피조물을 창조주 하나님보다 더 경배하는 우상숭배 때문임을 로마서는 말씀하고 있습니다. 25절에 나오는 바꾸다는 상거래를 할 때 사용하는 단어입니다. 마땅히 섬겨야 할 하나님 자리에 마치 물건 바꾸듯이 피조물을 그 위치에 놓고 하나님보다 더 경배했던 이방인들, 하나님의 진리를 거짓 것으로 바꾼 죄악입니다. 구약에서는 우상을 가리켜 거짓 것이라고 증거하고 있습니다. 성경이 우상을 가리켜 거짓 것이라고 말씀하는 이유가 무엇인가, 아무것도 할 수 없는데 모든 것을 할 수 있는 것처럼 사람들이 숭배하기 때문입니다. 우상의 실체에 대하여 시편 기자는 아무것도 할 수 없는 무익한 것이라고 시 115:4-8절에서 전해주고 있습니다.

'그들의 우상들은 은과 금이요 사람이 손으로 만든 것이라 입이 있어도 말하지 못하며 눈이 있어도 보지 못하며 귀가 있어도 듣지 못하며 코가 있어도 냄새 맡지 못하며 손이 있어도 만지지 못하며 발이 있어도 걷지 못하며 목구멍이 있어도 작은 소리조차 내지 못하느니라 우상들을 만드는 자들과 그것을 의지하는 자들이 다 그와 같으리로다'

　우상숭배는 결국 하나님을 밀어내는 타락한 인간의 반역 행위라 말할 수 있습니다. 하나님이 있어야 할 자리에 하나님을 밀어내고 사람의 욕망과 탐욕을 채워줄 수 있는 신을 만들어 숭배하는 것, 하나님은 이런 사람들을 마음의 정욕대로 내버려두셨고 하나님의 유기가 곧 심판의 결과임을 사도 바울은 강조하고 있습니다. 24절 마지막 보시면 그들의 몸을 서로 욕되게 하셨다는 말씀에 이어 25절에서는 피조물을 창조주보다 더 경배하고 섬긴 우상숭배의 죄와 연결시키고 있습니다. 성적 타락은 우상숭배의 결과임을 알 수 있습니다. 대표적인 도시가 바로 고린도입니다. 고린도는 항구 도시로 A.D. 1세기에는 로마 제국에서 네 번째로 큰 도시였고 오래전부터 우상을 숭배하는 도시로 유명하였습니다. 항구 도시이기 때문에 지중해로부터 각종 이방 문화가 자연스럽게 유입되었고 고린도에는 적어도 12개의 신을 섬기는 종교 혼합주의가 유행하고 있었습니다. 지금도 고린도에 가시면 산 정상에 아프로디테 신전의 터가 남아 있고 거기에는 1,000명의 여사제가 종교의식과 함께 매춘 행위를 일삼았다는 기록이 있습니다. 속담에 고린도 사람처럼 산다는 말이 있습니다. 육신의 쾌락을 즐기는 사람들을 가리키는 것으로 고린도에는 종교 혼합주의를 통한 우상숭배와 성적 타락이 하나의 문화처럼 자리를 잡고 있었습니다. 우상을 숭배한다는 것은 하나님을 밀어내는 사람의 반역 행위인데 하나님을 밀어내

다시 복음으로

는 이유가 무엇인가, 하고 싶은 것을 마음대로 하고 싶은 인간의 욕심 때문입니다. 우상숭배자들이 성적 타락을 즐기는 이유가 여기에 있는 것입니다. 하지만 하나님은 그런 사람들을 마음의 정욕대로 내버려두셨고 그들의 몸을 서로 욕되게 하여 하나님의 심판을 피할 수 없는 타락한 존재로 유기하신 것입니다. 이것을 거꾸로 생각하면 우리는 감사의 제목을 발견할 수 있습니다. 하나님의 하나님 되심을 고백하는 것, 하나님을 영화롭게 하는 예배자로 살아가는 것, 하나님의 은혜를 알고 감사하며 사는 것, 이것이 하나님을 아는 자에게 주어진 축복임을 믿으시면서 하나님을 아는 자로 살아갈 수 있기를 주님의 이름으로 축원합니다.

둘째, 믿는 사람은 하나님이 정하신 질서와 순리를 따르며 살아야 합니다.

하나님의 진리를 거짓 것으로 바꾸어 피조물을 하나님보다 경배하고 섬겼던 이방인들, 심판의 결과가 어떻게 나타나는가, 26절에 나와 있습니다.

'이 때문에 하나님께서 그들을 부끄러운 욕심에 내버려 두셨으니 곧 그들의 여자들도 순리대로 쓸 것을 바꾸어 역리로 쓰며'

하나님께서 이방인들을 부끄러운 욕심에 내버려두셨다고 말씀하고 있는데 내버려두다는 원래 넘겨주다라는 의미입니다. 하나님께서 이방인들을 어디에 넘겨주었는가, 부끄러운 욕심에 넘겨주었다고 사도 바울은 기록하고 있습니다. 욕심이라는 단어는 헬라어로 '파도스'라는 단어입니다. 파도스, 욕정이라는 뜻으로 성적 애착이 강할 때 사용하는 단어입니다. 플라톤의 향연에 보면 당시 그리스-로마 사람들이 가지고 있던 성적 애착이 무엇인가를 알려주고 있습니다. 동성애입니다. 하나님께서 이방인들을 부끄러운 욕정에 내버려두신 결과 사람들은 하나님이 정하신 순리를 역리로 바꾸었고 이것이 동성애로 나타났음을 사도 바울이 지적하고 있습니다. 26절 마지막 보시면 하나님께서 부끄러운 욕심에 내버려두신 결과, 여자들이 순리대로 쓸 것을 바꾸어 역리로 쓰는 동성애의 죄를 범하고 있음을 지적하고 있습니다. 순리, '질서에 따라서'라는 의미입니다. 역리, '질서를 거슬러'라는 뜻입니다. 동성애가 왜 죄악인가, 요즘 말하는 제3의 성이 아니라 하나님의 창조질서를 따르지 않는 하나님이 정하신 순리를 거스르는 죄의 결과일 뿐입니다. 인간에게 주어진 성이란 것은 아름다운 것이고 하나님께서 주신 축복이요 생육하고 번성하기 위한 선물이라 말할 수 있습니다. 하지만 성이라는 것은 하나님이 정하신 창조질서 안에서 축복이며 하나님이 정하신 순리 안에서 선물이 될 수 있는 것입니다. 로마서가 기록될 당시 사회상이 어떠하였는가, 26절에 여자들의 동성애가 나오고 있는데 여자 동성애를 뜻하는 '레스비아니즘'이라는 단어가 고대 그리스에서 여자끼리 동성애가 유행하였던 레스보스섬에서 이 단어가 나왔다고 합니다. 남자들은 어떠하였을까, 27절 보시면 읽기도 민망한 표현들이 나오고 있습니다.

'그와 같이 **남자들도 순리대로 여자 쓰기를 버리고 서로 향하여 음욕이 불 일듯 하매** 남자가 남자와 더불어 부끄러운 일을 행하여 그들의 그릇됨에 상당한 보응을 그들 자신이 받았느니라'

하나님이 정하신 질서를 따르지 아니하고 순리를 역리로 바꾸어 남자들끼리 서로 음욕이 불 일듯하였다고 사도 바울은 알려주고 있습니다. 실제 연구에 의하면 로마의 초기 황제 15명 가운데 14명이 어린 소년들과 성행위를 즐기는 동성애자였다고 전해지고 있습니다. 동성애는 하나님이 정하신 질서를 역행하는 역리이며 하나님은 동성 간의 성행위를 가증한 일로 보시고 결코 용납하지 않으셨음을 성경은 증거하고 있습니다. 레 18:22절 보시면

'너는 여자와 동침함 같이 남자와 동침하지 말라 이는 가증한 일이니라'

레 20:13절도 동성애를 가증한 일로 성경은 고발하고 있습니다.

'누구든지 여인과 동침하듯 남자와 동침하면 둘 다 가증한 일을 행함인즉 반드시 죽일지니 자기의 피가 자기에게로 돌아가리라'

동성애는 제3의 성이 아니라 분명 하나님의 창조질서를 거스르는 죄악의 결과입니다. 동성애는 하나님이 정하신 순리에 역행하는 잘못된 행위입니다. 이것을 사람들이 인권이라는 포장지에 감싸서 용납하고 허용하자 주장하고 있습니다. 하나님이 정하신 남성과 여성 외에도 사람이 성의 정체성을 스스로 결정할 수 있게 하자는 법안들이 많은 나라에서 상정되고 있는 것을 보면 세상은 소돔과 고모라의 시대로 돌아가는 것 같습니다. 동성애는 하나님의 진노 아래로 세상을 끌어오는 전염병과 같은 것이라는 말이 있습니다. 감리교단에서는 다음과 같은 성명을 발표하였습니다. 동성애와 그와 유사성행위를 보호받

아야 할 인권으로 포장하여 성적 타락, 에이즈 확산, 하나님의 창조질서를 파괴하는 모든 법 제정 및 동조하는 사회 분위기는 인류를 죄악과 멸망으로 치닫게 하는 사탄의 전략임을 인식해야 한다. 일부 국회의원들이 추진하고 있는 차별금지법을 원천적으로 반대하며 국회는 동성애, 동성 간의 결혼, 성의 정체성을 무너뜨리는 악법을 철회할 것을 촉구한다. 성도 여러분, 우리가 동성애를 허용하면 어떻게 되는지 아십니까 그 결과가 27절 마지막에 이미 나와 있습니다.

'그들의 그릇됨에 상당한 보응을 그들 자신이 받았느니라'

보상의 반대말이 보응입니다. 동성애는 보상받을 권리가 아니라 보응받을 죄임을 성경은 경고하고 있습니다. 동성애를 통한 에이즈 확산과 그로 인한 성병이 이미 많은 사람들의 삶을 망가뜨리고 있음을 잊어서는 안 되는 것입니다. 믿는 사람은 하나님이 정하신 창조질서를 따라야 합니다. 하나님이 정하신 질서를 따르는 것이 순리요 그것을 역행하는 것이 역리입니다. 오늘날 우리가 살아가는 시대 속에 불의로 진리를 막는 사람들이 많아지고 있습니다. 하나님의 창조질서를 거부하고 인권이라는 이름으로 성경적 가치관을 무너뜨리려는 불의한 법안들이 계속해서 만들어지고 있습니다. 하나님이 만드신 성의 정체성이 위협받고 있고 하나님 만드신 건강한 가정의 틀이 무너지려 하고 있습니다. 이런 시대 속에서 믿는 사람들의 책임이 있습니다. 진리의 말씀을 붙잡고 하나님이 정하신 질서를 따르며 하나님의 순리를 따라 살아가야 합니다. 특별히 하나님의 창조질서를 보존하고 다음 세대에 성경적 가치관을 전해주어야 할 책임과 사명이 우리에게 있음을 기억하시면서 하나님 나라를 이 땅에 이루어가는 우리 모두가 될 수 있기를 간절히 소망합니다.

셋째, 잘못된 길로 가는 사람들을 바른길로 인도해야 할 거룩한 책임이 우리에게 있습니다.

사도 바울은 28절에서 마지막으로 내버려두다는 단어를 사용하면서 이방인들을 왜 유기하셨는지 말씀을 전하고 있습니다.

'또한 그들이 마음에 하나님 두기를 싫어하매 하나님께서 그들을 그 상실한 마음대로 내버려 두사 합당하지 못한 일을 하게 하셨으니'

하나님께서 이방인들을 상실한 마음대로 내버려두신 이유가 무엇인가, 마음에 하나님 두기를 싫어하였기 때문입니다. 마음에 하나님 두기를 싫어했다는 구절을 헬라어 성경 그대로 직역하면 그들이 지식에 하나님 두기를 싫어했다로 되어 있습니다. 이방인들이 하나님을 종교적 지식에 둘만한 가치 있는 분으로 받아들이지 않았다는 것을 알 수 있습니다. 하나님을 알면서도 하나님으로 인정하지 않았던 이방인들의 교만을 사도 바울은 보여주고 있습니다. 그 결과 하나님은 이방인들을 상실한 마음대로 내버려두셨는데 상실한 마음대로 내버려두었다는 것이 무엇을 의미하는가, 마음이라는 것이 헬라 문화권에서는 이해력, 통찰력, 이성이라는 의미를 가지고 있습니다. 하나님께서 이방인들을 상실한 마음대로 내버려두셨다는 것은 하나님을 종교적 지식에 둘만한 가치 있는 분으로 여기지 않는 이들에게 이해력, 통찰력, 이성을 상실하게 하셨음을 사도 바울은 전해주고 있습니다. 이해력, 통찰력, 이성을 잃어버린 사람들, 어떤 결과로 이어지게 되었을까. 28절 마지막 보시면 알 수 있습니다. '합당하지 못한 일을 하게 하셨으니' 이방인들이 합당하지 못한 죄를 범하는 이유가 무엇인가, 올바른 판단력을 잃어버렸기 때문이요, 이성이 마비되어 있기 때문입니다. 그 결과 이방인들은 합당하지 못한 죄를 저지르게 되었다고 사도 바울은 21개의 목록을 나열하고 있습니다. 하나님 보시기에 합당하지 못한 죄의 목록 21가지가 29-30절에 기록이 되어 있습니다.

'곧 모든 불의, 추악, 탐욕, 악의가 가득한 자요 시기, 살인, 분쟁, 사기, 악독이 가득한 자요 수군수군하는 자요 비방하는 자요 **하나님께서 미워하시는 자요** 능욕하는 자요 교만한 자요 자랑하는 자요 악을 도모하는 자요 부모를 거역하는 자요'

21개의 목록 가운데 가장 무서운 것이 하나님께서 미워하시는 자가 되었다는 말씀입니다. 하나님께서 미워하시는 자가 되었다는 것은 하나님께 버림받은 자가 되었다는 의미인데 하나님을 미워하는 자가 되었다는 의미로 해석할 수 있습니다. 본문에서는 후자의 의미가 더 강하다고 말할 수 있습니다. 이방인들이 하나님의 미워하시는 자가 된 이유, 하나님을 미워하는 자가 되어버린 이유, 28절에서 답을 알려주고 있습니다. 마음에 하나님 두기를 싫어하였기 때문입니다. 마음에 하나님 두기를 싫어한 이방인들 결국 하나님은 이들을 유기된 자로 버려두셨습니다. 하나님께서 그들을 마음의 정욕대로 내버려두신 결과 서로의 몸을 욕되게 하는 성적으로 타락한 사람들이 되어버렸습니다. 하나님께서 그들을 부끄러운 욕심에 내버려두신 결과 하나님의 창조질서를 따르지 않고 하나님이 정하신 순리를 역리로 바꾸어 쓰는 동성애자들이 되어버렸습니다. 하나님께서 그들을 상실한 마음대로 내버려두신 결과 올바른 판단력을 잃어버린 이방인들은 하나님 보시기에 합당하지 못한 죄를 저지르며 하나님께 미움받는 자로 감히 하나님을 미워하는 자로 추락해 버렸다고 사도 바울은 기록하고 있습니다. 더 무서운 것은 32절입니다.

'그들이 이같은 일을 행하는 자는 사형에 해당한다고 하나님께서 정하심을 알고도 자기들만 행할 뿐 아니라 또한 그런 일을 행하는 자들을 옳다 하느니라'

사형이라는 단어는 로마서에서 22번이나 등장하고 있습니다. 인간이 저지른 죄악은 사형에 해당함을, 죄의 삯은 사망이라는 것을 로마서는 알려주고 있습니다. 문제는 이러한 행위들이 사형에 해당한다고 하나님께서 정하심을 알면서도 자기들만 행할 뿐 아니라 그런 일을 행하는 자들을 옳다고 권장하는 사람들이 문제인 것입니다. 여기에 믿는 사람의 거룩한 책임이 있습니다. 잘못된 길을 가는 사람들, 하나님의 창조질서를 거스르는 사람들, 하나님이 정하신 순리를 바꾸어 역리로 쓰는 사람들, 이런 사람들을 바른길, 생명의 길, 구원의 길로 인도해야 할 책임이 우리에게 있음을 기억하시고 앞으로 한국교회가 세상을 향하여 진리의 말씀을 선포하며 복음의 능력으로 잘못된 길을 가는 사람들을 주님께로 인도하는 축복의 통로가 될 수 있기를 주님의 이름으로 축원합니다. 아멘

롬 2:1-16

그러므로 남을 판단하는 사람아, 누구를 막론하고 네가 핑계하지 못할 것은 남을 판단하는 것으로 네가 너를 정죄함이니 판단하는 네가 같은 일을 행함이니라 이런 일을 행하는 자에게 하나님의 심판이 진리대로 되는 줄 우리가 아노라 이런 일을 행하는 자를 판단하고도 같은 일을 행하는 사람아, 네가 하나님의 심판을 피할 줄로 생각하느냐 혹 네가 하나님의 인자하심이 너를 인도하여 회개하게 하심을 알지 못하여 그의 인자하심과 용납하심과 길이 참으심이 풍성함을 멸시하느냐 다만 네 고집과 회개하지 아니한 마음을 따라 진노의 날 곧 하나님의 의로우신 심판이 나타나는 그 날에 임할 진노를 네게 쌓는도다 하나님께서 각 사람에게 그 행한 대로 보응하시되 참고 선을 행하여 영광과 존귀와 썩지 아니함을 구하는 자에게는 영생으로 하시고 오직 당을 지어 진리를 따르지 아니하고 불의를 따르는 자에게는 진노와 분노로 하시리라 악을 행하는 각 사람의 영에는 환난과 곤고가 있으리니 먼저는 유대인에게요 그리고 헬라인에게며 선을 행하는 각 사람에게는 영광과 존귀와 평강이 있으리니 먼저는 유대인에게요 그리고 헬라인에게라 이는 하나님께서 외모로 사람을 취하지 아니하심이라 무릇 율법 없이 범죄한 자는 또한 율법 없이 망하고 무릇 율법이 있고 범죄한 자는 율법으로 말미암아 심판을 받으리라 하나님 앞에서는 율법을 듣는 자가 의인이 아니요 오직 율법을 행하는 자라야 의롭다 하심을 얻으리니 (율법 없는 이방인이 본성으로 율법의 일을 행할 때에는 이 사람은 율법이 없어도 자기가 자기에게 율법이 되나니 이런 이들은 그 양심이 증거가 되어 그 생각들이 서로 혹은 고발하며 혹은 변명하여 그 마음에 새긴 율법의 행위를 나타내느니라)곧 나의 복음에 이른 바와 같이 하나님이 예수 그리스도로 말미암아 사람들의 은밀한 것을 심판하시는 그 날이라

6

듣는 자에서 행하는 자로

    지난 시간에 우리는 하나님의 진노 아래 심판을 피할 수 없는 이방인들의 현실을 살펴보았습니다. 하나님을 알만한 것을 그들에게 보여주셨음에도 불구하고 하나님을 알면서도 하나님으로 인정하지 아니한 이방인들, 하나님께 돌릴 영광을 썩어질 우상과 바꾸어 버림으로 이방인들은 하나님의 심판을 피할 수 없게 되었습니다. 이방인들을 향한 하나님의 심판은 내버려두심으로 나타났습니다. 하나님께서 이방인들을 마음의 정욕대로 내버려두신 결과 서로의 몸을 욕되게 하는 성적으로 타락한 자들이 되어버렸습니다. 하나님께서 이방인들을 부끄러운 욕심에 내버려두신 결과 하나님이 정하신 창조질서를 따르지 아니하고 순리를 역리로 바꾸어 쓰며 동성애를 범하는 죄악을 저질렀습니다. 하나님께서 이방인들을 상실한 마음대로 내버려두신 결과 올바른 판단력을 잃어버림으로 불의를 저지르며 하나님께 미움받는 자로, 감히 하나님을 미워하는 자가 되었다고 사도 바울은 전해주고 있습니다. 사도 바울이 하나님의 진노를 피할 수 없는 이방인의 현실을 지적하는 이유, 하나님께서 예수 그리스도를 통하여 이루신 구원의 복음을 전하기 위함입니다. 그렇다면 유대인들은 어떠할까, 롬 1:18-32절까지가 하나님의 진노 아래 있는 이방인들을 향한 말씀이라면 롬 2장에서는 유대인들 역시 하나님의 진노 아래 있음을 사도 바울은 진단하고 있습니다. 사도 바울은 유대인들이 하나님의 심판을 피할 수 없는 이유 세 가지를 제시하고 있습니다. 남을 판단하기 좋아하는 유대인들도 같은 죄를 범하고 있음을 사도 바울은 1절에서 알려주고 있습니다.

'그러므로 남을 판단하는 사람아, 누구를 막론하고 네가 핑계하지 못할 것은 남을 판단하는 것으로 네가 너를 정죄함이니 판단하는 네가 같은 일을 행함이니라'

사도 바울은 유대인을 가리켜 남을 판단하기 좋아하는 사람이라 부르고 있습니다. 유대인들이 이방인들을 무시하고 비난하기를 좋아하지만 사실은 유대인들도 이방인들과 다름이 없음을 강조하고 있습니다. 종교적으로 이방인보다 우월하다고 생각하는 유대인들도 같은 잘못을 저지르고 있음을 3절에서 전하고 있습니다.

'이런 일을 행하는 자를 판단하고도 같은 일을 행하는 사람아, 네가 하나님의 심판을 피할 줄로 생각하느냐'

두 번째로 사도 바울이 제시하는 유대인들의 잘못은 하나님의 은혜를 멸시하는 교만에 있다고 알려주고 있습니다. 4절 보시면

'혹 네가 하나님의 인자하심이 너를 인도하여 회개하게 하심을 알지 못하여 **그의 인자하심과 용납하심과 길이 참으심이 풍성함을 멸시하느냐**'

이 말씀을 좀 더 쉽게 풀어드리면 이렇게 해석할 수 있습니다. 하나님께서 인자하심과 용납하심으로 길이 참으시는 이유는 유대인으로 하여금 회개의 기회를 주기 위함인데 유대인들은 그 은혜를 깨닫지 못하고 악용하여 이방인과 똑같은 죄를 저지르고 있으니 이것은 하나님을 멸시하는 잘못임을 사도 바울이 책망하고 있습니다. 사도 바울은 회개하지 않는 유대인들의 고집을 지적하며 하나님의 의로우신 심판의 날에 진노를 쌓고 있다고 5절 말씀을 기록하고 있습니다.

'다만 네 고집과 회개하지 아니한 마음을 따라 진노의 날 곧 **하나님의 의로우신 심판이 나타나는 그 날에 임할 진노를 네게 쌓는도다**'

세 번째로 사도 바울이 제시하는 유대인들의 잘못은 율법을 소유하였음에도 불구하고 율법을 행하지 아니함을 13절에서 강조하고 있습니다.

'하나님 앞에서는 율법을 듣는 자가 의인이 아니요 **오직 율법을 행하는 자라야 의롭다 하심을 얻으리니**'

율법을 소유하였다는 것은 유대인들에게 주어진 특별한 은총이라 말할 수 있습니다. 하지만 유대인들은 율법을 소유하고 있다는 특권 의식만 있을 뿐 율법을 지키지 아니함으로 하나님의 심판을 받게 되었다는 것을 사도 바울은 12절에서 전해주고 있습니다.

'무릇 율법 없이 범죄한 자는 또한 율법 없이 망하고 무릇 <u>율법이 있고 범죄한 자는 율법으로 말미암아 심판을 받으리라</u>'

사도 바울이 본문에서 전하고자 하는 주제가 무엇일까. 이방인이나 유대인이나 모두 하나님의 진노 아래 있다는 사실, 율법 없이 범죄를 저지른 이방인이나 율법을 맡았음에도 범죄를 저지른 유대인 모두 하나님의 심판을 피할 수 없다는 사실을 알려주고 있습니다. 사도 바울이 이방인과 유대인들을 향해 하나님의 진노를 피할 수 없다는 사실을 강조하는 이유가 무엇일까. 사도 바울은 16절에서 복음이라는 단어를 사용하면서 이방인이나 유대인이나 하나님의 심판을 피할 수 없지만 예수 그리스도를 믿음으로 의롭다 여김을 받고 구원에 이르는 로마서의 핵심 주제인 이신칭의 복음을 전하기 위함입니다. 오늘은 **듣는 자에서 행하는 자로**, 이 제목 가지고 은혜 나눌 때 말씀을 듣고 은혜받는 수준에서 멈추는 것이 아니라 말씀을 행하는 자 되어 말씀의 능력, 말씀의 권세, 말씀대로 이루어지는 역사를 경험하는 우리 모두가 될 수 있기를 주님의 이름으로 축원합니다.

첫째, 성도는 하나님의 진노를 쌓는 사람이 아니라 하나님의 은혜를 쌓는 사람이 되어야 합니다.

사도 바울이 유대인들의 잘못을 지적할 때 가장 먼저 다루는 것이 남을 판단하기 좋아하는 유대인들의 습성을 전해주고 있습니다. 1절 보시면

'그러므로 남을 판단하는 사람아, 누구를 막론하고 네가 핑계하지 못할 것은 남을 판단하는 것으로 네가 너를 정죄함이니 판단하는 네가 같은 일을 행함이니라'

사도 바울은 유대인을 가리켜 남을 판단하는 사람이라 부르고 있습니다. 판단한다는 것은 단순히 옳고 그름을 분별하는 정도가 아니라 상대방을 비난하고 마음속으로 정죄하는 행위를 가리킬 때 사용하는 단어입니다. 유대인들이 남을 판단하기 좋아하는 이유가 무엇인가, 스스로 의롭다고 생각하는 선민사상 때문입니다. 유대인들이 자랑하는 것 중의 하나가 아브라함의 자손으로 태어났다고 하는 혈통의 자부심에 있습니다. 아브라함의 혈통을 가지고 태어났다고 하는 선민사상이 유대인으로 하여금 이방인보다 우월하다는 생각을 갖게 하였고 비교의식을 가지고 남을 판단하기 좋아하는 유대인들의 습성이 되었다고 사도 바울이 지적하고 있습니다. 여기에 유대인들이 모르는 한 가지가 있습니다. 선민으로 택함받은 우월의식만 있을 뿐 유대인들에게는 하나님 원하시는 신앙의 열매가 없었습니다. 주님께서 유대인들을 향해 무엇이라 말씀하셨습니까, 마 7:20-21절 보시면

'이러므로 **그들의 열매로 그들을 알리라** 나더러 주여 주여 하는 자마다 다 천국에 들어갈 것이 아니요 다만 **하늘에 계신 내 아버지의 뜻대로 행하는 자라야 들어가리라**'

유대인들은 이방인보다 우월하다는 비교의식을 가지고 스스로 의인처럼 생각하며 살아왔지만 주님은 유대인들을 향하여 열매가 없는 자들이라 책망하셨습니다. 그들의 열매로 그들을 알 수 있다 말씀하시며 주님은 하나님 아버지의 뜻대로 행하는 자라야 천국에 들어갈 수 있다고 말씀하셨습니다. 유대인들이 가지고 있는 선민사상은 남을 판단하는 기준이 되어버렸고 남의 티는 보면서도 자신의 들보는 보지 못하는 영적 소경이 되어버렸습니다. 남을 판단하기 좋아하는 사람의 특징 중 하나가 비교의식입니다. 눅 18장 보면 주님께서 바리새인과 세리의 기도를 보여주시는 장면이 나오는데 바리새인의 기도를 살펴보면 남보다 우월하다는 비교의식을 엿볼 수 있습니다. 눅 18:11절 보시면

'바리새인은 서서 **따로 기도하여 이르되** 하나님이여 나는 다른 사람들 곧 토색, 불의, 간음을 하는 자들과 **같지 아니하고** 이 세리와도 **같지 아니함을 감사하나이다**'

바리새인이 감사하는 이유가 무엇인가, 다른 사람들과 같지 아니함에 대하여 감사하다 하면서 남과 비교하는 우월의식을 가지고 하나님을 상대하고 있음을 볼 수 있습니다. 남과 비교하기 좋아하고 판단하기 좋아하는 유대인들, 사실은 이방인과 똑같은 죄를 범하고 있음을

사도 바울은 3절에서 강조하고 있습니다.

'**이런 일을 행하는 자를 판단하고도 같은 일을 행하는 사람아**, 네가 하나님의 심판을 피할 줄로 생각하느냐'

유대인들은 하나님께 택함받았다는 선민의식이 대단한 특권인 양 착각하며 이방인들을 무시하고 비난하며 심지어 하나님의 자리에 앉아 정죄하였습니다. 하지만 유대인들은 이방인과 동일한 죄를 범하고 있으며 아브라함의 자손으로 태어난 것이 심판을 피할 수 있는 면책 사유가 될 수 없음을 사도 바울은 알려주고 있습니다. 하나님은 유대인들에게 회개의 기회를 주고자 인자하심과 용납하심과 길이 참아주심으로 기다려 주셨지만 유대인들은 하나님의 은혜를 멸시하였다고 사도 바울은 4절 말씀을 기록하고 있습니다.

'**혹 네가 하나님의 인자하심이 너를 인도하여 회개하게 하심을 알지 못하여** 그의 인자하심과 용납하심과 길이 참으심이 풍성함을 멸시하느냐'

유대인들이 멸시한 하나님의 은혜는 세 가지로 나타나고 있습니다.

① 인자하심, 하나님의 선하심을 가리키는 단어입니다. 유대인들은 하나님의 인자하심과 선하심을 악용하여 여전히 죄악 된 행위를 즐기고 있음을 성경이 말씀하고 있습니다.
② 용납하심, 일시적 휴전이라는 뜻인데 유대인들은 하나님의 기다리심을 심판이 끝난 것으로 오해하였으며 그것은 심판의 날을 보류하신

것일 뿐 회개의 기회를 주시는 하나님을 유대인들이 무시하고 있음을 로마서는 증거하고 있습니다.
③ 길이 참으심, 참다라는 단어는 복수할 권리가 있지만 그 권리를 사용하지 않는다는 뜻입니다. 하나님은 유대인들을 심판으로 다스릴 수 있는 권한을 가지고 계시지만 그 권리를 유보하시고 길이 참아주셨습니다.

하나님의 인자하심, 하나님의 용납하심, 하나님의 길이 참으심을 알면서도 유대인들은 하나님의 속성을 악용하여 여전히 죄악 된 행위를 범하며 하나님께로 돌아가기를 싫어하였습니다. 그 결과 유대인들은 스스로 하나님의 진노를 쌓는 잘못을 범하고 있음을 사도 바울은 5절에서 기록하고 있습니다.

'다만 네 고집과 회개하지 아니한 마음을 따라 진노의 날 곧 하나님의 의로우신 심판이 나타나는 그 날에 임할 진노를 네게 쌓는도다'

이 말씀을 묵상하면서 중요한 메시지를 깨닫게 되었습니다. 성도는 하나님의 진노를 쌓는 사람이 되지 말고 하나님의 은혜를 쌓는 사람이 되어야 한다는 사실입니다. 사랑하는 성도 여러분! 하나님 앞에 열심을 다하여 예배의 제단을 쌓으시기 바랍니다. 하나님 앞에 성실한 마음으로 기도의 제단을 쌓으시기 바랍니다. 하나님 기회 주실 때 감사한 마음으로 헌신의 제단을 쌓으시기 바랍니다. 그리함으로 하나님의 은혜를 쌓는 믿음의 부요한 자 되셨으면 좋겠습니다. 믿는 사람은 하나님의 진노를 쌓지 말고 하나님의 은혜를 쌓는 자가 되어야 한다는 말씀 기억하시면서 예배의 제단, 기도의 제단, 헌신의 제단을 열심을 다해 쌓음으로 믿음의 부요한 자로 살아가는 우리 모두가 될 수 있기를 주님의 이름으로 축원합니다.

둘째, 우리가 믿는 하나님은 행한 대로 보응하시는 하나님입니다.

사도 바울이 본문에서 강조하는 것 중의 하나가 심판에 있어서 하나님은 공평하시다는 사실, 11절에서 전해주고 있습니다.

'이는 하나님께서 <u>외모로 사람을 취하지 아니하심이라</u>'

유대인이나 이방인이나 하나님은 공평하게 상대하시며 각 사람이 행한 대로 보응하시는 하나님을 6절에서 알려주고 있습니다.

'하나님께서 각 사람에게 <u>그 행한 대로 보응하시되</u>'

보응하다는 것은 헬라어로 '지불하다, 계산하다'라는 뜻을 가지고 있는데 사람이 무엇으로 심든지 그대로 거둔다는 갈 6:7절 말씀에 근거를 두고 있습니다.

'스스로 속이지 말라 하나님은 업신여김을 받지 아니하시나니 <u>사람이 무엇으로 심든지 그대로 거두리라</u>'

무엇으로 심든지 그대로 거둔다는 것은 하나님이 정하신 보응의 법칙이라 말할 수 있는데, 행한 대로 갚으시는 하나님에 대하여 로마서

는 두 가지로 전해주고 있습니다. 7절 보시면

'**참고 선을 행하여** 영광과 존귀와 썩지 아니함을 구하는 자에게는 영생으로 하시고'

참고 선을 행한다는 것은 인내함으로 하나님의 뜻을 행하는 것을 의미합니다. 선이 무엇인지 아십니까. 하나님의 뜻을 행하는 것을 성경은 선이라고 말씀하고 있습니다. 하나님 보시기에 선을 행하는 것은 무엇인가. 7절에 영광과 존귀와 썩지 아니함을 구하는 것이라 말씀하고 있습니다. 영광을 나타낸다는 것은 모든 결과에 대하여 하나님께서 하셨음을 고백하는 행위를 의미합니다. 존귀를 나타낸다는 것은 사람의 이름은 십자가 뒤에 감추고 하나님의 이름을 높여드리는 것을 말합니다. 썩지 아니함을 구한다는 것은 없어질 세상에 미련을 두지 않고 영원한 하나님의 나라를 소망하는 것을 가리킨다고 말할 수 있습니다. 하나님께 영광을 돌리고 하나님의 이름을 존귀하게 하며 영원한 하나님 나라를 사모하는 사람에 대하여 하나님은 영생의 축복으로 보상해 주실 것을 성경은 약속하고 있습니다. 사랑하는 성도 여러분! 무슨 일을 하든 하나님이 하셨음을 고백하며 주께 영광 돌리시기 바랍니다. 나의 이름은 십자가 뒤에 감추고 오직 예수 그리스도의 이름을 증거하시기 바랍니다. 육신의 정욕과 안목의 정욕과 이생의 자랑을 버리고 하나님 나라에 인생의 소망을 두고 살아가시기 바랍니다. 그 믿음을 하나님 귀하게 보시고 영생의 축복으로 갚아주실 줄 믿습니다. 또한 사도 바울은 행위대로 보응하시는 하나님에 대하여 8절 말씀을 전해주고 있습니다.

'오직 당을 지어 진리를 **따르지** 아니하고 불의를 따르는 자에게는 진노와 분노로 하시리라'

따르다라는 단어는 헬라어로 설득시키다라는 의미를 가지고 있습니다. 사람의 말에 설득당하여 하나님의 말씀을 버리고 불의를 따르는 사람에게는 하나님이 진노와 분노를 쌓고 계심을 로마서는 경고하고 있습니다. 사람의 말에 설득당하는 이유가 무엇인가, 사람의 말에 넘어가는 이유가 무엇인가, 말씀이 없기 때문입니다. 말씀이 없으니 사람의 말에 설득당하고 사람의 유혹에 쉽게 넘어가는 사람, 그런 사람에게 찾아오는 것이 무엇인가 9절 보시면

'**악을 행하는 각 사람의 영에는 환난과 곤고가 있으리니** 먼저는 유대인에게요 그리고 헬라인에게며'

악을 행하는 것이 처음에는 달콤하고 쾌락을 즐기는 재미를 안겨주지만 결국에 남는 것은 환난과 곤고밖에 없음을 성경은 증거하고 있습니다. 환난이라는 것은 외부에서 밀려오는 고난을 뜻하고 곤고는 내부에서 일어나는 마음의 근심을 가리키는 단어입니다. 사랑하는 성도 여러분! 사람의 말에 설득당하지 마시고 진리의 말씀 붙들고 살아가시기 바랍니다. 사람의 말에 넘어가지 마시고 하나님 말씀 의지하여 살아가시기 바랍니다. 사람의 말에 설득당하여 불의를 행하게 되면 돌아오는 것은 환난과 곤고밖에 없지만 말씀 붙들고 살아가는 자에게 하나님은 형통의 복을 약속해 주셨습니다. 시 1:1-3절입니다.

'**복 있는 사람은** 악인들의 꾀를 따르지 아니하며 죄인들의 길에 서지 아니하며 오만한 자들의 자리에 앉지 아니하고 **오직 여호와의 율법을 즐거워하여 그의 율법을 주야로 묵상하는도다** 그는 시냇가에 심은 나무가 철을 따라 열매를 맺으며 그 잎사귀가 마르지 아니함 같으니 그가 하는 **모든 일이 다 형통하리로다**'

성도 여러분, 사람의 꾀를 따르지 마시고 사람의 말에 설득당하지 마시고 오직 말씀 붙들고 살아가실 때 그 말씀이 우리의 믿음을 지켜주는 능력이 되어 형통의 복을 누리게 하시는 하나님께 감사와 영광 올려드리는 우리 모두가 될 수 있기를 간절히 소망합니다.

셋째, 성도는 말씀을 듣는 자가 아닌 말씀을 행하는 사람이 되어야 합니다.

사도 바울은 13절에서 하나님 앞에 의인이 누구인가를 전해주고 있습니다.

'하나님 앞에서는 **율법을 듣는 자가 의인이 아니요 오직 율법을 행하는 자라야 의롭다 하심을 얻으리니**'

유대인들이 하나님께 받은 특권 중 하나는 율법을 맡았다는 사실입니다. 율법을 맡은 자가 되었다는 것은 율법을 행함으로 하나님의 의를 세상에서 이루어 거룩하신 하나님을 증거해야 할 책임이 주어졌다는 것을 의미합니다. 율법을 맡은 자가 된 이스라엘 사람들 어떻게 살아왔을까, 렘 9:13절 보시면

'여호와께서 말씀하시되 이는 **그들이 내가 그들의 앞에 세운 나의 율법을 버리고 내 목소리를 순종하지 아니하며 그대로 행하지 아니하고**'

율법을 맡았으면서도 말씀대로 행하지 아니한 것이 얼마나 심각한 죄인가, 성경은 율법을 지키지 않는 행위가 하나님을 버린 죄악이라고 렘 16:11절에서 말씀하고 있습니다.

'너는 그들에게 대답하기를 여호와께서 말씀하시되 **너희 조상들이 나를 버리고** 다른 신들을 따라서 그들을 섬기며 그들에게 절하고 나를 버려 **내 율법을 지키지 아니하였음이라**'

로마서는 율법을 지키지 않는 것이 하나님을 버리는 죄악이라고 강조하고 있습니다. 이스라엘 백성이 하나님을 등지고 우상을 숭배하는 죄악을 저지른 이유, 하나님의 말씀을 버렸기 때문입니다. 유대인들은 율법을 맡은 것에 대한 특권의식만 있을 뿐 말씀대로 행하는 실천의 의지가 없음을 주님은 요 7:19절에서 책망하셨습니다.

'모세가 너희에게 율법을 주지 아니하였느냐 **너희 중에 율법을 지키는 자가 없도다** 너희가 어찌하여 나를 죽이려 하느냐'

이 시간 13절 말씀을 깊이 묵상하시기 바랍니다.

'하나님 앞에서는 **율법을 듣는 자가 의인이 아니요 오직 율법을 행하는 자라야 의롭다 하심을 얻으리니**'

예수님께서 바리새인과 서기관들을 향하여 목이 곧은 백성이라고, 외식과 불법이 가득한 사람이라고 책망하신 이유가 무엇인가, 마 23:3절 보시기 바랍니다.

'그러므로 무엇이든지 그들이 말하는 바는 행하고 지키되 그들이 하는 행위는 본받지 말라 **그들은 말만 하고 행하지 아니하며**'

바리새인과 서기관은 율법의 전문가들입니다. 유대인들에게 말씀을 가르치는 교사들입니다. 그런데 주님께서 책망하신 이유가 무엇입니까, 율법에 대한 지식만 있을 뿐 행함이 없는 위선적 신앙을 주님은 용납할 수 없었던 것입니다. 신앙생활 하는 우리도 위선의 늪에 빠질 수 있음을 조심해야 합니다. 중요한 말씀 한 구절 소개하기 원합니다. 약 1:22절 보시면 말씀을 듣기만 하는 것의 위험성을 알려주고 있습니다.

'너희는 **말씀을 행하는 자가 되고 듣기만 하여 자신을 속이는 자가 되지 말라**'

우리가 조심해야 할 것은 말씀을 듣기만 하는 수준에 멈추어 있으면 자신을 속이는 자가 될 수 있다는 사실입니다. 은혜로운 설교 들었다고 우리의 믿음이 좋아질까, 유명한 목사님의 설교를 들었다고 우리의 신앙 수준이 높아질까, 그것은 우리의 착각이라는 것입니다. 성경은 말씀을 듣기만 하여 자신을 속이는 자가 되어서는 안 된다 강조하면서 말씀을 행하는 자가 복을 누리게 된다는 사실, 약 1:25절에서 강조하고 있습니다.

'자유롭게 하는 온전한 율법을 들여다보고 있는 자는 **듣고 잊어버리는 자가 아니요 실천하는 자니 이 사람은 그 행하는 일에 복을 받으리라**'

말씀을 듣고 잊어버리면 그 말씀은 죽은 말씀이 됩니다. 하지만 말씀을 듣고 그대로 행하면 그 말씀은 하나님이 살아 역사하시는 능력의 말씀이 될 수 있는 것입니다. 하나님이 이스라엘 백성에게 보내신 선지자들은 영성이 뛰어난 명 설교가라고 말할 수 있습니다. 메시야의 오심을 예언했던 이사야, 하나님께로 돌아가지 아니하면 예루살렘은 무너질 것을 경고했던 예레미야, 바벨론에 포로로 끌려가 이스라엘의 회복에 대하여 희망의 메시지를 선포한 에스겔, 하나님의 끈질긴 사랑을 삶으로 보여주었던 호세아, 하나님을 찾으라 그리하면 살 것이라 말씀을 선포한 아모스, 영적 무너짐에 대하여 언제까지 침묵하실 것인지 질문을 드렸던 하박국 선지자, 구약에는 그야말로 기라성 같은 선지자들이 그 시대에 필요한 하나님의 말씀을 전해주었습니다. 하지만 이스라엘 백성은 선지자들이 전해주는 말씀을 들으면서도 말씀에 반응하기를 싫어했고 말씀을 무시했습니다. 이스라엘의 무너짐은 말씀대로 살기를 싫어했던 말씀을 무시한 죄의 결과라고 말할 수 있습니다. 사랑하는 성도 여러분! 말씀을 듣기만 하여 자신을 속이는 자 되지 마시기 바랍니다. 하나님이 원하시는 것은 말씀을 듣고 행하는 자의 자리까지 나아가는 것입니다. 말씀을 듣고 행하지 아니하는 자는 그 집을 모래 위에 지은 어리석은 사람 되어 무너짐이 심할 것이지만 말씀을 듣고 행하는 자는 비가 내리고 바람이 불어도 무너지지 아니할 것이라는 산상수훈의 말씀 기억하시면서 우리의 믿음을 말씀 위에 견고히 세워나가는 우리 모두가 될 수 있기를 주님의 이름으로 축원합니다.

롬 2:17-29

유대인이라 불리는 네가 율법을 의지하며 하나님을 자랑하며 율법의 교훈을 받아 하나님의 뜻을 알고 지극히 선한 것을 분간하며 맹인의 길을 인도하는 자요 어둠에 있는 자의 빛이요 율법에 있는 지식과 진리의 모본을 가진 자로서 어리석은 자의 교사요 어린 아이의 선생이라고 스스로 믿으니 그러면 다른 사람을 가르치는 네가 네 자신은 가르치지 아니하느냐 도둑질하지 말라 선포하는 네가 도둑질하느냐 간음하지 말라 말하는 네가 간음하느냐 우상을 가증히 여기는 네가 신전 물건을 도둑질하느냐 율법을 자랑하는 네가 율법을 범함으로 하나님을 욕되게 하느냐 기록된 바와 같이 하나님의 이름이 너희 때문에 이방인 중에서 모독을 받는도다 네가 율법을 행하면 할례가 유익하나 만일 율법을 범하면 네 할례는 무할례가 되느니라 그런즉 무할례자가 율법의 규례를 지키면 그 무할례를 할례와 같이 여길 것이 아니냐 또한 본래 무할례자가 율법을 온전히 지키면 율법 조문과 할례를 가지고 율법을 범하는 너를 정죄하지 아니하겠느냐 무릇 표면적 유대인이 유대인이 아니요 표면적 육신의 할례가 할례가 아니니라 오직 이면적 유대인이 유대인이며 할례는 마음에 할지니 영에 있고 율법 조문에 있지 아니한 것이라 그 칭찬이 사람에게서가 아니요 다만 하나님에게서니라

7

하나님의 이름이 너희 때문에

　지난 시간에 우리는 이방인보다 우월하다고 생각하는 유대인들도 하나님의 심판을 피할 수 없다는 사실을 살펴보았습니다. 유대인들이 하나님의 진노를 피할 수 없는 이유, 사도 바울은 세 가지로 제시하고 있습니다. 남을 판단하기 좋아하는 유대인들이 같은 죄를 범하고 있음을 롬 2:1절에서 말씀하고 있습니다.

　'그러므로 남을 판단하는 사람아, 누구를 막론하고 네가 핑계하지 못할 것은 남을 판단하는 것으로 네가 너를 정죄함이니 판단하는 네가 같은 일을 행함이니라'

　두 번째로 사도 바울이 제시하는 유대인들의 잘못은 하나님의 은혜를 멸시하는 교만에 있다고 롬 2:4절에서 전해주고 있습니다.

'혹 네가 하나님의 인자하심이 너를 인도하여 회개하게 하심을 알지 못하여 그의 인자하심과 용납하심과 길이 참으심이 풍성함을 멸시하느냐'

그 결과 유대인들은 하나님의 은혜를 쌓는 것이 아니라 하나님의 진노를 쌓고 있음을 롬 2:5절에서 증거하고 있습니다.

'다만 네 고집과 회개하지 아니한 마음을 따라 진노의 날 곧 하나님의 의로우신 심판이 나타나는 그 날에 임할 진노를 네게 쌓는도다'

세 번째로 사도 바울이 제시하는 유대인들의 잘못은 율법을 소유하였음에도 불구하고 특권의식만 있을 뿐 율법을 행하지 아니함을 롬 2:13절에서 말씀하고 있습니다.

'하나님 앞에서는 율법을 듣는 자가 의인이 아니요 오직 율법을 행하는 자라야 의롭다 하심을 얻으리니'

율법의 말씀을 맡았다는 것은 유대인에게 주어진 특별한 은총이라 말할 수 있습니다. 하지만 유대인들은 율법을 소유하고 있다는 특권의식만 있을 뿐 율법을 온전히 행하지 아니함으로 하나님의 심판을 받게 되었다는 것을 로마서는 말씀하고 있습니다. 오늘 본문을 통해 사도 바울이 전하고자 하는 주제가 무엇일까, 유대인들이 가지고 있는 특권의식에 대하여 사도 바울은 다섯 가지를 지적하고 있습니다.

17-18절 보시면

'유대인이라 불리는 네가 율법을 의지하며 하나님을 자랑하며 율법의 교훈을 받아 하나님의 뜻을 알고 지극히 선한 것을 분간하며'

율법을 의지하고 하나님을 자랑하며 율법의 교훈을 받아 하나님의 뜻을 알고 지극히 선한 것을 분별하는 능력에 대하여 유대인들은 특권의식을 가지고 있었습니다. 유대인들의 특권의식은 스스로를 높이는 자의식으로 발전하게 되는데 19-20절에서 유대인들의 높아진 자의식을 볼 수 있습니다.

'맹인의 길을 인도하는 자요 어둠에 있는 자의 빛이요 율법에 있는 지식과 진리의 모본을 가진 자로서 어리석은 자의 교사요 어린 아이의 선생이라고 스스로 믿으니'

유대인들은 율법을 맡은 민족으로서 이방인보다 우월하다는 특권의식을 가지고 있었고 높아진 자의식으로 선생의 자리에 앉기를 좋아했습니다. 이것은 유대인들의 대단한 착각이었습니다. 율법을 맡았다는 특권의식을 가지고 선생의 자리에 앉기를 즐겨하는 유대인들 사도 바울은 21-22절에서 유대인들의 실상을 그대로 드러내고 있습니다.

'그러면 다른 사람을 가르치는 네가 네 자신은 가르치지 아니하느냐 도둑질하지 말라 선포하는 네가 도둑질하느냐 간음하지 말라 말하는 네가 간음하느냐 우상을 가증히 여기는 네가 신전 물건을 도둑질하느냐'

사도 바울은 유대인들의 위선을 날카롭게 지적하고 있습니다. 율법이라는 가면을 쓰고 남을 가르치려 하지만 유대인들은 정작 율법을 지키지 아니하고 남몰래 십계명을 범하고 있음을 알려주고 있습니다. 율법을 소유하고 있다는 특권의식을 가지고 남 가르치기를 좋아하는 유대인들, 사도 바울은 겉으로 드러난 유대인이 유대인이 아니요, 육신의 할례가 중요하지 않다는 사실, 하나님 보시기에 내면의 유대인이 참 유대인이며 할례는 마음에 하는 것이요 성령으로 변화 받는 것이 율법의 소유보다 중요함을 28-29절에서 강조하고 있습니다.

'**무릇 표면적 유대인이 유대인이 아니요 표면적 육신의 할례가 할례가 아니니라** 오직 **이면적 유대인이 유대인이며 할례는 마음에 할지니 영에 있고** 율법 조문에 있지 아니한 것이라 그 칭찬이 사람에게서가 아니요 다만 하나님에게서니라'

사도 바울은 본문에서 유대인들의 실상을 보여주고 있습니다. 율법을 맡은 것에 대한 특권의식, 언약의 증표인 할례를 몸에 새겼다는 자부심, 선생의 자리에 앉기를 좋아하는 스스로 높아진 자의식. 그러나 유대인들이 중요하게 여기는 율법과 할례가 아무런 유익이 없으며 하나님의 심판을 피할 수 있는 면책 사유가 될 수 없음을 사도 바울은 전해주고 있습니다. 오늘은 **하나님의 이름이 너희 때문에** 이 제목 가지고 함께 말씀 나눌 때 특별히 우리가 기도하는 자녀들 때문에 하나님의 이름이 영광받으시고 부모인 우리의 자랑과 기쁨이 될 수 있기를 주님의 이름으로 축원합니다. 아멘

첫째, 자녀에게 말씀을 가르치려 하지 말고 말씀대로 사는 것을 보여줄 수 있는 부모가 되어야 합니다.

사도 바울이 지적하는 유대인들의 실상이 무엇인가, 율법을 맡았다고 하는 특권의식이 유대인들의 자랑거리임을 17-18절에서 알려주고 있습니다.

'유대인이라 불리는 네가 율법을 의지하며 하나님을 자랑하며 율법의 교훈을 받아 하나님의 뜻을 알고 지극히 선한 것을 분간하며'

유대인들이 자랑하는 특권의식은 다섯 가지로 정리할 수 있습니다.

1. 율법을 의지하며

유대인들이 받은 특별한 은총 가운데 하나는 율법을 맡았다는 데 있습니다. 롬 3:1-2절 보시면 유대인들이 받은 특권이 무엇인가에 대하여 말씀하고 있습니다.

'그런즉 유대인의 나음이 무엇이며 할례의 유익이 무엇이냐 범사에 많으니 우선은 그들이 하나님의 말씀을 맡았음이니라'

문제는 율법의 말씀을 맡았다는 특권의식만 있을 뿐 유대인들은 하나님이 원하시는 대로 율법을 온전히 지키지 못하였습니다. 17절에 '율법을 의지하며' 구절이 나오는데 '의지하다'라는 단어는 '위안을 얻다'라는 뜻입니다. 율법을 맡았다는 것에 대하여 자부심이 강했지만 율법을 소유하고 있다는 자체에 위안을 얻기만 했을 뿐 유대인들은 하나님 원하시는 의의 수준에 이르지 못하였음을 구약의 역사는 보여주고 있습니다. 하나님이 율법을 맡은 유대인들에게 기대하시는 것이 무엇일까, 롬 2:13절에서 성경은 말씀하고 있습니다.

'하나님 앞에서는 율법을 듣는 자가 의인이 아니요 **오직 율법을 행하는 자라야 의롭다 하심을 얻으리니**'

2. 하나님을 자랑하며

이스라엘 가시면 유대인들이 머리에 하얀 것을 쓰고 다니는 것을 볼 수 있는데 키파라고 합니다. 유대인들이 머리에 키파를 쓰는 이유가 무엇인가 시 3:3절 말씀에 근거하여 키파의 의미를 찾아볼 수 있습니다.

'여호와여 주는 나의 방패시요 나의 영광이시요 나의 머리를 드시는 자이시니이다'

하나님은 나의 보호자시요, 나의 영광이시며, 하나님 경외하는 신앙을 유대인들은 키파를 통해 고백하고 있습니다. 문제는 유대인들이 자신들만의 하나님으로 독점하려는 데 문제가 있습니다. 17절에 나오는 하나님을 자랑하며, 이 구절에서 사도 바울은 유대인들이 하나님을 유대 민족만을 위한 하나님으로 한정하고 독점하려는 데 유대인들의 오만과 독선이 있음을 지적하고 있습니다.

3. 율법의 교훈을 받아

 율법의 교훈을 받았다는 구절을 원문 그대로 직역하면 '율법으로부터 지식을 얻어서' 이렇게 해석할 수 있습니다. 율법의 교훈을 받는 것은 문제가 되지 않습니다. 그러나 율법의 교훈을 받고 지식의 울타리에 쌓아두기만 할 때 이것은 머리만 커지는 영적 교만의 시작이 될 수 있는 것입니다. 하나님의 말씀을 들을 수 있는 귀를 가진 것이 감사요, 은혜입니다. 중요한 것은 말씀을 듣기만 하여 자신을 속이는 자가 되어서는 안 되며 말씀에 대한 지식을 쌓는 것이 우리로 하여금 영적으로 교만한 자가 되게 하는 위험 요소가 될 수 있음을 잊어서는 안 되는 것입니다.

4. 하나님의 뜻을 알고

 율법의 교훈을 받은 유대인들은 하나님의 뜻을 알고 있다고 자부하며 살아왔습니다. 유대인들의 신앙 교육을 연구해 보면 누구도 따라갈 수 없는 열심이 있음을 인정하지 아니할 수 없습니다. 유대인들은 자녀가 6살이 되면 율법 교육을 시작합니다. 모세 5경을 날마다 읽어주고 그 뜻을 해석해 주며 암송하는 훈련을 어렸을 적부터 시작합니다. 자녀가 12살이 되면 유대인 가정은 성인식을 치러주는데 성인식의 의미는 자녀 혼자서 율법의 말씀을 읽을 나이가 되었음을 인정해 주고 축하하는 의미가 담겨 있습니다. 지금도 유대인들이 모여 사는 마을에 가면 회당에서 온 가족이 모여 구약 말씀을 읽는 것을 흔히 볼 수 있습니다. 일 년에 한 번은 구약 성경을 통독하는 것이 규정화되어 있기 때문에 유대인 가정에 속한 자녀는 나이 수만큼 하나님 말씀을 읽는 것이 습관화되어 있습니다. 이처럼 유대인들은 어렸을 적부터 율법의 말씀을 접하며 살아가기 때문에 자연스럽게 율법에 대한 지식이 쌓여갈 수밖에 없습니다. 문제는 하나님의 뜻을 행하지 아니하고 지식의 울타리에 쌓아놓기만 하는 데 문제가 있습니다. 18절 보면 '하나님의 뜻을 알고' 이 구절에서 '안다'는 것은 지식적으로 아는 것을 뜻하는 것이 아니라 경험을 통해서 안다는 '기노스케이스'라는 단어를 사도 바울이 사용하고 있습니다. 유대인들이 어릴 적부터 율법의 말씀을 듣고 자랐어도 말씀을 행함으로 경험을 통하여 알지 아니하면 그것은 하나님의 뜻을 안다고 말할 수 없는 것입니다. 유대인들이 주장하는 것처럼 하나님의 뜻을 아는 민족이라면 하나님의 뜻을 아는 자들이 구약의 선지자들이 예언하는 메시야를 알아보지 못하고 구원자로 오신 예수님을 십자가에 못 박아 죽이는 잘못은 저지르지 않았을 것입니다.

5. 지극히 선한 것을 분간하며

유대인들은 율법을 맡은 자로서 하나님의 선하신 것이 무엇인지를 분별할 수 있는 능력이 있다고 생각하였습니다. 유대인들이 생각하는 것처럼 하나님의 선하신 것을 분간할 수 있는 능력이 있다면 그들은 왜 하나님을 버리고 우상을 숭배하였을까, 그들은 왜 그리스도를 알아보지 못하였을까. 유대인들이 저지른 잘못은 모르고 지은 죄가 아니라 알고도 지은 죄라고 말하는 것이 정확한 답일 것입니다. 유대인들의 패배 역사는 하나님의 선한 것이 무엇인지를 알면서도 하나님의 뜻을 따르지 아니하고 율법을 무시한 결과임을 성경은 증거하고 있습니다. 유대인들은 지금까지 선민의식을 가지고 살아왔습니다. 율법을 맡은 민족으로서 하나님을 소유하고 있다는 자부심, 율법의 교훈을 받은 자로서 하나님의 뜻을 알고 선한 것이 무엇인가를 분별할 수 있는 능력이 있다고 생각하며 살아왔습니다. 이것이 유대인들로 하여금 특권의식을 갖게 하였고 스스로를 높이는 자의식이 되어버렸습니다. 유대인들의 높아진 자의식이 19-20절에 나와 있습니다.

'맹인의 길을 인도하는 자요 어둠에 있는 자의 빛이요 율법에 있는 지식과 진리의 모본을 가진 자로서 어리석은 자의 교사요 어린 아이의 선생이라고 <u>스스로 믿으니</u>'

맹인의 길을 인도하는 자, 어둠에 있는 자에게 빛을 비추는 자, 진리의 모본을 보이는 자, 어리석은 자들과 어린아이와 같은 사람들을 가르치는 선생, 이것이 유대인들이 스스로를 높이는 자의식이었습니다. 정말 유대인들이 남을 가르칠 수 있는 선생의 자격이 있을까, 주님은 유대인들의 실상에 대하여 책망하셨습니다. 마 23:2절 보면 유대인들이 어느 자리에 앉기를 즐겨 했는지 알 수 있습니다.

'서기관들과 바리새인들이 <u>모세의 자리에 앉았으니</u>'

모세의 자리에 앉았다는 것은 남을 가르치는 자리에 앉기를 좋아했다는 의미입니다. 주님은 유대 공동체를 대표하는 서기관과 바리새인을 향해 뭐라고 부르셨는가.

'화 있을진저 눈먼 인도자여' (마 23:16)
'눈먼 바리새인이여' (마 23:26)

주님은 서기관과 바리새인들을 가리켜 눈먼 인도자여, 눈먼 바리새인이여, 이렇게 부르셨습니다. 유대인들은 남을 인도할 만한 남을 가르칠 만한 자격이 없는 영적 소경이라고 주님은 책망하셨습니다. 예수님께서 유대인들을 책망하시는 이유가 무엇인가, 세 가지로 이야기할 수 있습니다.

1. 말만 하고 행하지 아니함

마 23:3절 보시기 바랍니다.

'그러므로 무엇이든지 그들이 말하는 바는 행하고 지키되 그들이 하는 행위는 본받지 말라 **그들은 말만 하고 행하지 아니하며**'

남을 가르치기는 좋아하지만 정작 말씀대로 행하지 아니하는 이들은 선생의 자격이 없음을 성경은 말씀하고 있습니다.

2. 사람에게 보이기 위한 위선적 신앙

마 23:5절에 보시면 인정받고 싶어 하는, 주목받고 싶어 하는 종교지도자들의 위선을 주님은 책망하셨습니다.

'**그들의 모든 행위를 사람에게 보이고자 하나니** 곧 그 경문 띠를 넓게 하며 옷술을 길게 하고'

사람에게 인정받고 싶어 하는, 사람에게 보이기 위한 위선적 신앙을 예수님은 용납하지 않으셨습니다.

3. 겉과 속이 다른 외식

마 23:25절에서 주님은 겉과 속이 다른 외식에 대하여 말씀하셨습니다.

'화 있을진저 외식하는 서기관들과 바리새인들이여 잔과 대접의 겉은 깨끗이 하되 그 안에는 탐욕과 방탕으로 가득하게 하는도다'

율법을 맡은 유대인들이 과연 남을 가르칠 수 있는 선생의 자리에 앉아도 되는 것일까, 유대인들이 과연 남을 인도할 수 있는 영적 리더의 위치에 있는가, 그럴 자격이 없음을 사도 바울은 21-22절에서 알려주고 있습니다.

'그러면 다른 사람을 가르치는 네가 네 자신은 가르치지 아니하느냐 도둑질하지 말라 선포하는 네가 도둑질하느냐 간음하지 말라 말하는 네가 간음하느냐 우상을 가증히 여기는 네가 신전 물건을 도둑질하느냐'

남을 가르치려 하는 유대인들이 정작 자신은 가르치지 않으면서 율법의 모판이 되는 십계명을 은밀히 범하고 있음을 사도 바울은 지적하고 있습니다. 도둑질하지 말라 하는 네가 도둑질하고 간음하지 말라 하는 네가 간음을 행하고 우상을 가증히 여기라 말하는 네가 우상의 신전 물건을 도둑질하여 팔고 있느냐 여기에 나오는 범죄 행위 모두가 십계명에 해당하는 항목들입니다. 문제는 유대인들의 잘못을 지적하는 도둑질하느냐, 간음하느냐, 여기에 나오는 동사들 모두 계속과 반복을 나타내는 현재형으로 쓰였다는 사실입니다. 도둑질과 간음하는 행위, 우상의 신전 제물을 훔쳐서 뒤로 팔아먹는 행위가 계속해서 반복되고 있는 죄임을 고발하며 율법을 맡았다고 자랑하는 유대인들 때문에 하나님의 이름이 욕을 먹고 있다고 사도 바울은 23절에서 안타까워하고 있습니다.

'율법을 자랑하는 네가 율법을 범함으로 **하나님을 욕되게 하느냐**'

유대인들의 잘못은 어디서부터 시작된 것일까, 21절을 주목해 보시기 바랍니다.

'그러면 **다른 사람을 가르치는 네가 네 자신은 가르치지 아니하느냐**'

이 말씀 속에 우리를 향한 메시지가 담겨 있습니다. 다른 사람을 가르치는 네가 네 자신은 가르치지 아니하느냐, 자녀를 가르치기 전 부모인 우리가 먼저 말씀대로 사는 것을 보여줄 수 있어야 합니다. 부모는 자녀에게 선생의 위치에 있다 말할 수 있습니다. 부모는 자녀에게 인생 선배요 세상의 길을 안내하는 가이드이며 삶의 진리를 가르치는 교사라 말할 수 있습니다. 부모에게 맡겨진 책임과 역할이 얼마나 중요한지 알아야 합니다. 부모는 말씀으로 자녀를 가르쳐야 할 책임이 있고 동시에 말씀대로 사는 것을 보여주어야 할 거룩한 의무가 있음을 잊지 마시기 바랍니다. 말씀대로 행할 때 하나님이 말씀 가운데 역사하신다는 사실, 말씀에 순종하는 자가 여호와 이레의 하나님을 만날 수 있다는 사실, 말씀에 의지하여 기도의 그물을 내릴 때 하나님은 풍성한 축복의 열매를 거두게 하신다는 사실, 성경에서 말씀하는 진리를 부모인 우리가 삶으로 보여줄 때 우리 자녀들도 말씀의 능력과 말씀대로 이루어지는 축복을 경험할 수 있기를 주님의 이름으로 축원합니다. 아멘

둘째, 우리가 기도하는 자녀들 때문에 하나님의 이름이 영광을 받아야 합니다.

율법을 맡은 것에 대한 특권의식과 남을 가르치는 위치에 있다는 자부심이 유대인들의 자랑거리였지만 유대인들은 하나님이 원하시는 의의 수준에 이르지 못하였습니다. 율법을 소유한 민족으로서 이방인들을 가르쳐야 할 자리에 있었지만 유대인들은 자신을 향해서는 말씀을 가르치지 아니하고 오히려 십계명을 범하는 죄를 계속해서 반복적으로 행하고 있음을 사도 바울이 지적하고 있습니다. 사도 바울은 할례 문제를 가지고 유대인들의 잘못을 한 번 더 드러내고 있습니다. 25절 보시면 할례의 무익함에 대하여 전해주고 있습니다.

'네가 율법을 행하면 할례가 유익하나 <u>만일 율법을 범하면 네 할례는 무할례가 되느니라</u>'

율법을 소유하였다는 것 못지않게 유대인들이 자랑스럽게 생각하는 것이 할례입니다. 할례의 기원은 하나님과 아브라함이 맺은 언약에서부터 시작됩니다. 하나님께서 아브라함과 언약을 맺으시고 약속의 증표로 몸에 새겨두신 것이 할례입니다. 유대인들은 남자가 태어나면 무슨 일이 있어도 8일 만에 할례를 행하였고 할례를 행함으로 우리 가문이 대대손손 언약의 계보를 이어가고 있다는 것이 유대인들

의 자랑거리였습니다. 율법과 할례, 유대인들이 이방인들보다 우월하다는 특권의식의 근거였고 자랑거리였으며 스스로 자의식을 높일 수 있는 이유였습니다. 그런데 사도 바울은 율법을 범하는 자에게 할례는 아무런 유익이 없으며 무할례자인 이방인들과 비교하여 유대인들에게 경고장을 날리고 있습니다. 26-27절 보시면

'그런즉 무할례자가 율법의 규례를 지키면 그 무할례를 할례와 같이 여길 것이 아니냐 또한 본래 **무할례자가 율법을 온전히 지키면 율법 조문과 할례를 가지고 율법을 범하는 너를 정죄하지 아니하겠느냐**'

율법과 할례가 없는 이방인들이 본성에 의하여 하나님의 법을 따르면 율법과 할례를 자랑하는 유대인들이 오히려 정죄의 대상이 될 수 있다고 기록하고 있습니다. 사도 바울은 28-29절에서 결론의 말씀을 선포하고 있습니다.

'무릇 **표면적 유대인이 유대인이 아니요 표면적 육신의 할례가 할례가 아니니라** 오직 **이면적 유대인이 유대인이며 할례는 마음에 할지니 영에 있고** 율법 조문에 있지 아니한 것이라 그 칭찬이 사람에게서가 아니요 다만 하나님에게서니라'

표면적이라는 단어는 '보이는 것으로 말미암아'라는 뜻을 가지고 있고 이면적이라는 단어는 '감추인 것으로 말미암아'라는 의미를 가지고 있습니다. 사도 바울이 전하고자 하는 메시지가 무엇일까, 하나님은 눈에 보이는 것에 속는 분이 아니라는 것입니다. 하나님이 판단하

시는 기준은 눈에 보이는 것이 아니라 사람의 내면에 감추어진 마음의 중심을 보신다는 사실을 사도 바울이 알려주고 있습니다. 율법과 할례를 자랑하는 유대인들이 오히려 율법을 범함으로 하나님의 이름이 모독을 받고 있다고 사도 바울은 24절에서 안타까운 마음을 전하고 있습니다.

'기록된 바와 같이 **하나님의 이름이 너희 때문에 이방인 중에서 모독을 받는도다**'

이 말씀을 묵상하면서 중요한 메시지를 깨닫게 되었습니다. 예수 믿는 사람들로 인하여 하나님의 이름이 영광을 받아야 한다는 사실입니다. 성도로 부름받은 우리는 무슨 일을 하든지 하나님의 이름이 높임받으시도록 노력해야 합니다. 그리스도인의 착한 행실을 통하여 사람들이 하나님께 영광을 돌리게 해야 한다는 주님의 말씀을 잊지 마시기 바랍니다. 마 5:16절 입니다.

'이같이 너희 빛이 사람 앞에 비치게 하여 **그들로 너희 착한 행실을 보고 하늘에 계신 너희 아버지께 영광을 돌리게 하라**'

사랑하는 성도 여러분!
오늘 설교 제목이 '하나님의 이름이 너희 때문에'입니다. 이 제목 가지고 자녀들을 위하여 기도하실 때 하나님의 이름으로 자녀들을 축복하며 선포하시기 바랍니다. 우리 자녀들이 샘 곁의 무성한 가지가 되어 복의 근원이신 하나님을 떠나 살지 않기를 소망합니다. 우리 자녀들이 믿음의 대를 이어 예배자의 계보를 이어가며 언약의 계승자가 되기를 축복합니다. 우리 자녀들 때문에 하나님의 이름이 영광받으시기를 기도합니다. 우리 자녀들의 착한 행실 때문에 하나님께는 영광을 부모에게는 기쁨을 많은 사람들에게 유익을 끼치는 은혜의 통로로 쓰임 받기를 주님의 이름으로 축원합니다. 아멘

롬 3:1-8

그런즉 유대인의 나음이 무엇이며 할례의 유익이 무엇이냐 범사에 많으니 우선은 그들이 하나님의 말씀을 맡았음이니라 어떤 자들이 믿지 아니하였으면 어찌하리요 그 믿지 아니함이 하나님의 미쁘심을 폐하겠느냐 그럴 수 없느니라 사람은 다 거짓되되 오직 하나님은 참되시다 할지어다 기록된 바 주께서 주의 말씀에 의롭다 함을 얻으시고 판단 받으실 때에 이기려 하심이라 함과 같으니라 그러나 우리 불의가 하나님의 의를 드러나게 하면 무슨 말 하리요 [내가 사람의 말하는 대로 말하노니] 진노를 내리시는 하나님이 불의하시냐 결코 그렇지 아니하니라 만일 그러하면 하나님께서 어찌 세상을 심판하시리요 그러나 나의 거짓말로 하나님의 참되심이 더 풍성하여 그의 영광이 되었다면 어찌 내가 죄인처럼 심판을 받으리요 또는 그러면 선을 이루기 위하여 악을 행하자 하지 않겠느냐 어떤 이들이 이렇게 비방하여 우리가 이런 말을 한다고 하니 그들은 정죄 받는 것이 마땅하니라

8

자기 합리화에 빠지지 맙시다

지난 시간에 우리는 유대인의 잘못된 특권의식에 대하여 살펴보았습니다. 이방인보다 우월하다는 의식을 가지고 남을 판단하기를 좋아하지만 유대인들은 이방인과 똑같은 잘못을 범하고 있다는 사실 롬 2:3절에서 말씀하고 있습니다.

'이런 일을 행하는 자를 판단하고도 **같은 일을 행하는 사람아, 네가 하나님의 심판을 피할 줄로 생각하느냐**'

율법을 맡았다는 특권의식을 가지고 남 가르치기를 좋아하는 유대인들, 정작 유대인들은 자신에게 말씀을 적용하지 않으면서 교묘한 수법으로 십계명을 범하여 하나님의 이름이 모독을 받게 되었다고 사도 바울은 롬 2:21절과 24절에서 책망하고 있습니다.

'그러면 다른 사람을 가르치는 네가 네 자신은 가르치지 아니하느냐 도둑질하지 말라 선포하는 네가 도둑질하느냐'
'기록된 바와 같이 하나님의 이름이 너희 때문에 이방인 중에서 모독을 받는도다'

유대인들이 자랑하는 선민의식과 할례의 증표가 결코 유익이 될 수 없음을 사도 바울은 롬 2:28절에서 강조하고 있습니다.

'무릇 표면적 유대인이 유대인이 아니요 표면적 육신의 할례가 할례가 아니니라'

사도 바울이 유대인의 실상에 대하여 적나라하게 드러내는 것은 본인이 정통 유대인 출신이기 때문입니다. 사도 바울이 다메섹 도상에서 부활의 주님을 만나기 전까지 그에게는 자랑할 것이 많았습니다. 바울이 자랑거리로 삼았던 것들이 무엇인가, 빌 3:5-6절에서 고백하고 있습니다.

'나는 팔일 만에 할례를 받고 이스라엘 족속이요 베냐민 지파요 히브리인 중의 히브리인이요 율법으로는 바리새인이요 열심으로는 교회를 박해하고 율법의 의로는 흠이 없는 자라'

자랑거리가 많았던 바울이 예수 그리스도를 만나 믿음으로 구원에

이른다는 복음의 비밀을 깨닫게 되었을 때 가치관이 바뀌었습니다. 빌 3:7-8절 보시면

'그러나 무엇이든지 내게 유익하던 것을 내가 그리스도를 위하여 다 해로 여길뿐더러 또한 모든 것을 해로 여김은 내 주 그리스도 예수를 아는 지식이 가장 고상하기 때문이라'

유대인들이 율법의 소유와 할례의 증표를 자랑하였을 때 그것이 아무런 유익이 없으며 하나님의 심판을 피할 수 있는 특권이 될 수 없음을 사도 바울이 지적하자 유대인들은 가만있을 수 없었습니다. 지금까지 사도 바울이 검사의 입장에서 유대인들의 잘못을 지적하였다면 이제는 유대인들의 논리적인 항변을 예상할 수 있습니다. 오늘 살펴볼 본문에는 유대인들의 반격에 대하여 사도 바울이 하나님의 입장을 변호하는 마음으로 대화체 방식인 디아트리베 형식을 이용하여 유대인들의 질문에 대한 답을 제시하고 있습니다. 유대인들이 제시할 수 있는 항변이 무엇인가, 본문에는 세 가지로 등장하는데 유대인들이 던질 수 있는 첫 번째 질문이 1절에 기록이 되어 있습니다.

'그런즉 유대인의 나음이 무엇이며 할례의 유익이 무엇이냐'

선민으로 택함받은 유대인들이 이방인과 차이가 없다면 유대인의 나음이 무엇이며 할례받은 것의 유익이 무엇인가, 유대인의 입장에서 충분히 던질 수 있는 질문이라 생각됩니다. 이 질문에 대해 사도 바울은 2절에서 답변하고 있습니다.

'범사에 많으니 우선은 **그들이 하나님의 말씀을 맡았음이니라**'

두 번째 유대인들이 제시할 수 있는 질문은 3절에 나와 있습니다.

'어떤 자들이 믿지 아니하였으면 어찌하리요 **그 믿지 아니함이 하나님의 미쁘심을 폐하겠느냐**'

어떤 사람들이 하나님의 말씀을 믿지 못하였다면 그 믿지 못함 때문에 하나님의 약속이 폐기될 수 있는가, 이에 대해 사도 바울은 인간의 불신앙 때문에 하나님의 언약이 최소 되는 일은 없다고 4절에서 대답하고 있습니다.

'**그럴 수 없느니라** 사람은 다 거짓되되 오직 하나님은 참되시다 할지어다'

세 번째 예상되는 질문은 궤변에 가까운 논리라 말할 수 있는데 5절에 나와 있습니다.

'**그러나 우리 불의가 하나님의 의를 드러나게 하면 무슨 말 하리요** [내가 사람의 말하는 대로 말하노니] 진노를 내리시는 하나님이 불의하시냐'

사람의 불의로 인해 하나님의 의가 드러났다면 그로 인하여 하나님께서 진노하시는 것은 너무 하시는 처사 아닌가, 이것은 인간의 잘못을 합리화하려는 유대인들의 궤변이라 말할 수 있습니다. 사도 바울은 이 질문에 대해서도 단호하게 그럴 수 없다고 6절에서 제시하고

다시 복음으로

있습니다.

'**결코 그렇지 아니하니라** 만일 그러하면 하나님께서 어찌 세상을 심판하시리요'

인간의 불의로 하나님의 의가 증거되었다 할지라도 하나님은 불의에 대하여는 용납하지 않으심을 롬 2:8절에서 강조하고 있습니다.

'**오직 당을 지어** 진리를 따르지 아니하고 불의를 따르는 자에게는 진노와 분노로 하시리라'

사도 바울은 자신의 주장이 정당하다는 것을 입증하기 위해 유대인들이 던질 수 있는 논리에 대하여 2가지를 제시하고 있습니다. 7-8절 보시면

'**그러나** 나의 거짓말로 하나님의 참되심이 더 풍성하여 그의 영광이 되었다면 어찌 내가 죄인처럼 심판을 받으리요 또는 그러면 선을 이루기 위하여 악을 행하자 하지 않겠느냐'

사도 바울은 본문에서 인간의 불신앙이 하나님의 약속을 폐할 수 없으며 사람의 불의와 거짓이 하나님의 의와 참되심을 드러냈다고 해서 하나님의 진노와 심판을 피할 수 있는 이유가 될 수 없다고 선언하고 있습니다. 사도 바울이 특권의식을 자랑하는 유대인들을 호되게 몰아가는 이유가 무엇인가, 율법을 맡았다는 특권과 할례에 대한

자랑거리로 하나님의 진노를 피할 수 없으며 예수 그리스도를 믿어야 구원에 이른다는 복음의 비밀을 전하기 위함이라 말할 수 있습니다. **오늘은 자기 합리화에 빠지지 맙시다**, 이 제목 가지고 말씀 나눌 때 성도로 부름받은 우리가 은혜받은 자로서 책임 있는 삶을 살아갈 때 우리를 통하여 하나님의 의, 하나님의 참되심, 하나님의 선하심이 증거되기를 주님의 이름으로 축원합니다.

첫째, 하나님은 은혜를 주실 때 책임도 함께 부여하십니다.

유대인들의 선민의식과 이방인보다 우월하다는 특권의식이 하나님의 심판을 피할 수 있는 면책 사유가 될 수 없음을 사도 바울이 전하였을 때 유대인들은 가만있을 수 없었습니다. 예상할 수 있는 유대인들의 항변이 무엇일까, 1절 보시면

'그런즉 유대인의 나음이 무엇이며 할례의 유익이 무엇이냐'

선민으로 택함받은 우리가 이방인과 차별이 없다면 유대인의 나음이 무엇이며 아브라함의 후손으로 할례받은 것이 무엇이 유익한가, 유대인들이 던질 수 있는 질문입니다. 이에 대해 사도 바울은 2절에서 답을 제시하고 있습니다.

'범사에 많으니 **우선은 그들이 하나님의 말씀을 맡았음이니라**'

사도 바울은 유대인들이 하나님께 받은 것이 많다고 알려주고 있습니다. 유대인들이 하나님께 받은 은혜와 특권이 무엇인가, 롬 9:4-5

절 보면 알 수 있습니다.

'그들은 이스라엘 사람이라 그들에게는 양자 됨과 영광과 언약들과 율법을 세우신 것과 예배와 약속들이 있고 조상들도 그들의 것이요 **육신으로 하면 그리스도가 그들에게서 나셨으니** 그는 만물 위에 계셔서 세세에 찬양을 받으실 하나님이시니라 아멘'

하나님께서 이스라엘을 선민으로 택하여 주셨다는 사실, 하나님께서 이스라엘을 양자 삼아 제사장 민족으로 세워주셨다는 사실, 하나님께서 그들과 언약을 맺으시며 율법을 맡겨주셨다는 사실, 선지자들을 통해 그리스도를 보내주실 것을 약속하셨고 메시야가 다윗의 혈통을 통해 태어나게 하셨다는 사실, 유대인들이 하나님께 받은 은혜가 많다는 사실을 사도 바울이 강조하고 있습니다. 그 가운데 하나님의 말씀을 맡은 것이 유대인들이 받은 특별한 은총임을 2절에서 기록하고 있습니다.

'범사에 많으니 **우선은 그들이 하나님의 말씀을 맡았음이니라**'

우선이라는 단어는 첫째라는 뜻인데 하나님의 말씀을 맡은 것이 유대인들이 받은 최고의 특권이자 특별한 은혜라고 알려주고 있습니다. 율법을 맡았다는 것은 이스라엘이 하나님과 관계에 있어 특별한 위치에 있다는 것을 의미합니다. 하나님께서 이스라엘 민족에게 율법을 맡기신 이유가 무엇일까, 출 19:5-6절 보면 알 수 있습니다.

'세계가 다 내게 속하였나니 **너희가 내 말을 잘 듣고 내 언약을 지키면** 너희는 모든 민족 중에서 내 소유가 되겠고 **너희가 내게 대하여 제사장 나라가 되며 거룩한 백성이 되리라** 너는 이 말을 이스라엘 자손에게 전할지니라'

하나님께서 이스라엘을 선민으로 택하시고 율법을 맡겨주심은 그들을 거룩한 백성 삼아 제사장 나라가 되게 하시고 하나님의 거룩하심을 세상에 증거하는 은혜의 통로로 사용하기 위함이었습니다. 이를 위해 하나님은 율법을 맡는 특권을 허락하셨고 그 특권 속에는 이스라엘이 선민으로서 감당해야 할 사명이 함께 담겨 있었습니다. 우리는 여기서 중요한 메시지를 발견할 수 있습니다. 하나님께서 은혜를 주실 때 책임도 함께 부여하신다는 사실입니다. 하나님께서 이스라엘에게 말씀을 맡기시고 제사장 나라로 세우심은 하나님의 거룩하심을 세상에 증거하기 위한 목적이 있었습니다. 하나님의 거룩하심을 증거한다는 것이 무엇을 의미하는가 출 8:10절에서 하나님의 거룩하심을 증거하는 것이 무엇을 의미하는지 답을 찾을 수 있습니다.

'그가 이르되 내일이니라 모세가 이르되 왕의 말씀대로 하여 왕에게 **우리 하나님 여호와와 같은 이가 없는 줄을 알게 하리니**'

하나님께서 모세의 지팡이를 통해 나일강을 피로 물들게 하신 이유, 하나님께서 모세가 능력을 행사하도록 도우시는 이유, 하나님께서 모세의 기도에 즉각적으로 응답하신 이유, 모세를 통해서 하나님 같은 분이 없다는 하나님의 하나님 되심을 증거하는 통로로 사용하기 위함이었습니다. 구약의 역사를 읽어보면 이스라엘만큼 하나님의 특별한 사랑, 특별한 관심, 특별한 은혜를 받은 민족은 없다 말할 수 있습니다. 하나님이 행하시는 놀라운 능력을 이스라엘만큼 눈으로 목격한 사람들이 어디에 있겠습니까. 애굽에 내린 재앙들, 출애굽의 역사, 홍해의 갈라짐, 하늘의 만나, 구름기둥과 불기둥으로 인도하심 등, 이스라엘만큼 하나님이 행하시는 기적의 사건을 경험한 사람들은 없습니다. 하나님은 이스라엘을 제사장 민족으로 삼으시고 그들을 통해 하나님의 거룩하심을 세상에 증거하도록 특별한 은총을 베푸셨지만 이스라엘은 주어진 책임을 감당하지 못하였습니다. 은혜를 받은 사람은 은혜받은 자로서의 책임을 다해야 함에도 불구하고 이스라엘은 율법을 맡은 자로서의 특권의식만 자랑할 뿐 책임을 다하지 못하였습니다. 사도 바울은 말씀을 소유하는 것이 중요한 것이 아니라 말씀을 맡은 자로서의 책임과 사명을 감당하는 것이 무엇보다 중요함을 롬 2:13절에서 강조하고 있습니다.

'하나님 앞에서는 **율법을 듣는 자가 의인이 아니요 오직 율법을 행하는 자라야 의롭다 하심을 얻으리니**'

사도 바울이 전하고 싶은 메시지가 있습니다. 하나님께서 은혜를 주실 때 책임도 함께 부여하신다는 사실입니다. 신앙의 길을 걷는 우리는 하나님의 은혜에 대한 거룩한 갈망이 있습니다. 은혜를 사모하는 것은 잘못된 것이 아니라 연약한 인간의 자연스러운 현상이라 말할 수 있습니다. 중요한 것은 우리가 은혜받은 자로서 주어진 책임을 감당하고 있는가, 하나님의 복을 받은 자로서 복 받은 자로서의 사명을 감당하고 있는가, 이 질문에 우리는 책임 있게 답할 수 있어야 하는 것입니다. 기도의 응답을 받으셨습니까, 하나님께 감사의 고백을 드려야 함은 마땅한 반응이며 우리의 기도에 응답해 주신 살아 계신 하나님을 증거해야 할 책임이 있습니다. 은혜를 받으셨습니까, 은혜 받은 자로서 나눔의 삶을 통하여 은혜의 물결을 흘려보내야 할 사명이 우리에게 있음을 잊지 마시기 바랍니다. 특권과 책임, 은혜와 사명은 함께 굴러가는 두 바퀴와 같은 것입니다. 하나님께서 은혜를 허락하시고 복을 주심은 우리를 통해 이루고자 하시는 선하신 계획이 있기 때문입니다. 은혜를 받기만 하고 쌓아놓기만 할 때, 복을 받기만 하고 누리기만 할 때 책임을 다하지 않는 은혜, 사명 감당하지 않는 축복은 하나님께서 거두어 가심을 잊지 마시기 바랍니다. 거룩한 책임 감당하는 자에게 하나님은 더 귀한 은혜 부어주시고 주어진 사명 감당하는 자에게 하나님은 더 귀한 축복 내려주심을 믿으시기 바랍니다. 사랑하는 성도 여러분! 하나님께서 우리를 은혜받은 자로 세워주셨음을 잊지 마시기 바랍니다. 은혜받은 자로서 맡겨주신 사명 책임 있게 감당하실 때 섬김과 헌신, 나눔을 통해 십자가의 복음이 전해지며 우리를 축복의 통로로 사용해 주시는 하나님께 기쁨을 드리는 우리 모두가 될 수 있기를 주님의 이름으로 축원합니다.

둘째, 하나님의 약속은 어떤 상황에서도 폐하지 않고 반드시 성취됩니다.
사도 바울의 주장에 유대인들의 예상되는 두 번째 질문이 3절에 나와 있습니다.

'어떤 자들이 믿지 아니하였으면 어찌하리요 그 믿지 아니함이 하나님의

미쁘심을 폐하겠느냐'

　만약 하나님의 말씀을 믿지 못하는 사람들이 있다면 그 믿지 아니함 때문에 하나님의 약속이 폐기될 수 있는가, 유대인들이 제시할 수 있는 논리적 질문입니다. 말씀을 믿지 아니하는 사람들 때문에 하나님의 언약이 파기될 수 있는가, 여러분들은 어떻게 생각하십니까. 사도 바울이 그럴 수 없다고 단호하게 답하는 장면이 3-4절에 기록이 되어 있습니다.

　'그 믿지 아니함이 하나님의 미쁘심을 폐하겠느냐 **그럴 수 없느니라 사람은 다 거짓되되 오직 하나님은 참되시다** 할지어다 기록된 바 주께서 주의 말씀에 의롭다 함을 얻으시고 판단 받으실 때에 이기려 하심이라 함과 같으니라'

　말씀을 믿지 아니하는 사람들 때문에 하나님의 약속이 파기되는 일은 일어나지 않는다고 사도 바울은 주장하고 있습니다. 인간의 불신앙 때문에 하나님의 언약은 폐기될 수 없으며 하나님의 신실하심이 말씀으로 약속하신 것을 성취한다는 성경의 진리를 로마서는 증거하고 있습니다. 사랑하는 성도 여러분! 하나님은 약속하신 것을 이루시는 신실하신 하나님이심을 믿으시기 바랍니다. 그 믿음 때문에 말씀하신 바를 성취하시는 하나님의 역사가 우리 삶의 현장에 나타나기를 간절히 소망합니다. 성경은 하나님의 신실하심에 대하여 딤후 2:13절에서 증거하고 있습니다.

‘우리는 미쁨이 없을지라도 **주는 항상 미쁘시니 자기를 부인하실 수 없으시리라**’

사람은 믿음의 대상이 될 수 없습니다. 그러나 약속하신 말씀을 성실히 이루시는 하나님이 우리의 유일한 믿음의 대상이 되실 수 있음을 고백하시기 바랍니다. 3절 보시면

‘어떤 자들이 믿지 아니하였으면 어찌하리요 그 믿지 아니함이 **하나님의 미쁘심을 폐하겠느냐**’

미쁘심이라는 단어가 무슨 의미인지 아십니까, 미쁘심이라는 것은 헬라어로 ‘피스틴’이라는 단어인데 ‘담보, 보증‘이라는 뜻을 가지고 있습니다. 언약의 말씀을 이루시는 하나님의 성실하심이 우리에게 주어진 담보요, 보증이 될 수 있다는 의미입니다. 약속의 말씀을 붙잡고 기도할 때 하나님의 신실하심이 보증이 되어 말씀대로 이루어지는 응답의 역사가 우리에게 일어날 것을 확신하시기 바랍니다. 말씀은 기도 응답의 보증수표라는 말이 있습니다. 말씀으로 약속하신 것을 이루어 가시는 하나님의 신실하심, 이것이 기도하는 사람에게 주어지는 담보요 확실한 보증입니다. 유대인들의 논리를 따르면 인간의 불신앙 때문에 하나님의 약속이 폐기될 수 있다고 생각하겠지만 성경은 우리에게 그런 일은 일어나지 않음을 약속하고 있습니다. 그 증거가 예수 그리스도의 십자가입니다. 하나님은 구약의 많은 선지자들을 통하여 메시야를 보내주실 것을 약속하셨습니다. 그런데 예수님께서 이 땅에 오셨을 때 유대인들은 메시야를 알아보지 못하고 인정하기를 싫어했으며 결국

예수 그리스도를 십자가에 못 박아 죽이기까지 하였습니다. 유대인들이 예수님을 거부하였다 하여 십자가를 통하여 구원의 역사를 이루겠다는 하나님의 언약이 파기 되었습니까. 유대인들의 불신앙 때문에 예수님이 십자가에 달려 죽으셨지만 예수 그리스도를 통하여 세상을 구원하시겠다는 하나님의 약속은 그대로 성취되었습니다. 유대인들의 믿지 못함에도 불구하고, 유대인들의 거부에도 불구하고 하나님께서 그리스도의 십자가 죽음과 부활 사건을 통하여 구원의 문을 열어주겠다는 약속은 그대로 성취되었습니다. 사랑하는 성도 여러분! 우리가 믿어야 할 것은 한 가지밖에 없습니다. 약속하신 말씀을 이루시는 하나님의 신실하심, 이것이 우리의 기도제목이 되고 믿음의 근거가 되며 소망의 이유가 될 때 언약의 말씀을 성취하시는 하나님의 역사가 우리 삶에서 경험되어질 수 있기를 간절히 소망합니다.

셋째, 믿는 사람은 어떤 상황에서도 자신을 합리화하는 잘못을 범해서는 안 됩니다.

사도 바울의 주장에 유대인들이 던질 수 있는 세 번째 질문 5절에 나와 있습니다.

'그러나 우리 불의가 하나님의 의를 드러나게 하면 무슨 말 하리요 [내가 사람의 말하는 대로 말하노니] 진노를 내리시는 하나님이 불의하시냐'

사람의 불의가 하나님의 의를 드러낸다면 사람의 불의에 대하여 하나님이 진노하시는 것은 지나친 처사가 아닌가, 유대인들의 궤변에 사도 바울은 어떤 답을 제시할까 6절 보시면

'**결코 그렇지 아니하니라** 만일 그러하면 하나님께서 어찌 세상을 심판하시리요'

사람의 불의가 하나님의 의를 드러내었다고 해서 그것을 정상참작하여 사람의 불의를 용납한다면 어떤 논리가 전개되는가, 7절 보시기 바랍니다.

'**그러나 나의 거짓말로 하나님의 참되심이 더 풍성하여 그의 영광이 되었다면** 어찌 내가 죄인처럼 심판을 받으리요'

사람의 거짓말이 하나님의 참되심을 증거하고 그 거짓말로 인하여 하나님이 영광을 받으신다면 사람의 거짓에 대하여 심판하시는 하나님이 불의하신가, 사람의 거짓이 하나님의 영광이 된다는 자체가 궤변입니다. 사람의 거짓이 하나님의 참되심을 증거하였다고 해서 심판을 피할 수 있는 이유가 될 수 없다고 사도 바울은 선언하고 있습니다. 사람의 불의가 하나님의 의를 드러내었다고 해서 그 불의를 용납한다면 어떤 궤변이 이어질까 8절 보시면

'**또는 그러면 선을 이루기 위하여 악을 행하자 하지 않겠느냐** 어떤 이들이 이렇게 비방하여 우리가 이런 말을 한다고 하니 그들은 정죄 받는 것이 마땅하니라'

'행하자'라는 단어는 적극적인 권유를 뜻할 때 사용하는 단어입니다. 선을 이루기 위하여 악을 행하자는 것은 새로운 악을 적극적으로

만들어서 하나님의 선을 드러내자는 의미입니다. 하나님의 선하심을 증거하기 위하여 적극적으로 악을 행하자, 말도 안 되는 궤변 중의 궤변이라 말할 수 있습니다. 사람의 불의가 하나님의 의를 드러낸다 하여도 인간의 거짓말이 하나님의 참되심을 증거한다 하여도 하나님의 선을 알리기 위하여 적극적인 악을 행한다 하여도 그것은 인간의 합리화에 불과할 뿐 심판을 피할 수 있는 이유가 될 수 없음을 사도 바울은 전해주고 있습니다. Dayton이라는 신학자는 이런 말을 했습니다. '인간이 악할 때 하나님의 의는 밝게 드러난다' 맞는 말입니다. 인간의 불의로 하나님의 의가 드러날 수 있고 사람의 거짓으로 하나님의 참되심이 증거될 수 있으며 인간의 악이 하나님의 선을 보여주는 반사 거울이 될 수 있습니다. 그렇다고 하여 인간의 불의, 사람의 거짓과 악한 행위를 하나님이 용납하신다는 것은 사람이 내뱉는 합리화의 궤변임을 사도 바울이 지적하고 있는 것입니다. 만약 이러한 논리를 용납한다면 무슨 일이 벌어지는가. 성경은 가룟 유다의 행위를 다시 평가해야 할지 모릅니다. 가룟 유다의 배신으로 예수님이 십자가에 달려 죽으셨기에 하나님의 구원 역사가 이루어졌다면 성경은 가룟 유다에 대하여 새로운 해석을 내놓아야 할까. 성경은 가룟 유다를 향해 그렇게 말씀하고 있지 않습니다. 복음서는 가룟 유다에 대하여 멸망의 자식이요 사탄이 그 안에 들어간 사람이라고 평가하고 있습니다. 본문 5절에 불의라는 단어가 나오는데 불의라는 단어는 헬, '아디코스'라고 합니다. 신에게 죄를 짓는 행위를 가리킬 때 사용하는 단어입니다. 인간의 불의가 하나님의 의, 하나님의 참, 하나님의 선을 드러내는 도구가 될 수 있지만 그러나 불의는 하나님께 죄를 짓는 행위로서 행한 대로 갚으시는 하나님의 공의 기준을 피할 수 없는 것입니다. 자기 합리화, 이것만큼 무서운 병이 없습니다. 지금 우리가 살아가는 시대는 잘못을 해도 인정하지 않고 합리화시키는 도덕과 윤리, 기본과 상식의 폐기 시대에 살아가고 있습니다. 믿는 사람은 어떤 상황에서도 자신을 합리화하는 잘못을 범해서는 안 된다는 말씀 기억하시면서 모든 것을 지켜보시는 하나님 앞에 코람데오 신앙을 가지고 살아가실 때 우리를 통하여 하나님의 의, 하나님의 참, 하나님의 선이 증거되기를 주님의 이름으로 축원합니다. 아멘

롬 3:9-18

그러면 어떠하냐 우리는 나으냐 결코 아니라 유대인이나 헬라인이나 다 죄 아래에 있다고 우리가 이미 선언하였느니라 기록된 바 의인은 없나니 하나도 없으며 깨닫는 자도 없고 하나님을 찾는 자도 없고 다 치우쳐 함께 무익하게 되고 선을 행하는 자는 없나니 하나도 없도다 그들의 목구멍은 열린 무덤이요 그 혀로는 속임을 일삼으며 그 입술에는 독사의 독이 있고 그 입에는 저주와 악독이 가득하고 그 발은 피 흘리는 데 빠른지라 파멸과 고생이 그 길에 있어 평강의 길을 알지 못하였고 그들의 눈 앞에 하나님을 두려워함이 없느니라 함과 같으니라

9

가인의 피가 아닌 예수의 보혈로

　오늘 살펴보게 될 본문은 롬 1:18-3:8절까지 나오는 내용의 결론이라 말할 수 있습니다. 사도 바울이 지금까지 전하였던 것이 무엇인가, 하나님의 진노 아래 있는 이방인들에게 말씀을 전하고 있습니다. 하나님을 알만한 것들을 보여주셨음에도 불구하고 이방인들은 하나님을 하나님으로 인정하지 아니하고 오히려 하나님의 영광을 썩어질 우상으로 바꾸어 버렸다고 사도 바울은 롬 1:21, 23절에서 기록하고 있습니다.

　'하나님을 알되 하나님을 영화롭게도 아니하며 감사하지도 아니하고 오히려 그 생각이 허망하여지며 미련한 마음이 어두워졌나니'
　'썩어지지 아니하는 하나님의 영광을 썩어질 사람과 새와 짐승과 기어다

니는 동물 모양의 **우상으로 바꾸었느니라**'

이로 인하여 이방인들은 유기의 대상이 되어버렸고 하나님의 버려두심이 이방인들이 받은 심판의 결과임을 롬 1:24절에서 전해주고 있습니다.

'그러므로 **하나님께서 그들을 마음의 정욕대로 더러움에 내버려 두사** 그들의 몸을 서로 욕되게 하게 하셨으니'

하나님께서 이방인들을 마음의 정욕대로 내버려두신 결과 성적으로 타락한 자가 되었음을 성경은 말씀하고 있습니다. 이방인들을 부끄러운 욕심에 내버려두신 결과 순리로 쓸 것을 역리로 쓰며 동성애를 즐기는 사람들이 되었다고 롬 1:26-27절에서 사도 바울은 지적하고 있습니다.

'이 때문에 **하나님께서 그들을 부끄러운 욕심에 내버려 두셨으니** 곧 그들의 여자들도 **순리대로 쓸 것을 바꾸어 역리로 쓰며** 그와 같이 **남자들도 순리대로 여자 쓰기를 버리고 서로 향하여 음욕이 불 일듯 하매** 남자가 남자와 더불어 부끄러운 일을 행하여 그들의 그릇됨에 상당한 보응을 그들 자신이 받았느니라'

마지막으로 하나님께서 이방인들을 상실한 마음대로 내버려두신 결과 합당하지 못한 불의를 저지르면서 하나님께서 미워하시는 자가 되었음을 롬 1:28절에서 알려주고 있습니다.

'또한 그들이 마음에 하나님 두기를 싫어하매 **하나님께서 그들을 그 상실한 마음대로 내버려 두사 합당하지 못한 일을 하게 하셨으니**'

유대인들은 어떠할까, 유대인들에게는 자랑거리들이 많았습니다. 선민으로 택함을 받았고 언약의 증표인 할례를 몸에 새기고 살았습니다. 율법의 말씀을 맡은 자로서 특권의식을 가지고 살아온 유대인들이지만 이방인들과 별 차이가 없었습니다. 남을 판단하기 좋아하는 유대인들이 실상은 똑같은 잘못을 범하고 있다고 롬 2:3절에서 고발하고 있습니다.

'**이런 일을 행하는 자를 판단하고도 같은 일을 행하는 사람아**, 네가 하나님의 심판을 피할 줄로 생각하느냐'

말씀을 맡았다는 특권의식을 가지고 남 가르치기 좋아하는 유대인들, 정작 유대인들은 자신에게 말씀을 적용하지 아니하고 오히려 율법을 법함으로 하나님을 욕되게 하고 있다고 사도 바울은 롬 2:23-24절에서 책망하고 있습니다.

'**율법을 자랑하는 네가 율법을 범함으로 하나님을 욕되게 하느냐** 기록된 바와 같이 **하나님의 이름이 너희 때문에 이방인 중에서 모독을 받는도다**'

사도 바울이 전하고 싶어 하는 이야기가 무엇일까, 이방인이나 유대인이나 하나님의 진노 아래 있으며 심판을 피할 수 없는 현실을 강조하고 있습니다. 오해하지 말아야 할 것은 사도 바울이 절망스러운 이야기를 전하기 위해 이방인과 유대인들의 실상을 보여주는 것이 아니라는 사실입니다. 사도 바울이 이방인과 유대인들을 심판대에 세워 하나님의 진노를 피할 수 없는 이유를 알려주는 이유가 있습니다. 모든 인간은 타락했으며 스스로의 힘으로 죄의 문제를 해결할 수 없다는 사실, 하나님의 심판을 피할 수 있는 유일한 길은 예수 그리스도를 믿음으로 구원에 이를 수 있다는 복음의 필요성을 제시하기 위함입니다. 사도 바울이 이방인과 유대인들의 실상을 드러내는 이유는 사람의 비참함을 보여주기 위함이 아니라 로마서의 기록 목적인 복음을 전하여 예수 그리스도를 믿음으로 하나님의 의에 이를 수 있다는 이 신득의를 전하기 위함이라 말할 수 있습니다. 오늘 살펴보게 될 본문은 지금까지 전한 이야기의 결론에 해당하는 말씀인데 사람은 누구나 죄 아래 있다는 사실 9절에서 선언하고 있습니다.

'그러면 어떠하냐 우리는 나으냐 결코 아니라 **유대인이나 헬라인이나 다 죄 아래에 있다고 우리가 이미 선언하였느니라**'

사도 바울은 6번에 걸쳐 없다는 표현을 사용하며 죄로 인한 인간의 무능력을 10-12절에서 알려주고 있습니다.

'기록된 바 의인은 **없나니** 하나도 **없으며** 깨닫는 자도 **없고** 하나님을 찾는 자도 **없고** 다 치우쳐 함께 무익하게 되고 선을 행하는 자는 **없나니** 하나도 **없도다**'

또한 사도 바울은 신체구조를 이용하여 사람이 머리부터 발끝까지

짓는 죄에 대하여 13-15절에서 기록하고 있습니다.

'**그들의 목구멍은 열린 무덤이요** 그 혀로는 속임을 일삼으며 그 입술에는 독사의 독이 있고 그 입에는 저주와 악독이 가득하고 **그 발은 피 흘리는 데 빠른지라**'

인간은 왜 죄를 짓는 것일까, 사람이 타락한 이유가 무엇인가, 이에 대한 답을 성경은 18절에서 말씀하고 있습니다.

'**그들의 눈 앞에 하나님을 두려워함이 없느니라** 함과 같으니라'

오늘은 '가인의 피가 아닌 예수의 보혈로' 이 제목 가지고 말씀 나눌 때 그리스도의 보혈의 능력에 의지하여 하나님과 함께 죽어가는 생명을 살리는 참된 그리스도인으로 살아가는 우리 모두가 될 수 있기를 주님의 이름으로 축원합니다.

첫째, 하나님은 우리를 모든 것을 할 수 있는 능력의 사람으로 세워주셨습니다.

사도 바울은 유대인이나 헬라인이나 상관없이 사람은 모두 죄 아래 있다는 사실에 대하여 9절에서 알려주고 있습니다.

'그러면 어떠하냐 우리는 나으냐 결코 아니라 **유대인이나 헬라인이나 다 죄 아래에 있다고 우리가 이미 선언하였느니라**'

죄 아래 있다는 것, 헬라어 성경으로 보면 아래에 해당하는 전치사 '휘프'라는 단어가 여기에 사용되었습니다. '휘프'는 어떤 세력이나 통치, 지배권을 가리킬 때 사용되는 단어인데 사람이 전적으로 타락한 이유, 죄의 권세 아래 있기 때문임을 성경은 말씀하고 있습니다. 죄의 권세 아래 있는 인간의 현실에 대하여 사도 바울은 엡 2:2절 말씀으로 증거하고 있습니다.

'그 때에 너희는 그 가운데서 행하여 이 세상 풍조를 따르고 **공중의 권세 잡은 자를 따랐으니** 곧 지금 불순종의 아들들 가운데서 역사하는 영이라'

공중의 권세 잡은 자를 따랐다는 것은 사탄에게 끌려다니며 죄의 종노릇하였다는 것을 의미합니다. 사람은 누구나 죄의 권세 아래 있다는 보편성을 알려주면서 여기서부터 인간의 타락이 시작되었고 아무것도 할 수 없는 무기력한 존재가 되었음을 사도 바울은 10-12절에서 전해주고 있습니다.

'기록된 바 의인은 **없나니** 하나도 **없으며** 깨닫는 자도 **없고** 하나님을 찾는 자도 **없고** 다 치우쳐 함께 무익하게 되고 선을 행하는 자는 **없나니** 하나도 **없도다**'

사도 바울은 6번에 걸쳐 없다는 표현을 사용하면서 인간의 무능력에 대하여 지적하고 있는데 하나님이 원하시는 의인의 수준에 이를 자가 없으며 깨닫는 자가 없다고 강조하고 있습니다. 깨닫는 자라는 것은 이해하는 자, 통찰하는 자라는 의미인데 깨닫는 자가 없다는 말씀은 하나님에 대한 이해의 부족을 의미하는 것이 아니라 의도적으로 하나님을 하나님으로 인정하지 않는 인간의 완악한 마음을 가리키고 있습니다. 롬 1:21절 보시면

'하나님을 알되 하나님을 영화롭게도 아니하며 감사하지도 아니하고 오히려 그 생각이 허망하여지며 미련한 마음이 어두워졌나니'

하나님을 하나님으로 인정하지 않는 인간의 완악함, 예수님 당시 유대인들을 보면 알 수 있습니다. 예수님께서 공생애 기간 동안 행하신 이적들을 분석해 보면 분명한 결론에 도달할 수 있습니다. 예수는 그리스도시며 인간의 몸을 입고 오신 메시야라는 사실을 고백하지 아니할 수 없습니다. 막 4장과 5장에 연속으로 기록된 사건들을 연구해 보면 하나님만이 할 수 있는 기적을 예수님이 행하셨다는 사실을 알 수 있습니다. 막 4:35-41절에는 바람과 바다를 말씀으로 잠잠하게 하시는 이적이 기록되어 있습니다. 자연세계를 말씀의 권세로 다스리시는 창조주 하나님의 능력을 보여주고 있습니다. 막 5장에는 거라사의 귀신들린 청년과 혈루증 앓은 여인을 치유하시는 기적을 보여주고 있고 회당장 야이로의 죽은 딸을 살리시는 이적 사건이 기록이 되어 있습니다. 인간의 연약한 몸을 치유하시고 자연을 다스리시며 죽은 자까지 살려낼 수 있는 기적은 오직 하나님만이 하실 수 있는 기적이라 말할 수 있습니다. 복음서 기자들이 이적 사건들을 기록하는 이유, 예수가 하나님이 보내신 그리스도, 메시야 되심을 증거하기 위함입니다. 그럼에도 불구하고 유대인들은 예수님을 메시야로 인정하지 않았고 그리스도이심을 믿으려 하지 않았습니다. 마침내 유대인들은 하나

님의 아들 예수님을 십자가에 못 박아 죽이는 죄까지 범하였습니다. 본문 11절에 나오는 깨닫는 자가 없다는 것은 단순한 이해력의 부족 이라기보다는 의도적으로 하나님을 인정하지 않으려는 인간의 완악한 고집을 꼬집는 말씀으로 해석할 수 있습니다.

'깨닫는 자도 없고 하나님을 찾는 자도 없고'

하나님을 찾는 자가 없다고 나오는데 찾는 자라는 것은 계속해서 탐색하는 자라는 의미를 가지고 있습니다. 만약 유대인들이 하나님만이 할 수 있는 기적을 보면서 그 기적을 일으키신 예수님에 대하여 탐색하고자 하는 의지가 있었다면 유대인들은 메시야로 오신 예수님을 인정하였을 것입니다. 하지만 유대인들은 예수님이 누구인가를 알고자 하는 의지가 없었고 오히려 예수님을 고발하려는 열심을 가지고 끊임없이 예수님과 충돌하면서 끝내 메시야 되심을 인정하지 않았습니다. 하나님을 하나님으로 인정하지 아니하고 예수 그리스도를 믿지 아니한 사람들, 어떻게 되었을까, 그 결과가 12절에 나와 있습니다.

'다 치우쳐 함께 무익하게 되고 선을 행하는 자는 없나니 하나도 없도다'

무익하게 되었다는 것은 소용없는 것이 되어버렸다는 의미인데 원래는 우유가 상해서 못쓰게 된 상태를 가리킬 때 사용하는 단어입니다. 상한 우유는 어디에도 쓸모가 없어 버려지듯 하나님을 찾으려는 의지가 없는 인간은 결국 아무런 쓸모가 없는 무가치한 존재가 되어 버렸음을 성경은 증거하고 있습니다. 선을 행하는 자가 없다는 것은 하나님께서 원하시는 선을 행할 능력을 상실한 인간의 무기력함을 보여주고 있습니다. 하나님을 알고자 하는 열심도 없고 하나님을 찾으려는 의지도 없으며 선을 행할 능력도 없는 무가치한 존재로 인간이 추락한 이유가 무엇일까, 사도 바울은 그 이유를 12절에서 '다 치우쳐' 버렸기 때문이라고 알려주고 있습니다. 치우쳐 버렸다는 것은 길에서 이탈하다, 벗어나다라는 의미로 하나님과의 관계가 끊어져 버린 사람은 가야 할 길에서 벗어나 죄의 길, 타락의 길, 무능력의 길로 빠지게 되었음을 성경은 전해주고 있습니다. 죄의 길, 타락의 길, 무능력의 길로 들어선 인간에게 희망이 남아 있을까, 죄인에게 기다리는 것은 심판과 죽음밖에 없음을 성경은 강조하고 있습니다. 이 문제 때문에 예수님께서 인간의 몸을 입고 우리를 찾아오신 것입니다. 죄와 사망의 길을 가고 있는 우리를 생명의 길, 구원의 길, 영생의 길로 안내하기 위해 우리를 대신하여 희생제물이 되어주셨고 십자가에서 흘리신 보혈로 죄의 권세 아래 있는 우리를 자유하게 하셨다는 사실, 사도 바울이 전하고 싶어 하는 복음 중의 복음입니다. 사도 바울은 롬 8:1-2절에서 죄의 권세 아래 있는 우리를 예수 그리스도께서 자유하게 하셨다는 희망의 메시지를 선포하고 있습니다.

'그러므로 이제 그리스도 예수 안에 있는 자에게는 결코 정죄함이 없나니 이는 <u>그리스도 예수 안에 있는 생명의 성령의 법이 죄와 사망의 법에서 너를 해방하였음이라</u>'

이것이 사도 바울이 로마서를 통해 전하고 싶어 하는 복음입니다. 예수 그리스도를 믿는 우리에게 죄의 사슬이 끊어지는 기적이 일어났음을 믿으시기 바랍니다. 예수 그리스도를 믿는 우리에게 사망 권세가 깨지고 부활의 영광에 참여하는 약속이 주어졌음을 믿으시기 바랍니다. 아무 자격 없는 우리를 흑암의 권세에서 건져주시고 하나님의 나라로 옮기셨다는 복음에 대해 성경은 골 1:13-14절에서 말씀하고 있습니다.

'그가 우리를 흑암의 권세에서 건져내사 그의 사랑의 아들의 나라로 옮기셨으니 그 아들 안에서 우리가 속량 곧 죄 사함을 얻었도다'

생각해 보면 우리는 아무것도 할 수 없는 무기력한 존재임을 고백하지 아니할 수 없습니다. 하나님을 알려는 열심도 없고 하나님을 찾으려는 의지도 없었습니다. 하나님 원하시는 선을 행할 능력이 없고 상한 우유처럼 아무 쓸모 없는 무가치한 존재였습니다. 그런데 하나님께서 우리에게 은혜를 베풀어 주셨습니다. 말씀을 통하여 하나님을 알아가는 기쁨을 주셨습니다. 하나님 원하시는 선을 행하고자 하는 마음을 주셨습니다. 아무것도 할 수 없는 무기력한 존재였지만 이제는 하나님의 영광을 위해서, 하나님의 기쁨을 위해서, 하나님의 나라를 위하여 헌신할 수 있는 믿음을 선물로 주셨다는 사실, 생각해 보면 우리는 은혜받은 자임을 고백하지 아니할 수 없습니다. 아무것도 할 줄 모르는 무가치한 우리를 그리스도와 함께 모든 것을 할 수 있는 능력의 사람으로 세워주셨다는 사실, 빌 4:13절은 우리 모두가 고백해야 할 말씀입니다.

'내게 능력 주시는 자 안에서 내가 모든 것을 할 수 있느니라'

둘째, 말에 대한 심판이 있다는 사실을 잊어서는 안 됩니다.

죄의 권세 아래 있는 인간이 어느 정도 타락하게 되었는가, 사도 바울은 신체구조를 이용하여 머리부터 발끝까지 죄를 짓고 있는 인간의 현실을 알려주고 있습니다. 13-14절 보시면

'그들의 **목구멍**은 열린 무덤이요 그 **혀**로는 속임을 일삼으며 그 **입술**에는 독사의 독이 있고 그 **입**에는 저주와 악독이 가득하고'

목구멍, 혀, 입술, 입, 사람이 말로써 짓는 죄가 얼마나 많은지 알 수 있습니다. 말로써 짓는 죄에 대하여 성경은 시 5:9절에서 말씀하고 있습니다.

'그들의 입에 신실함이 없고 그들의 심중이 심히 악하며 **그들의 목구멍은 열린 무덤 같고** 그들의 혀로는 아첨하나이다'

사람이 말로써 짓는 죄가 얼마나 심각한가, 구체적으로 살펴보도록 하겠습니다. 그들의 목구멍은 열린 무덤이요, 유대인들의 무덤은 석회암을 파서 만든 동굴로 집안의 공동 매장지로 사용하게 되는데 아브라함이 돈을 주고 샀던 막벨라 굴에 이삭과 야곱의 시신이 놓인 것을 보면 알 수 있습니다. 동굴 속에 시신을 누이고 나면 커다란 돌을 가지고 입구를 막아 시체 썩는 냄새를 방지하게 되는데 만약 돌이 굴려지고 열린 무덤이 되어버리면 시체 썩는 냄새가 얼마나 고약하겠습니까, 성경은 말로 죄를 짓는 사람을 가리켜 그들의 목구멍은 열린 무덤과 같다고 말씀하고 있습니다. 은혜가 안 되는 말, 시험 들게 하는

말, 비난 섞인 말, 남을 깎아내리는 말, 말로 죄짓는 사람은 그 목구멍이 썩은 냄새 나는 열린 무덤과 같다고 성경은 강조하고 있습니다. 13절 보시면

'그 혀로는 **속임을 일삼으며** 그 입술에는 **독사의 독이 있고**'

속임을 일삼는다는 것은 자신의 이득을 위해 남의 마음을 훔치는 말을 계속해서 내뱉는다는 의미입니다. 그 입술에는 독사의 독이 있다는 것은 이집트 사막에서 살고 있는 맹독성이 강한 코브라를 가리키는 표현입니다. 말이라고 하는 것이 사람의 감정과 인격을 무너뜨리고 생명까지 죽일 수 있는 치명적인 독이 있다는 사실, 성경은 경고하고 있습니다. 사람의 말이 어느 정도 파괴력을 가지고 있는가, 약 3:6절과 8절 보면 알 수 있습니다.

'**혀는 곧 불이요 불의의 세계라** 혀는 우리 지체 중에서 온 몸을 더럽히고 **삶의 수레바퀴를 불사르나니** 그 사르는 것이 지옥 불에서 나느니라'
'**혀는** 능히 길들일 사람이 없나니 **쉬지 아니하는 악이요 죽이는 독이 가득한 것이라**'

혀를 불이라고 표현하는 이유는 말에는 모든 것을 불사를 수 있는 파괴력이 있기 때문입니다. 혀를 가리켜 세 치라고 하는데 세 치밖에 안 되는 혀를 잘못 놀리면 사람을 죽이는 독이 될 수 있음을 우리는 잊어서는 안 되는 것입니다. 사람이 말로 죄짓는 이유가 무엇일까, 마음에 안 좋은 것들이 쌓여 있기 때문입니다. 말이라고 하는 것은 내면

에 쌓인 것들의 언어적 표현에 불과하다는 사실, 주님은 마 12:34-35절에서 말씀하셨습니다.

'**독사의 자식들아 너희는 악하니 어떻게 선한 말을 할 수 있느냐 이는 마음에 가득한 것을 입으로 말함이라** 선한 사람은 **그 쌓은 선에서 선한 것을 내고** 악한 사람은 **그 쌓은 악에서 악한 것을 내느니라**'

말로써 짓는 죄가 무서운 것은 말에 대한 심판이 있기 때문입니다. 마 12:36-37절 보시면

'**내가 너희에게 이르노니 사람이 무슨 무익한 말을 하든지 심판 날에 이에 대하여 심문을 받으리니** 네 말로 의롭다 함을 받고 네 말로 정죄함을 받으리라'

사랑하는 성도 여러분! 말로 죄짓는 사람이 아니라 말로써 그리스도의 향기를 전하는 예수의 사람 되시기 바랍니다. 사람은 마음에 쌓인 것을 입으로 말한다고 성경은 말씀하고 있습니다. 사람을 살리는 말, 은혜가 되는 말, 공동체에 덕이 되는 말을 하기 위해서 우리가 노력해야 할 것이 두 가지가 있습니다. 좋은 것들을 생각하는 훈련을 많이 하시기 바랍니다. 이에 대해 사도 바울이 빌 4:8절에서 방법을 알려주고 있습니다.

'끝으로 형제들아 무엇에든지 참되며 무엇에든지 경건하며 무엇에든지 옳으며 무엇에든지 정결하며 무엇에든지 사랑 받을 만하며 무엇에든지 칭

찬 받을 만하며 무슨 덕이 있든지 무슨 기림이 있든지 **이것들을 생각하라**'

좋은 것들을 생각하는 훈련이 마음에 선한 것을 쌓는 지혜임을 기억하시고 말로써 사람을 살리고 말로써 은혜와 덕을 끼치는 예수의 사람 되었으면 좋겠습니다. 또 하나 우리가 노력해야 할 것은 천국의 언어를 자주 사용하는 훈련이 필요합니다. '감사합니다. 사랑합니다. 축복합니다' 성도가 사용해야 할 천국의 언어입니다. 감사의 말을 하는 사람에게 하나님은 감사의 제목을 허락하시고 사랑한다고 말하는 자를 사랑스러운 존재로 세우시며 축복한다고 말하는 자를 은혜의 통로로 사용하신다는 사실 믿으시면서 말로써 사람과 공동체를 살리는 우리 모두가 될 수 있기를 간절히 소망합니다.

셋째, 성도로 부름받은 사람은 가인의 피가 아닌 그리스도의 보혈을 가진 자로 살아가야 합니다.

사도 바울은 말로써 짓는 죄의 심각성을 알리기 위해 열린 무덤과 같은 목구멍, 속임을 일삼는 혀, 사람을 죽이는 독사의 입을 가지고 저주와 악독을 만들어 내는 죄인의 모습을 보여주었습니다. 사도 바울은 말로써 짓는 죄에서 행동으로 짓는 죄를 알리기 위해 발이라는 단어를 가지고 죄인의 실상에 대해 전하는데 15절 보시기 바랍니다.

'그 발은 피 흘리는 데 빠른지라'

이 구절은 구약에 나오는 이사야의 말씀을 인용한 것으로 피 흘리는 데 **빠른** 죄인의 발에 대하여 사 59:7-8절에서 성경은 말씀하고 있습니다.

'그 발은 행악하기에 빠르고 무죄한 피를 흘리기에 신속하며 그 생각은 악한 생각이라 황폐와 파멸이 그 길에 있으며 그들은 평강의 길을 알지 못하며 그들이 행하는 곳에는 정의가 없으며 굽은 길을 스스로 만드나니 무릇 이 길을 밟는 자는 평강을 알지 못하느니라'

그 발은 행악하기에 빠르고 무죄한 피를 흘리기에 신속하다는 것은 아벨을 죽인 가인의 모습을 보여주고 있습니다. 타락한 아담의 후손들은 사람을 죽이는 데 빠른 가인의 발을 가지고 살아왔습니다. 형제가 형제를 죽이기 시작한 피의 역사가 인류의 역사라고 말할 정도로 사람은 악을 행하기에 빠르고 무죄한 피를 흘리기에 신속한 발을 가지고 살아왔습니다. 사람의 역사가 피의 역사가 되어버린 이유가 무엇일까, 사람에게는 가인의 피가 흐르고 있기 때문입니다. 가인의 피를 가지고 살아가는 사람은 자신의 유익을 위해 다른 사람을 짓밟는 데 빠른 발을 가지고 있습니다. 가인의 후손들이 다른 사람의 피를 흘리는 발을 가지고 있는 이유에 대해 사도 바울은 18절에서 하나님을 두려워하지 않기 때문이라고 지적하고 있습니다.

'그들의 눈 앞에 하나님을 두려워함이 없느니라 함과 같으니라'

가인의 피를 가지고 살아가는 사람, 결과가 어떻게 될 것인가, 16-17절 보시기 바랍니다.

'파멸과 고생이 그 길에 있어 평강의 길을 알지 못하였고'

가인의 피를 가지고 살아가는 사람에게 돌아오는 것은 파멸과 고생이요, 그들의 삶에는 평강이 없다고 성경은 말씀하고 있습니다. 사랑하는 성도 여러분! 그리스도인으로 부름받은 우리는 가인의 피가 아닌 예수의 피가 흐르고 있다는 사실, 잊지 마시기 바랍니다. 그리스도의 보혈을 가지고 있는 우리가 남의 피를 흘리는 발을 가지고 살 수 있겠습니까. 그리스도의 보혈을 가지고 있는 우리가 남을 죽이는 말을 할 수 있겠습니까. 성도로 부름받은 우리에게 가인의 피가 아닌 예수의 보혈이 흐른다는 사실 기억하시면서 남을 살리는 선한 말, 공동체를 살리는 의로운 발을 가지고 살아가는 우리를 통하여 하나님 기뻐하시는 구원의 열매가 많이 맺혀지기를 주님의 이름으로 축원합니다. 아멘

롬 3:19-31

우리가 알거니와 무릇 율법이 말하는 바는 율법 아래에 있는 자들에게 말하는 것이니 이는 모든 입을 막고 온 세상으로 하나님의 심판 아래에 있게 하려 함이라 그러므로 율법의 행위로 그의 앞에 의롭다 하심을 얻을 육체가 없나니 율법으로는 죄를 깨달음이니라 이제는 율법 외에 하나님의 한 의가 나타났으니 율법과 선지자들에게 증거를 받은 것이라 곧 예수 그리스도를 믿음으로 말미암아 모든 믿는 자에게 미치는 하나님의 의니 차별이 없느니라 모든 사람이 죄를 범하였으매 하나님의 영광에 이르지 못하더니 그리스도 예수 안에 있는 속량으로 말미암아 하나님의 은혜로 값 없이 의롭다 하심을 얻은 자 되었느니라 이 예수를 하나님이 그의 피로써 믿음으로 말미암는 화목제물로 세우셨으니 이는 하나님께서 길이 참으시는 중에 전에 지은 죄를 간과하심으로 자기의 의로우심을 나타내려 하심이니 곧 이 때에 자기의 의로우심을 나타내사 자기도 의로우시며 또한 예수 믿는 자를 의롭다 하려 하심이라 그런즉 자랑할 데가 어디냐 있을 수가 없느니라 무슨 법으로냐 행위로냐 아니라 오직 믿음의 법으로니라 그러므로 사람이 의롭다 하심을 얻는 것은 율법의 행위에 있지 않고 믿음으로 되는 줄 우리가 인정하노라 하나님은 다만 유대인의 하나님이시냐 또한 이방인의 하나님은 아니시냐 진실로 이방인의 하나님도 되시느니라 할례자도 믿음으로 말미암아 또한 무할례자도 믿음으로 말미암아 의롭다 하실 하나님은 한 분이시니라 그런즉 우리가 믿음으로 말미암아 율법을 파기하느냐 그럴 수 없느니라 도리어 율법을 굳게 세우느니라

10

믿음으로 말미암아

　오늘 살펴보게 될 본문을 가리켜 신학자들은 로마서의 심장이라고 이야기하고 있습니다. 사도 바울이 전하고 싶어 하는 복음의 핵심이 본문에 기록이 되어 있기 때문입니다. 지금까지 사도 바울이 전해준 내용의 결론이 무엇인가 롬 3:9절에서 찾아볼 수 있습니다.

　'그러면 어떠하냐 우리는 나으냐 결코 아니라 **유대인이나 헬라인이나 다 죄 아래에 있다고 우리가 이미 선언하였느니라**'

　유대인이나 헬라인이나 죄 아래 있다는 선언, 이것이 사도 바울이 지금까지 전해준 내용의 결론이라 말할 수 있습니다. 이제 사도 바울은 복음을 제시하기 전 율법의 기능이 무엇인가에 대하여 말씀을 전하는데 19-20절에 나와 있습니다.

'우리가 알거니와 무릇 율법이 말하는 바는 율법 아래에 있는 자들에게 말하는 것이니 이는 모든 입을 막고 온 세상으로 하나님의 심판 아래에 있게 하려 함이라 그러므로 율법의 행위로 그의 앞에 의롭다 하심을 얻을 육체가 없나니 율법으로는 죄를 깨달음이니라'

사도 바울은 율법의 역할이 무엇인가에 대하여 전해주고 있습니다. 율법은 사람으로 하여금 죄를 깨닫게 하는 기능이 있다고 알려주고 있습니다. 율법을 통해서 죄가 무엇인지를 인식하게 되고 그로 인하여 죄인은 하나님 앞에서 핑계할 수 없도록 입을 다물게 하며 심판 아래 있는 죄인의 현실을 알려주는 것이 율법의 기능이라고 성경은 말씀하고 있습니다. 또한 사도 바울은 율법의 행위로는 하나님 앞에 의롭다 여김받을 육체가 없다고 선언하면서 율법의 행위로 하나님 원하시는 의의 수준에 이르지 못하는 죄인의 무능력을 지적하고 있습니다. 그렇다고 사도 바울이 율법을 가리켜 인간을 구원할 수 있는 능력이 없다고 이야기하는 것은 아닙니다. 사도 바울은 율법의 행위로 의롭게 될 수 있다고 이미 선언하였습니다. 롬 2:13절 보시기 바랍니다.

'하나님 앞에서는 율법을 듣는 자가 의인이 아니요 오직 율법을 행하는 자라야 의롭다 하심을 얻으리니'

사도 바울이 제기하는 문제는 율법이 아니라 율법의 행위에 있는 것입니다. 20절에 나와 있듯이 율법의 행위로 하나님 앞에 의롭다 여김받을 육체가 없다고 인간의 무능력에 대하여 사도 바울은 강조하고 있습니다. 9절 보시면 '죄 아래 있다'는 구절과 19절에 '하나님의 심판 아래 있다'는 구절을 통하여 사도 바울은 율법 아래 있는 인간은 죄 아래 있으며 하나님의 심판을 피할 수 없다는 사실을 전해주고 있습니다. 이것이 사도 바울이 전하고 싶어 하는 율법의 기능입니다. 하나님은 율법을 통해서 사람이 의롭게 되는 길을 열어주셨습니다. 그러나 죄로 인하여 타락한 인간은 무기력한 존재가 되어 율법의 행위로 하나님 원하시는 의의 수준에 이르지 못하게 되었습니다. 죄의 권세 아래 있는 인간은 율법의 행위로 의에 이르지 못하게 되고 심판을 피할 수 없는 절망스러운 현실을 맞이할 수밖에 없는 것입니다. 그런데 여기서 전환이 일어나게 됩니다. 본문에는 나오지 않지만 21절을 헬라어 원문에는 '그러나'라는 단어로 시작하면서 그러나 이제는 반전이 일어나게 되었다고 사도 바울은 복음을 제시하고 있습니다. 21절입니다.

'**이제는 율법 외에 하나님의 한 의가 나타났으니** 율법과 선지자들에게 증거를 받은 것이라'

율법의 행위로 구원에 이를 수 없는 죄인들을 위하여 율법 외에 하나님의 한 의, 새로운 의가 나타났다고 사도 바울은 선포하고 있습니다. 하나님의 의라는 것은 하나님께서 인간의 구원을 위하여 제시하시는 새로운 의에 대한 표현인데 성경에서 말씀하는 하나님의 의가 무엇인가 이것을 가리켜 사도 바울은 예수 그리스도를 믿음으로 말미암아 얻게 되는 믿음의 의라고 알려주고 있습니다. 로마서에서 말씀하는 하나님의 의는 믿음으로 구원에 이르는 의라고 말할 수 있습니다. 믿음으로 의롭다 함을 얻게 되는 하나님의 의는 은혜로 값없이 주어지는 하나님의 선물임을 사도 바울은 24절에서 복음을 전하고 있습니다.

'그리스도 예수 안에 있는 속량으로 말미암아 하나님의 은혜로 값 없이 의롭다 하심을 얻은 자 되었느니라'

사도 바울은 믿는 자에게 임하는 하나님의 의는 차별이 없이 주어지는 구원의 보편성에 대하여 22절에서 강조하고 있습니다.

'곧 예수 그리스도를 믿음으로 말미암아 모든 믿는 자에게 미치는 하나님의 의니 차별이 없느니라'

하나님의 의가 차별이 없다는 사실에 대하여 유대인이든 이방인이든 상관없이 할례자이든 무할례자이든 상관없이 믿음으로 의롭게 된다는 사실을 성경은 29-30절에서 증거하고 있습니다.

'하나님은 다만 유대인의 하나님이시냐 또한 이방인의 하나님은 아니시냐 진실로 이방인의 하나님도 되시느니라 할례자도 믿음으로 말미암아 또한 무할례자도 믿음으로 말미암아 의롭다 하실 하나님은 한 분이시니라'

오늘은 **믿음으로 말미암아**, 이 제목 가지고 말씀 나눌 때 아무 자격 없는 우리에게 믿음을 선물로 주시고 구원의 은총을 누리게 하시는 하나님을 고백하며 로마서의 말씀을 통하여 구원의 감격과 기쁨이 회복되는 우리 모두가 될 수 있기를 주님의 이름으로 축원합니다.

첫째, 예수님이 흘리신 십자가의 보혈로 우리의 죄와 허물을 덮어주셨습니다.

사도 바울은 복음을 제시하기 전 먼저 인간의 현실을 냉철하게 진단하고 있습니다. 율법 아래 있는 인간은 누구나 죄 아래 있으며 하나님의 심판을 피할 수 없다고 선언하고 있습니다. 율법의 행위로 하나님 원하시는 의의 수준에 이를 수 있는 사람은 없으며 인간은 스스로 죄의 문제를 해결할 수 없고 사람의 힘과 노력으로 구원에 이를 수 없다는 것이 사도 바울이 내린 결론입니다. 인간의 무능력을 지적하는 이유가 무엇인가, 구원의 필요성을 제시하기 위함이요, 복음을 전하기 위해서입니다. 사도 바울은 율법 외에 하나님의 한 의가 나타났다고 선언하면서 율법의 행위로 이를 수 없는 새로운 의, 새로운 구원의 길이 열리게 되었다고 21절에서 전해주고 있습니다.

'이제는 율법 외에 하나님의 한 의가 나타났으니 율법과 선지자들에게 증거를 받은 것이라'

율법 외에라는 것은 '율법과 상관없이'라는 의미입니다. 사도 바울은 이미 20절에서 율법의 행위로 의롭다 함을 받을 사람이 없다고 선언하였습니다.

'그러므로 율법의 행위로 그의 앞에 의롭다 하심을 얻을 육체가 없나니

율법으로는 죄를 깨달음이니라'

율법의 행위로 의롭다 여김받을 육체가 없다는 것은 율법 외에, 율법의 행위와 상관없는 새로운 의가 필요함을 뜻합니다. 사도 바울은 율법 외에 하나님의 한 의가 나타났다고 선언하면서 하나님이 제시하시는 새로운 의는 율법과 선지자들에게 증거를 받은 것이라고 전해주고 있습니다. 율법과 선지자라는 표현은 구약 성경을 가리키는 것으로 하나님께서 제시하는 새로운 의에 대하여 선지자들이 예언하였고 성경이 약속하는 것임을 사도 바울은 롬 1:2절에서 전해주고 있습니다.

'이 복음은 하나님이 **선지자들을 통하여 그의 아들에 관하여 성경에 미리 약속하신 것이라**'

구약의 선지자들이 예언하였고 하나님께서 약속하셨던 새로운 의가 무엇일까, 이것이 율법 외에 나타난 하나님의 의라고 로마서는 선포하면서 22절에서 복음을 제시하고 있습니다.

'곧 **예수 그리스도를 믿음으로 말미암아 모든 믿는 자에게 미치는 하나님의** 의니 차별이 없느니라'

예수 그리스도를 믿음으로 말미암아 모든 믿는 자에게 미치는 하나님의 의, 이것이 사도 바울이 전하고자 하는 복음이요, 로마서의 주제인 이신득의에 대한 말씀입니다. 본문을 읽어보면 유난히 많이 등장하는 표현이 있습니다. 22절, 믿음으로 말미암아, 25절, 믿음으로 말미암는, 28절, 믿음으로 되는 줄, 30절, 믿음으로 말미암아, 31절에도 믿음으로 말미암아가 나옵니다. 사도 바울은 본문에서 믿음으로 말미암아 이 표현을 무려 7번이나 사용하고 있고 유사 어구를 포함하면 9번에 걸쳐서 믿음으로 의롭다 여김을 받는 복음을 강조하고 있습니다. 믿음으로 말미암아, 오직 믿음으로 sola fide. 종교 개혁가들이 외쳤던 복음의 핵심입니다. 믿음으로 구원에 이른다는 것이 사도 바울이 강조하는 로마서의 주제인데 무엇을 믿는다는 것인가, 믿음의 내용에 대하여 24-25절에서 기록하고 있습니다.

'그리스도 예수 안에 있는 **속량으로 말미암아** 하나님의 은혜로 값 없이 의롭다 하심을 얻은 자 되었느니라 이 예수를 하나님이 **그의 피로써** 믿음으로 말미암는 **화목제물로 세우셨으니** 이는 하나님께서 길이 참으시는 중에 전에 지은 죄를 간과하심으로 자기의 의로우심을 나타내려 하심이니'

무엇을 믿어야 하는가, 사도 바울은 세 가지로 믿음의 내용에 대하여 전해주고 있습니다.

1. 그리스도의 속량

속량이라는 것은 무엇으로부터 풀어주다, 해방시키다라는 의미로 주로 노예 시장에서 사용되는 단어였습니다. 노예의 몸값을 대신 지불해 주고 자유하게 하는 것이 속량인데 죄와 죽음의 사슬에 얽매여 있는 우리를 주님께서 십자가 대속의 죽음으로 자유하게 하셨다는 사실, 이것을 믿는 것이 구원의 시작임을 성경은 증거하고 있습니다.

2. 십자가의 보혈

　25절에 '그의 피로써' 구절이 나오는데 우리의 죗값을 십자가에서 흘리신 피로 갚아주셨다는 사실, 이것을 믿을 때 죄 사함의 은총을 누릴 수 있다고 사도 바울이 강조하고 있습니다. 십자가에서 흘리신 보혈로 우리의 죄를 사해주시고 우리의 허물을 덮어주셨다는 사실, 이것을 믿을 때 의롭다 칭하여 주시는 하나님의 구원이 임한다고 성경은 증거하고 있습니다. 사랑하는 성도 여러분! 주님께서 우리의 죗값을 대신하여 당신의 생명을 속전으로 지불하시고 십자가에서 흘리신 보혈의 공로 때문에 우리가 구원받았음을 믿으시기 바랍니다.

3. 화목제물

　25절 보시면 '화목제물로 세우셨으니' 구절이 나오는데 화목제물이라는 것은 헬라어로 '힐라스테리온'이라고 합니다. 원래는 화해를 얻기 위한 선물이란 뜻을 가지고 있고 헬라 문화권에서는 신들을 위한 화해의 예물이라는 뜻으로 사용되기도 하였습니다. 기억하실 것은 70인 역 성경에서는 화목제물을 가리켜 속죄소를 뜻하는 '캅포레트'라는 단어로 번역이 되었다는 사실입니다. 속죄소가 어떤 곳입니까, 속죄일이 되면 대제사장이 지성소에 들어가 언약궤 뚜껑 위에 짐승의 피를 뿌림으로 이스라엘 백성의 죄가 덮어지는 속죄의 장소가 바로 속죄소입니다. 25절 보시기 바랍니다.

　'이 예수를 하나님이 그의 피로써 믿음으로 말미암아 **화목제물로 세우셨으니** 이는 하나님께서 길이 참으시는 중에 **전에 지은 죄를 간과하심**으로 자기의 의로우심을 나타내려 하심이니'

전에 지은 죄를 간과하셨다는 것은 하나님께서 십자가에서 흘리신 예수 그리스도의 보혈로 우리의 죄를 덮어주셨다는 사실을 의미입니다. 그래서 십자가는 속죄소라고 말할 수 있습니다. 구약에서는 짐승의 피를 뿌림으로 사람의 죄가 덮임을 받았지만 신약에서는 예수의 피로 우리의 죄와 허물을 하나님이 덮어주셨다고 성경은 증거하고 있습니다. 이것을 믿는 것이 구원의 시작이요, 로마서가 선포하는 생명의 복음입니다. 성서학자들이 본문을 가리켜 로마서의 심장이라고 부르는 이유가 여기에 있습니다. 율법의 행위로 하나님 원하시는 의에 이를 수 있는 사람이 없게 되었을 때 하나님은 율법 외에 새로운 의를 제시하셨고 예수 그리스도를 믿는 모든 자를 의롭다 칭하여 주시며 구원의 문을 열어주셨다는 사실, 로마서가 선포하는 복음입니다. 21-24절입니다.

'이제는 율법 외에 하나님의 한 의가 나타났으니 율법과 선지자들에게 증거를 받은 것이라 곧 예수 그리스도를 믿음으로 말미암아 모든 믿는 자에게 미치는 하나님의 의니 차별이 없느니라 모든 사람이 죄를 범하였으매 하나님의 영광에 이르지 못하더니 그리스도 예수 안에 있는 속량으로 말미암아 하나님의 은혜로 값 없이 의롭다 하심을 얻은 자 되었느니라'

둘째, 우리에게 임한 구원은 대가를 지불하신 하나님의 은혜와 사랑입니다.

사도 바울이 본문에서 강조하는 것이 무엇일까, 율법 외에 새로운 의가 나타났다고 예수 그리스도를 믿는 자를 의롭다 칭하시는 하나님의 의에 대하여 기록하고 있습니다. 사도 바울은 믿음으로 말미암아,

이 표현을 7번 이상 사용하면서 믿음으로 의에 이르는 이신득의 복음을 전해주고 있습니다. 믿음이 왜 중요한가 사도 바울은 20절에서 율법의 행위로 의롭다 여김받을 육체가 없다고 선언하고 있습니다.

'그러므로 **율법의 행위로 그의 앞에 의롭다 하심을 얻을 육체가 없나니** 율법으로는 죄를 깨달음이니라'

율법의 행위로 의에 이를 수 없지만 믿음으로 의에 이르게 된다는 사실 28절에서 증거하고 있습니다.

'그러므로 **사람이 의롭다 하심을 얻는 것은** 율법의 행위에 있지 않고 **믿음으로 되는 줄** 우리가 인정하노라'

우리는 여기서 믿음이 얼마나 중요한가, 알 수 있습니다. 율법의 행위로 의에 이를 수 없지만 의롭다 여김받을 수 있는 길을 열어주는 것이 바로 믿음입니다. 사도 바울은 믿음으로 말미암아, 믿음으로 되는 줄, 이 표현을 사용하면서 믿음으로 의롭다 함을 얻고 믿음으로 구원에 이른다는 복음을 전하고 있습니다. 여기서 생각해 보아야 할 것이 있습니다. 믿음을 어떻게 가질 수 있는가의 문제입니다. 믿고 싶다고 믿어지는가, 믿고 싶어도 믿지 못하는 사람들이 우리 주변에 얼마나 많은지 잘 알고 있습니다. 믿음은 사람의 의지로 되는 것이 아니고 사람의 노력으로 되는 것도 아닙니다. 믿음은 하나님의 은혜로 주어지는 선물임을 성경은 엡 2:8절에서 증거하고 있습니다.

'너희는 그 <u>은혜</u>에 의하여 <u>믿음</u>으로 말미암아 <u>구원</u>을 받았으니 이것은 너희에게서 난 것이 아니요 <u>하나님의 선물</u>이라'

은혜, 믿음, 구원, 여기에 사람이 개입된 것은 하나도 없습니다. 구원받을 자로 택하여 주신 분은 하나님이십니다. 우리의 죄를 대신하여 십자가를 지신 분은 예수 그리스도이십니다. 믿음을 심어주신 분은 성령이십니다. 죄로 인하여 죽을 수밖에 없는 나를 구원받은 자로 세워주신 분은 삼위일체 하나님이십니다. 그 은혜에 의하여 선물로 주신 믿음으로 말미암아 구원받았다는 것, 우리가 평생 고백해야 할 감사의 제목이자 구원받은 자만이 할 수 있는 간증입니다. 24절 주목해 보시기 바랍니다.

'그리스도 예수 안에 있는 속량으로 말미암아 <u>하나님의 은혜로</u> 값 없이 의롭다 하심을 얻은 자 되었느니라'

우리에게 주어진 구원의 은총은 하나님께서 은혜로 주신 것이며 값없이 주어진 선물이라고 성경은 말씀하고 있습니다. 그러나 명심하시기 바랍니다. 값없이 주어진 선물이라는 말씀을 너무 쉽게 받아들여서는 안 되는 것입니다. 우리에게 주어진 구원의 은혜가 값없이 주어진 선물이지만 그러나 뒤집어 보면 하나님께서 너무 비싼 대가를 치르셨다는 사실 고백하지 아니할 수 없습니다. 24절에 나오는 속량이라는 단어, 25절에 그의 피와 화목제물이라는 단어를 깊이 묵상하면 우리의 구원을 위하여 하나님이 엄청난 대가를 치르셨다는 사실을 깨달을 수 있습니다. 예수 그리스도를 믿는 우리에게 주어진 구원은 값없이, 은혜로, 선물로 주신 것입니다. 하지만 하나님은 우리를 구원하기 위하여 하나뿐인 아들을 십자가에 달려 죽게 하셨고 십자가에서 흘리신 보혈의 피로 우리의 죄와 허물을 덮어주셨으며 성령께서 믿음을 심어주셨기에 그 은혜로 구원받았다는 사실, 잊어서는 안 되는 것입니다. 우리에게 임한 구원은 값싼 구원이 아닌 비싼 대가를 지불하시고 은혜로 주셨다는 사실 기억하시고 구원받은 자로서 하나님의 기쁨 되는 존재로 살아가는 우리 모두가 될 수 있기를 간절히 소망합니다.

셋째, 십자가에 나타난 하나님의 지혜로 율법의 요구가 이루어졌음을 믿어야 합니다.

사도 바울이 본문에서 마지막으로 전하고 싶어 하는 주제가 있습니다. 십자가에 나타난 하나님의 지혜로 율법의 요구가 이루어지게 되었다는 사실, 25절에서 말씀하고 있습니다.

'이 예수를 하나님이 그의 피로써 믿음으로 말미암는 화목제물로 세우셨으니 이는 하나님께서 길이 참으시는 중에 전에 지은 죄를 간과하심으로 자기의 의로우심을 나타내려 하심이니'

청년 시절에 풀리지 않았던 고민이 있었습니다. 하나님께서 우리를 구원하심에 예수님을 십자가에 못 박아 죽이셔야만 했는가, 다른 방법은 없었는가에 대한 고민이었습니다. 성경은 하나님을 가리켜 거룩하신 하나님으로 공의의 하나님으로 전해주고 있습니다. 거룩하신 하나님이라는 것은 죄와 공존할 수 없는 하나님의 속성을 가리키는 것이고 공의의 하나님은 죗값에 대하여는 반드시 책임을 요구하시는 하나님을 성경은 증거하고 있습니다. 하지만 성경은 거룩하신 하나님, 공의의 하나님만 말씀하고 있지 않습니다. 죄인을 구원하고자 하시는 사랑의 하나님 구원의 하나님을 동시에 전해주고 있습니다. 하나님에게 있어 고민은 죄인을 구원함에 있어 율법의 요구를 어떻게 이루어야 하는가의 문제였습니다. 율법의 기능은 죄를 깨닫게 함과 동시에 죄인 된 인간을 하나님에게 고발하는 데 있습니다. 죄에 대한 율법의 요구를 이루어야만 인간을 구원할 수 있는데 하나님은 이 문제를 해결하기 위해 예수님을 십자가의 제물로 내어주셨고 율법의 저주를 대신 받게 하심으로 율법 아래 있는 죄인들을 구원하실 수 있었습니다. 이에 대해 사도 바울은 갈 3:13절 말씀을 성경에 기록해 놓았습니다.

'그리스도께서 우리를 위하여 저주를 받은 바 되사 율법의 저주에서 우리를 속량하셨으니 기록된 바 나무에 달린 자마다 저주 아래에 있는 자라 하였음이라'

본문 25절에 하나님이 그의 피로써 믿음으로 말미암는 화목제물로 세우셨다는 말씀에서 십자가에 나타난 하나님의 지혜를 발견할 수 있습니다. 예수의 십자가 죽음으로 율법의 요구가 이루어지게 되었고, 죄에 대하여 심판하시는 공의의 하나님이 만족이 되었습니다. 동시에 예수 그리스도를 믿는 자를 의롭다 여기시는 구원의 하나님이 증거되었습니다. 이것이 26절에 기록된 말씀의 핵심입니다.

'곧 이 때에 자기의 의로우심을 나타내사 자기도 의로우시며 또한 예수 믿는 자를 의롭다 하려 하심이라'

십자가는 공의의 하나님과 사랑의 하나님을 동시에 보여주는 하나님의 지혜입니다. 예수님의 십자가 죽음은 죄에 대하여 심판하시는 공의의 하나님을 보여줌과 동시에 죄인들을 구원하고자 하시는 사랑의 하나님을 증거하고 있습니다. 십자가에 나타난 하나님의 지혜로 율법의 요구가 이루어지게 되었다는 사실 사도 바울은 롬 8:3-4절에서 기록하고 있습니다.

　'**율법이 육신으로 말미암아 연약하여 할 수 없는 그것을 하나님은 하시나니** 곧 죄로 말미암아 자기 아들을 죄 있는 육신의 모양으로 보내어 육신에 죄를 정하사 육신을 따르지 않고 그 영을 따라 행하는 우리에게 **율법의 요구가 이루어지게 하려 하심이니라**'

　사랑하는 성도 여러분! 십자가에 나타난 하나님의 지혜로 율법의 요구가 이루어졌고 율법 아래 있는 우리를 성령께서 자유하게 하셨다는 복음을 믿으시기 바랍니다. 사도 바울은 31절에서 결론의 말씀을 전하고 있습니다.

　'**그런즉 우리가 믿음으로 말미암아 율법을 파기하느냐 그럴 수 없느니라 도리어 율법을 굳게 세우느니라**'

　이제 말씀을 정리하고자 합니다. 사도 바울이 전하고 싶어 하는 주제는 한 가지입니다. 예수 그리스도를 믿음으로 말미암아 의롭다 여김을 받을 수 있다는 사실. 이것이 로마서의 주제인 이신득의에 대한 복음입니다. 예수 그리스도를 믿음으로 얻게 되는 하나님의 의는 차별이 없다고 사도 바울은 22절에서 말씀을 전하고 있습니다.

'곧 예수 그리스도를 믿음으로 말미암아 모든 믿는 자에게 미치는 하나님의 의니 차별이 없느니라'

믿는 자에게 임하는 하나님의 의는 차별이 없다는 말씀이 우리와 무슨 상관이 있을까. 25절에 '전에 지은 죄를 간과하심으로' 구절이 나오는데 예수를 믿기만 하면 전에 지은 죄가 무엇이든 상관없이 의롭다 함을 받을 수 있다고 성경은 증거하고 있습니다. 또한 29절 보시기 바랍니다.

'하나님은 다만 유대인의 하나님이시냐 또한 이방인의 하나님은 아니시냐 진실로 이방인의 하나님도 되시느니라'

유대인이나 이방인이나 상관없이 예수를 믿기만 하면 구원에 이른다고 로마서는 말씀하고 있습니다. 마지막으로 30절 보시면

'할례자도 믿음으로 말미암아 또한 무할례자도 믿음으로 말미암아 의롭다 하실 하나님은 한 분이시니라'

할례자이든 무할례자이든 상관없이 예수를 믿기만 하면 하나님은 우리를 의롭다 칭하여 주신다고 성경은 약속하고 있습니다. 오늘 설교 제목이 '믿음으로 말미암아'입니다. 예수 그리스도를 믿기만 하면 전에 지은 죄에 상관없이 누구든지 구원에 이를 수 있다는 복음을 믿

으시면서 구원의 감격을 회복하시고 하나님 주시는 구원의 기쁨을 날마다 누리며 살아가시기를 주님의 이름으로 축원합니다. 아멘

롬 4:1-16

　그런즉 육신으로 우리 조상인 아브라함이 무엇을 얻었다 하리요 만일 아브라함이 행위로써 의롭다 하심을 받았으면 자랑할 것이 있으려니와 하나님 앞에서는 없느니라 성경이 무엇을 말하느냐 아브라함이 하나님을 믿으매 그것이 그에게 의로 여겨진 바 되었느니라 일하는 자에게는 그 삯이 은혜로 여겨지지 아니하고 보수로 여겨지거니와 일을 아니할지라도 경건하지 아니한 자를 의롭다 하시는 이를 믿는 자에게는 그의 믿음을 의로 여기시나니 일한 것이 없이 하나님께 의로 여기심을 받는 사람의 복에 대하여 다윗이 말한 바 불법이 사함을 받고 죄가 가리어짐을 받는 사람들은 복이 있고 주께서 그 죄를 인정하지 아니하실 사람은 복이 있도다 함과 같으니라 그런즉 이 복이 할례자에게냐 혹은 무할례자에게도냐 무릇 우리가 말하기를 아브라함에게는 그 믿음이 의로 여겨졌다 하노라 그런즉 그것이 어떻게 여겨졌느냐 할례시냐 무할례시냐 할례시가 아니요 무할례시니라 그가 할례의 표를 받은 것은 무할례시에 믿음으로 된 의를 인친 것이니 이는 무할례자로서 믿는 모든 자의 조상이 되어 그들도 의로 여기심을 얻게 하려 하심이라 또한 할례자의 조상이 되었나니 곧 할례 받을 자에게뿐 아니라 우리 조상 아브라함이 무할례 시에 가졌던 믿음의 자취를 따르는 자들에게도 그러하니라 아브라함이나 그 후손에게 세상의 상속자가 되리라고 하신 언약은 율법으로 말미암은 것이 아니요 오직 믿음의 의로 말미암은 것이니라 만일 율법에 속한 자들이 상속자이면 믿음은 헛것이 되고 약속은 파기되었느니라 율법은 진노를 이루게 하나니 율법이 없는 곳에는 범법도 없느니라 그러므로 상속자가 되는 그것이 은혜에 속하기 위하여 믿음으로 되나니 이는 그 약속을 그 모든 후손에게 굳게 하려 하심이라 율법에 속한 자에게 뿐만 아니라 아브라함의 믿음에 속한 자에게도 그러하니 아브라함은 우리 모든 사람의 조상이라

11

언약의 상속자

 지난 시간에 우리는 사도 바울이 전하고자 하는 복음의 핵심을 살펴보았습니다. 사도 바울이 전하는 복음이 무엇인가, 율법의 행위로는 하나님 앞에 의롭다 여김받을 사람이 없으며 율법으로는 죄를 깨달을 뿐이라고 율법의 제한적 기능에 대하여 롬 3:20절에서 증거하고 있습니다.

 '그러므로 **율법의 행위로 그의 앞에 의롭다 하심을 얻을 육체가 없나니 율법으로는 죄를 깨달음이니라**'

 율법의 행위로 의롭다 하심을 얻을 육체가 없게 되었을 때 하나님은 우리의 구원을 위하여 새로운 의를 제시하셨습니다. 이것이 사도

바울이 전하고자 하는 복음입니다. 롬 3:21-22절 보시면

'**이제는 율법 외에 하나님의 한 의가 나타났으니** 율법과 선지자들에게 증거를 받은 것이라 곧 **예수 그리스도를 믿음으로 말미암아 모든 믿는 자에게 미치는 하나님의 의**니 차별이 없느니라'

하나님께서 제시하시는 새로운 의는 율법의 행위와 상관없으며 예수 그리스도를 믿는 자를 의롭다 칭하시는 이신칭의 복음을 로마서가 선포하고 있습니다. 하나님은 예수의 십자가 죽음을 통하여 율법의 요구를 이루셨고 죄의 대가를 받으심으로 하나님의 공의가 훼손되지 않았습니다. 동시에 하나님은 율법 아래 있는 자들을 자유하게 하시고 예수 그리스도를 믿는 자를 의롭다 인정하시는 구원의 길을 열어주셨습니다. 이것이 십자가에 나타난 하나님의 지혜입니다. 우리에게 임한 구원은 오직 믿음으로, 오직 은혜로 주어진 선물임을 사도 바울은 롬 3:24절에서 강조하고 있습니다.

'그리스도 예수 안에 있는 속량으로 말미암아 **하나님의 은혜로 값 없이 의롭다 하심을 얻은 자 되었느니라**'

롬 3장에 나오는 말씀이 믿음으로 말미암는 칭의가 주제라면 롬 4장은 그에 대한 예증이라고 말할 수 있습니다. 사도 바울은 믿음으로 말미암은 칭의를 보여주기 위해 유대인들이 인정하는 구약의 두 인물을 제시하는데 아브라함과 다윗을 예로 들고 있습니다. 사람이 의롭게 되는 것은 율법의 행위가 아닌 믿음으로 된다는 것을 입증하기

위해 사도 바울은 아브라함을 제시하는데 믿음으로 의롭다 함을 얻는 이신득의 원리가 구약 시대부터 시작된 것임을 알려주고 있습니다. 사도 바울은 아브라함도 하나님 앞에 자랑할 것이 하나도 없음을 1-2절에서 보여주고 있습니다.

'그런즉 육신으로 우리 조상인 아브라함이 무엇을 얻었다 하리요 만일 **아브라함이 행위로써** 의롭다 하심을 받았으면 **자랑할 것이** 있으려니와 **하나님 앞에서는 없느니라**'

자랑할 것이 없는 아브라함이 어떻게 의롭다 여김을 받게 되었는가. 아브라함의 믿음을 보시고 하나님께서 의로 여기셨다는 사실에 대하여 사도 바울은 3절에서 말씀을 전해주고 있습니다.

'성경이 무엇을 말하느냐 **아브라함이 하나님을 믿으매 그것이 그에게 의로 여겨진 바 되었느니라**'

경건하지 아니한 자를 의롭다 하시는 하나님을 믿을 때 하나님은 그 믿음을 보시고 의롭다 칭하여 주시는 이신칭의에 대하여 사도 바울은 5절에서 알려주고 있습니다.

'일을 아니할지라도 **경건하지 아니한 자를 의롭다 하시는 이를 믿는 자에게는 그의 믿음을 의로 여기시나니**'

계속해서 사도 바울은 다윗이 고백한 시 32편을 인용하여 믿음으로 죄 사함 받는 자가 복이 있음을 6-8절에서 제시하고 있습니다.

'**일한 것이 없이 하나님께 의로 여기심을 받는 사람의 복에 대하여** 다윗이 말한 바 불법이 사함을 받고 죄가 가리어짐을 받는 사람들은 복이 있고 **주께서 그 죄를 인정하지 아니하실 사람은 복이 있도다** 함과 같으니라'

아브라함이 의롭다 여김받은 것은 행위로써가 아닌 믿음으로 된 것이며 다윗의 고백처럼 믿음으로 죄 사함 받은 사람이 복 있는 사람임을 성경은 증거하고 있습니다. 사도 바울은 믿음으로 얻게 되는 칭의를 확증하기 위해 아브라함이 의롭다 여김받은 시점을 9-10절에서 강조하고 있습니다.

'그런즉 이 복이 할례자에게냐 혹은 무할례자에게도냐 무릇 우리가 말하기를 **아브라함에게는 그 믿음이 의로 여겨졌다 하노라** 그런즉 그것이 어떻게 여겨졌느냐 할례시냐 무할례시냐 할례시가 아니요 **무할례시니라**'

또한 사도 바울은 아브라함이 하나님과 언약을 맺은 것은 율법으로 된 것이 아니라 믿음으로 된 것임을 13절에서 전해주고 있습니다.

'**아브라함이나 그 후손에게 세상의 상속자가 되리라고 하신 언약은** 율법으로 말미암은 것이 아니요 **오직 믿음의 의로 말미암은 것이니라**'

마지막으로 사도 바울은 하나님과 아브라함 사이에 맺은 언약에 믿음의 상속자들이 참여할 수 있다는 사실에 대하여 16절에서 기록하고 있습니다.

'그러므로 **상속자가 되는 그것이** 은혜에 속하기 위하여 **믿음으로 되나니** 이는 그 약속을 그 모든 후손에게 굳게 하려 하심이라 율법에 속한 자에게 뿐만 아니라 아브라함의 **믿음에 속한 자에게도 그러하니** 아브라함은 우리 모든 사람의 조상이라'

오늘은 언약의 상속자라는 제목 가지고 말씀 나눌 때 예수 그리스도를 믿는 우리가 이 시대 아브라함의 영적 자손이 되어 언약에 참여할 수 있음을 확신하시면서 우리 자녀들을 약속의 계승자로 세워갈 수 있기를 주님의 이름으로 축원합니다.

첫째, 우리는 하나님 앞에 자랑할 것이 오직 믿음밖에 없습니다.
사도 바울은 믿음으로 의롭게 되는 칭의를 전하기 전에 아브라함도 하나님 앞에 자랑할 것이 없음을 1-2절에서 보여주고 있습니다.

'그런즉 육신으로 우리 조상인 아브라함이 무엇을 얻었다 하리요 만일 아브라함이 행위로써 의롭다 하심을 받았으면 자랑할 것이 있으려니와 **하나님 앞에서는 없느니라**'

육신적으로 자랑할 것이 하나도 없는데 어떻게 의롭다 여김을 받게 되었는가, 아브라함이 의롭다 여김받은 것은 행위가 아닌 하나님을 믿었기 때문이라고 3절에서 증거하고 있습니다.

'성경이 무엇을 말하느냐 아브라함이 하나님을 믿으매 그것이 그에게 의로 여겨진 바 되었느니라'

의로 여겨진 바 되었다는 것은 아브라함을 의인이라 말하는 것이 아니라 하나님께서 아브라함의 믿음을 보시고 의인으로 간주하셨다는 의미입니다. 이것을 이해하기 위해서는 창 15장으로 돌아가야 합니다. 창 15장에 보면 하나님께서 아브라함에게 언약의 말씀을 선포하시는 장면이 나오는데 하나님은 아브라함에게 두 가지 약속의 말씀을 주셨습니다. 하나는 자손의 번성함에 대한 말씀을 주셨고 또 하나는 약속의 땅 가나안을 주시겠다고 약속하셨습니다. 창 15:4-5, 7절 말씀이 하나님께서 아브라함과 맺으신 언약의 말씀입니다.

'여호와의 말씀이 그에게 임하여 이르시되 그 사람이 네 상속자가 아니라 네 몸에서 날 자가 네 상속자가 되리라 하시고 그를 이끌고 밖으로 나가 이르시되 하늘을 우러러 뭇별을 셀 수 있나 보라 또 그에게 이르시되 네 자손이 이와 같으리라'

'또 그에게 이르시되 나는 이 땅을 네게 주어 소유를 삼게 하려고 너를 갈대아인의 우르에서 이끌어 낸 여호와니라'

문제는 아브라함이 약속의 말씀을 아멘으로 받기가 어려운 형편에 있었다는 데 있습니다. 하늘을 우러러 뭇별을 보라 네 자손이 이와 같으리라 말씀하셨을 때 아브라함의 나이 80세였습니다. 가나안 땅을 너의 소유로 삼게 하려고 여기까지 인도하셨다고 말씀하셨을 때가 아브라함이 가나안에 들어온 지 이미 15년이 지나고 있을 때였습니다.

그런데 하나님은 약속의 말씀을 선포하시며 아브라함과 언약을 맺으셨습니다. 아브라함이 어떻게 반응하였을까, 창 15:6절 보시기 바랍니다.

'**아브람이 여호와를 믿으니** 여호와께서 이를 그의 의로 여기시고'

아브라함이 여호와를 믿었다는 것은 하나님의 말씀을 믿음으로 받았다는 의미이고 하나님께서 약속하신 말씀 이루어 주실 것을 아브라함이 믿었다는 의미로 해석할 수 있습니다. 하나님은 그 믿음을 보시고 아브라함을 의롭게 여겨주셨다고 성경은 증거하고 있습니다. 우리는 여기서 하나님 인정하시는 의의 기준이 믿음에 있다는 사실을 알 수 있습니다. 그런데 그 믿음조차도 은혜로 주어지는 선물이요, 복임을 사도 바울은 다윗의 고백을 인용하여 말씀을 전하고 있습니다. 5-6절 보시면

'일을 아니할지라도 경건하지 아니한 자를 의롭다 하시는 이를 **믿는 자에게는 그의 믿음을 의로 여기시나니** 일한 것이 없이 **하나님께 의로 여기심을 받는 사람의 복**에 대하여 다윗이 말한 바'

일을 아니할지라도 하나님은 우리의 믿음을 보시고 의롭다 칭하여 주시기 때문에 믿음은 은혜로 주어지는 선물임을 성경은 말씀하고 있습니다. 예를 들어 포도원 주인이 일꾼을 고용하여 일을 시켰다고 합시다. 일을 한 사람이 수고의 대가를 바라는 것, 삯을 요구하여 받는 것은 정당한 보수입니다. 그런데 일하지 아니한 자에게 주인이 거저

주었다면 그것은 어떻게 되는 것입니까. 이것을 가리켜 사도 바울은 은혜라고 정의하고 있습니다. 5절 보시면

'**일을 아니할지라도** 경건하지 아니한 자를 의롭다 하시는 이를 **믿는 자에게는 그의 믿음을 의로 여기시나니**'

일한 것이 없음에도 불구하고 경건하지 아니한 자를 의롭다 여기시는 하나님을 믿으면 하나님은 그 믿음을 의로 여기신다고 이것이 은혜라고 사도 바울은 강조하고 있습니다. 하나님이 아브라함을 의롭다 여겨주신 것은 그의 행위나 공로가 아닌 오직 믿음으로 된 것이며 그 믿음조차도 은혜로 주신 선물임을 성경은 증거하고 있습니다. 하나님으로부터 의롭다 여김받는 것은 오직 믿음으로 되는 것이며 믿음으로 얻는 구원은 하나님 주시는 선물임을 사도 바울은 엡 2:8-9절에서 복음을 선포하고 있습니다.

'**너희는 그 은혜에 의하여 믿음으로 말미암아 구원을 받았으니** 이것은 너희에게서 난 것이 아니요 **하나님의 선물이라** 행위에서 난 것이 아니니 이는 **누구든지 자랑하지 못하게 함이라**'

하나님이 보시는 것은 믿음밖에 없습니다. 하나님이 의롭다 인정하여 주시는 것은 오직 믿음밖에 없습니다. 신학자 Denney가 말하기를 아무것도 자랑할 것이 없는 죄인임을 인정하고 예수 그리스도를 믿는 자에게 하나님의 은혜가 임한다고 하였습니다. 사도 바울이 전하고 싶은 복음이 이것입니다. 경건하지 아니한 자, 일하지 아니한 자, 자

언약의 상속자

랑할 것이 없는 자를 의롭다 인정하시는 하나님을 믿을 때 그 믿음이 구원에 이르게 한다는 이신칭의, 로마서에서 선포하는 복음입니다. 이 말씀 들으시는 여러분들 모두 하나님 앞에 자랑할 것이 믿음밖에 없음을 기억하시고 오직 믿음으로, 오직 은혜로 구원받았음을 고백하며 감사의 마음을 가지고 살아가는 우리 모두가 될 수 있기를 주님의 이름으로 축원합니다.

둘째, 믿음의 자취를 따르는 자들이 아브라함의 영적 자손이 될 수 있습니다.

믿음의 조상 아브라함도 하나님 앞에 자랑할 것이 없으며 하나님은 아브라함의 믿음을 보시고 의로 여겨주셨다는 사실, 사도 바울이 전하는 말씀입니다. 문제는 아브라함이 의롭다 여김받은 시점이 할례를 받은 후인가, 아니면 무할례 시인가를 사도 바울은 10절에서 보여주고 있습니다.

'그런즉 그것이 어떻게 여겨졌느냐 할례시냐 무할례시냐 할례시가 아니요 <u>무할례시니라</u>'

아브라함이 하나님으로부터 믿음으로 의롭다 여김받은 사건은 창 15장에 기록이 되어 있습니다. 아브라함이 하나님과 언약을 맺고 그 증표로 할례를 몸에 새긴 것은 창 17장에 나와 있습니다. 믿음으로 의롭다 여김받고 할례의 증표를 새긴 것은 14년 이후의 일임을 성경은 증거하고 있습니다. 유대인들은 아브라함의 자손으로 태어난 것을 특권으로 생각하였고 아브라함의 자손으로 태어난 증표를 몸에 새긴 것이 할례라고 믿었습니다. 유대인들이 남자 아기가 태어나면 8일 만에 할례를 행하는 이유가 여기에 있습니다. 그러나 사도 바울은 유대인들의 생각이 완전히 잘못된 오해임을 지적하고 있습니다. 아브라함이 의롭다 여김받은 것은 믿음으로 된 것이며 그로부터 14년이 지난 후 믿음의 증표로 몸에 새긴 것이 할례라고 전해주고 있습니다. 하나님께서 아브라함에게 할례를 행하라 말씀하시는 이유가 무엇인가 우리는 그 답을 11절에서 찾아볼 수 있습니다.

'그가 할례의 표를 받은 것은 무할례시에 믿음으로 된 의를 인친 것이니 이는 무할례자로서 믿는 모든 자의 조상이 되어 그들도 의로 여기심을 얻게 하려 하심이라'

사도 바울은 아브라함이 받은 할례에 대하여 표라고 이해하고 있습니다. 표라는 것은 그 자체가 의미 있는 내용을 담고 있는 것이 아니라 의미 있는 내용을 보여주는 표지라고 말할 수 있습니다. 11절 보시면 '믿음으로 된 의를 인친 것이니'라는 구절이 나오는데 믿음에 대한 인장이라고 해석할 수 있습니다. 고대 시대에는 인장을 하나의 보증 표시로 생각하였습니다. 사도 바울이 아브라함의 할례에 대하여 인친 것이라고 표현하는 것은 믿음으로 의롭다 여김받은 것을 보증하는 표시가 할례라고 이해하였기 때문입니다. 인침 받았다는 것은 증거를 받았다는 뜻입니다. 아브라함이 할례를 받았다는 것은 믿음으로 의롭다 여김받은 증거로 하나님이 몸에 새겨주신 것이 할례라고 말할 수 있습니다. 유대인들이 전통적으로 생각하는 아브라함의 자손으로 태어났기에 우리는 구원받았으며 구원받은 증표가 할례라는 것은 대단히 잘못된 오해임을 알 수 있습니다. 그래서 사도 바울은 아브라함이 의롭다 여김받은 시점을 강조할 수밖에 없는 것입니다. 아브라함이 의롭다 여김받은 것은 할례를 받은 후가 아니라 무할례 시임을 보여주면서 아브라함처럼 믿음의 자취를 따르는 사람은 누구라도 의롭다 여김받을 수 있다는 사실, 11-12절에서 말씀하고 있습니다.

'그가 할례의 표를 받은 것은 무할례시에 믿음으로 된 의를 인친 것이니 이는 **무할례자로서 믿는 모든 자의 조상이 되어 그들도 의로 여기심을 얻게 하려 하심이라 또한 할례자의 조상이 되었나니** 곧 할례 받을 자에게뿐 아니라 우리 조상 아브라함이 무할례시에 가졌던 **믿음의 자취를 따르는 자들에게도 그러하니라**'

이 말씀이 어떻게 보면 이스라엘의 정체성을 뒤집는 파격적인 말씀이라 말할 수 있습니다. 진정한 유대인, 아브라함의 자손, 이스라엘의 개념이 이 말씀 때문에 바뀔 수 있기 때문입니다. 사도 바울은 담대하게 선포합니다. 할례를 받은 자가 진정한 유대인, 아브라함의 자손이 아니라고 강조하고 있습니다. 유대인, 아브라함의 자손, 참 이스라엘은 할례를 받은 자가 아니라 믿음의 자취를 따르는 자임을 12절 마지막에서 선언하고 있습니다.

'믿음의 자취를 따르는 자들'

아브라함이 약속의 말씀을 능히 이루실 하나님을 믿을 때 그 믿음을 의롭다 여겨주신 것처럼 믿음의 자취를 따르는 자들이 진정한 아브라함의 자손이 될 수 있음을 성경은 갈 3:6-7절에서 말씀하고 있습니다.

'아브라함이 하나님을 믿으매 그것을 그에게 의로 정하셨다 함과 같으니라 그런즉 **믿음으로 말미암은 자들은 아브라함의 자손인 줄 알지어다**'

이 시간 여러분들에게 꼭 소개하고 싶은 말씀이 있습니다. 갈 5:6절입니다.

'그리스도 예수 안에서는 할례나 무할례나 효력이 없으되 **사랑으로써 역사하는 믿음뿐이니라**'

하나님의 눈에 들어오는 것은 율법의 행위나 사람의 자랑거리가 아닙니다. 하나님이 중요하게 보는 것은 오직 믿음밖에 없습니다. 이 말씀 듣는 우리 모두 아무 자격 없고 자랑할 것이 없는 부족한 나를 아브라함의 자손으로 부르시고 언약에 참여하게 하시는 하나님께 감사드리는 우리 모두가 될 수 있기를 간절히 소망합니다.

셋째, 언약의 상속자로 세움받은 우리는 다음 세대를 약속의 계승자로 세워야 할 책임이 있습니다.

사도 바울이 마지막으로 강조하고 싶은 말씀이 있습니다. 13절입니다.

'아브라함이나 그 후손에게 세상의 **상속자가 되리라고 하신 언약은** 율법으로 말미암은 것이 아니요 오직 **믿음의 의로 말미암은 것이니라**'

언약이라는 단어가 등장하는데 언약이라는 단어로 번역되는 것이 두 가지가 있습니다. 하나는 '휘포스케시스'인데 조건부로 주어지는 약속을 의미합니다. 만일 네가 무엇을 한다면 그 조건 하에 주어지는 약속이 '휘포스케시스'입니다. 또 하나는 '에팡겔리아'라는 단어인데 자격이 없는 사람에게 일방적으로 주어지는 약속을 의미합니다. 13절에 나오는 언약이라는 것은 에팡겔리아라는 단어가 사용되었습니다. 쌍방 간의 조건적 합의 하에 이루어지는 것이 일반적인 약속인데 성경에서 언약이라는 단어를 기록할 때는 에팡겔리아라는 단어를 사용하고 있습니다. 하나님께서 일방적으로 언약을 맺으시는 이유가 무엇인가, 죄 많은 인간이 하나님에게 내밀 수 있는 조건이 하나도 없기 때문입니다. 하나님께서 아브라함과 언약을 맺으실 때 조건을 보셨을까요. 창세기의 내용을 읽어보면 하나님께서 일방적으로 나타나 아브라함과 언약을 맺으셨음을 기록하고 있습니다. 하나님께서 아브라함과 언약을 맺으신 이유가 무엇인가, 그의 믿음을 보셨기 때문입니다. 나이 80세가 된 아브라함에게 하나님께서 나타나 하늘의 별과 같이 네 자손이 번성하리라 약속하셨을 때 아브라함은 그 말씀을 믿었습니다. 가나안 땅에 들어온 지 이미 15년의 세월이 흘렀지만 하나님께서 이 땅을 너와 네 자손에게 주겠다고 약속하셨을 때 아브라함은 그 말씀을 믿었습니다. 하나님은 그 믿음을 인정하시고 아브라함과 언약을 맺으시며 그 후손들을 언약의 상속자로 세우셨다고 성경은 증거하고 있습니다. 13절 보시면 '상속자가 되리라고 하신 언약' 이 구절이 나오는데 하나님께서 아브라함과 그 자손들과 맺으신 언약의 내용을 가리킵니다. 대단히 중요한 의미를 담고 있습니다. 성경의 역사를 두 단어로 표현하면 약속과 성취라고 말할 수 있습니다. 하나님께서 말씀

다시 복음으로

으로 약속하신 것을 성취해 가는 역사를 보여주는 것이 성경입니다. 중요한 것은 하나님께서 아브라함과 맺으신 언약이 믿음으로 아브라함의 자손으로 인정받은 우리와 맺은 약속이 될 수 있다는 사실입니다. 그 증거가 갈 3:9절에 기록된 말씀입니다.

'그러므로 믿음으로 말미암은 자는 믿음이 있는 아브라함과 함께 복을 받느니라'

하나님께서 아브라함과 맺으신 언약의 내용이 무엇인가, 창 17:4-8절 보시면

'보라 내 언약이 너와 함께 있으니 너는 여러 민족의 아버지가 될지라 이제 후로는 네 이름을 아브람이라 하지 아니하고 아브라함이라 하리니 이는 내가 너를 여러 민족의 아버지가 되게 함이니라 내가 너로 심히 번성하게 하리니 내가 네게서 민족들이 나게 하며 왕들이 네게로부터 나오리라 내가 내 언약을 나와 너 및 네 대대 후손 사이에 세워서 영원한 언약을 삼고 너와 네 후손의 하나님이 되리라 내가 너와 네 후손에게 네가 거류하는 이 땅 곧 가나안 온 땅을 주어 영원한 기업이 되게 하고 나는 그들의 하나님이 되리라'

하나님께서 아브라함과 맺으신 언약, 세 가지로 정리할 수 있습니다.

① 열국의 아비가 되게 할 것이다.
② 자손들이 번성할 것이다.

③ 가나안 땅을 영원한 기업이 되게 하겠다고 하나님 약속하셨습니다.

약속의 말씀이 아브라함의 상속자인 이삭에게 전해지게 되었습니다. 창 26:2-4절 보시면

'여호와께서 이삭에게 나타나 이르시되 애굽으로 내려가지 말고 내가 네게 지시하는 땅에 거주하라 이 땅에 거류하면 내가 너와 함께 있어 네게 복을 주고 **내가 이 모든 땅을 너와 네 자손에게 주리라** 내가 네 아버지 아브라함에게 맹세한 것을 이루어 **네 자손을 하늘의 별과 같이 번성하게 하며** 이 모든 땅을 네 자손에게 주리니 네 자손으로 말미암아 천하 만민이 복을 받으리라'

언약의 말씀이 이삭의 상속자인 야곱에게도 전해지게 되었다는 사실, 창 28:13-14절에서 증거하고 있습니다.

'또 본즉 여호와께서 그 위에 서서 이르시되 나는 여호와니 너의 조부 아브라함의 하나님이요 이삭의 하나님이라 **네가 누워 있는 땅을 내가 너와 네 자손에게 주리니 네 자손이 땅의 티끌 같이 되어** 네가 서쪽과 동쪽과 북쪽과 남쪽으로 퍼져나갈지며 **땅의 모든 족속이 너와 네 자손으로 말미암아 복을 받으리라**'

아브라함과 이삭과 야곱에게 주신 언약의 말씀을 누가 이어받을 것인가, 16절 보시기 바랍니다.

'그러므로 상속자가 되는 그것이 은혜에 속하기 위하여 **믿음으로 되나니 이는 그 약속을 그 모든 후손에게 굳게 하려 하심이라** 율법에 속한 자에게 뿐만 아니라 **아브라함의 믿음에 속한 자에게도 그러하니 아브라함은 우리 모든 사람의 조상이라**'

사랑하는 성도 여러분! 하나님을 믿는 우리가 언약의 상속자가 되었음을 믿으시기 바랍니다. 우리가 해야 할 일이 있습니다. 언약의 말씀이 우리의 믿음을 통하여 이루어지도록 말씀에 의지하여 기도하시기 바랍니다. 우리 자손들도 하나님 앞에 약속의 계승자로 세워지기를 기도하시기 바랍니다. 천하 만민이 너와 네 자손으로 말미암아 복을 받을 것이라는 말씀이 우리의 믿음을 통하여 우리 자손들을 통하여 성취됨으로 약속하신 말씀을 이루어 주시는 하나님께 감사와 영광을 올려드리는 우리 모두가 될 수 있기를 주님의 이름으로 축원합니다. 아멘

롬 4:17-25

    기록된 바 내가 너를 많은 민족의 조상으로 세웠다 하심과 같으니 그가 믿은 바 하나님은 죽은 자를 살리시며 없는 것을 있는 것으로 부르시는 이시니라 아브라함이 바랄 수 없는 중에 바라고 믿었으니 이는 네 후손이 이같으리라 하신 말씀대로 많은 민족의 조상이 되게 하려 하심이라 그가 백 세나 되어 자기 몸이 죽은 것 같고 사라의 태가 죽은 것 같음을 알고도 믿음이 약하여지지 아니하고 믿음이 없어 하나님의 약속을 의심하지 않고 믿음으로 견고하여져서 하나님께 영광을 돌리며 약속하신 그것을 또한 능히 이루실 줄을 확신하였으니 그러므로 그것이 그에게 의로 여겨졌느니라 그에게 의로 여겨졌다 기록된 것은 아브라함만 위한 것이 아니요 의로 여기심을 받을 우리도 위함이니 곧 예수 우리 주를 죽은 자 가운데서 살리신 이를 믿는 자니라 예수는 우리가 범죄한 것 때문에 내줌이 되고 또한 우리를 의롭다 하시기 위하여 살아나셨느니라

12

바랄 수 없는 중에
바라고 믿었으니

사도 바울이 로마서를 통해 전하고자 하는 복음은 롬 3:21-22절에 기록된 말씀에서부터 시작됩니다.

'**이제는 율법 외에 하나님의 한 의가 나타났으니** 율법과 선지자들에게 증거를 받은 것이라 곧 **예수 그리스도를 믿음으로 말미암아 모든 믿는 자에게 미치는 하나님의 의**니 차별이 없느니라'

율법의 행위로 하나님 원하시는 의의 수준에 이를 수 없게 되었을 때 하나님은 인간의 구원을 위하여 새로운 의를 제시하셨습니다. 하나님이 제시하시는 새로운 의는 율법의 행위와 상관이 없으며 오직 예수 그리스도를 믿는 자를 의롭다 인정하시는 이신칭의가 사도 바울이 전하고 싶어 하는 복음의 핵심입니다. 믿음으로 의롭다 함을 얻는 것은 구약 시대부터 전해져 오는 구원의 원리로서 사도 바울은 믿음의 조상 아브라함을 예로 제시하고 있습니다. 육신적으로 자랑할 것이 없는 아브라함이 하나님으로부터 의롭다 여김받은 것은 그의 행위가 아닌 믿음에 있다는 사실, 롬 4:3절에서 전해주고 있습니다.

'성경이 무엇을 말하느냐 아브라함이 하나님을 믿으매 그것이 그에게 의로 여겨진 바 되었느니라'

믿음으로 의롭다 인정받은 아브라함, 사도 바울은 이신득의 원리를 확증하기 위해 아브라함이 의롭다 여김받은 시점이 할례를 받은 후가 아닌 무할례 때임을 롬 4장에서 기록하고 있습니다. 이것을 사도 바울이 강조하는 것은 아브라함과 같이 믿음의 자취를 따르는 성도들이 아브라함의 영적 자손이 되어 하나님의 언약에 참여하는 축복 누리게 됨을 롬 4:12-13절에서 전해주고 있습니다.

'또한 할례자의 조상이 되었나니 곧 할례 받을 자에게뿐 아니라 우리 조상 아브라함이 무할례시에 가졌던 믿음의 자취를 따르는 자들에게도 그러하니라 아브라함이나 그 후손에게 세상의 상속자가 되리라고 하신 언약은 율법으로 말미암은 것이 아니요 오직 믿음의 의로 말미암은 것이니라'

아브라함과 같이 믿음의 자취를 따르는 자들이 언약의 상속자가 될 수 있다는 사실, 사도 바울을 통해 들려주시는 복된 소식이 아닌가 생각됩니다. 예수 그리스도를 믿는 우리가 아브라함의 영적 자손이 되어 하나님의 언약에 참여할 수 있음을 성경은 롬 4:16절에서 약속하고 있습니다.

'그러므로 **상속자가 되는 그것이 은혜에 속하기 위하여 믿음으로 되나니 이는 그 약속을 그 모든 후손에게 굳게 하려 하심이라** 율법에 속한 자에게 뿐만 아니라 **아브라함의 믿음에 속한 자에게도 그러하니** 아브라함은 우리 모든 사람의 조상이라'

사도 바울은 믿음으로 의롭다 함을 얻는 이신칭의 구원의 원리에 대하여 롬 3장에서 복음을 전하고 있고 롬 4장에서 믿음으로 의롭다 함을 얻은 아브라함을 예로 제시하고 있습니다. 아브라함은 어떻게 믿음으로 의롭다 여김을 받게 되었을까. 오늘은 아브라함의 믿음을 살펴보면서 믿음의 본질에 대하여 함께 말씀을 나누고자 합니다. 사도 바울은 아브라함의 믿음을 소개하면서 아브라함이 믿었던 하나님에 대하여 17절 말씀을 전해주고 있습니다.

'기록된 바 내가 너를 많은 민족의 조상으로 세웠다 하심과 같으니 **그가 믿은 바 하나님은 죽은 자를 살리시며 없는 것을 있는 것으로 부르시는 이시니라**'

죽은 자를 살리시는 전능하신 하나님, 없는 것을 있는 것으로 부르시는 창조주 하나님을 아브라함이 믿었다고 성경은 증거하고 있습니다. 이것이 아브라함으로 하여금 바랄 수 없는 중에도 바라고 믿을 수 있는 믿음의 근거였음을 18절에서 밝히고 있습니다.

'**아브라함이 바랄 수 없는 중에 바라고 믿었으니** 이는 네 후손이 이같으리라 하신 말씀대로 많은 민족의 조상이 되게 하려 하심이라'

아브라함이 처한 육신의 환경과 처지는 불가능을 말하고 있지만 아브라함은 죽은 자를 살리시는 하나님, 없는 것을 있는 것으로 부르시는 하나님을 믿으며 이것이 바랄 수 없는 중에 바라고 믿었던 믿음의 본질임을 알려주고 있습니다. 하나님께서 아브라함에게 하늘의 별을 보여주시면서 네 자손이 이와 같으리라 말씀하셨을 때 아브라함은 하나님을 믿었습니다. 그 후 20년이라는 세월이 흘러가고 있을 때 아브라함과 사라의 몸은 자식을 생산할 수 없는 죽은 몸이 되어가고 있었습니다. 그럼에도 불구하고 아브라함은 하나님을 의심하지 않았고 약속하신 말씀이 능히 이루어질 것을 확신하였다고 아브라함의 믿음에 대하여 19-21절에서 성경은 증거하고 있습니다.

'그가 백 세나 되어 자기 몸이 죽은 것 같고 사라의 태가 **죽은 것 같음을 알고도 믿음이 약하여지지 아니하고** 믿음이 없어 **하나님의 약속을 의심하지 않고** **믿음으로 견고하여져서 하나님께 영광을 돌리며** 약속하신 그것을 또한 능히 이루실 줄을 확신하였으니'

아브라함의 믿음을 하나님이 인정하시고 그 믿음을 의로 여겨주셨다는 이신칭의에 대하여 로마서는 22절에서 기록하고 있습니다.

'그러므로 **그것이 그에게 의로 여겨졌느니라**'

사도 바울이 아브라함의 믿음에 대하여 자세하게 전하는 이유가 무엇인가, 믿음으로 의롭다 함을 얻는 구원의 원리가 예수 그리스도의 부활을 믿는 우리에게도 적용이 될 수 있음을 알리기 위함입니다. 24절 보시기 바랍니다.

'<u>의로 여기심을 받을 우리도 위함이니</u> 곧 예수 우리 주를 죽은 자 가운데서 살리신 이를 믿는 자니라'

마지막으로 사도 바울은 예수의 십자가 죽음은 그를 믿는 자의 죄를 속하기 위함이요, 예수의 부활은 그를 믿는 자가 의롭다 여김받기 위한 구원의 사건임을 25절에서 복음을 선포하고 있습니다.

'예수는 우리가 <u>범죄한 것 때문에 내줌이 되고</u> 또한 우리를 <u>의롭다 하시기 위하여 살아나셨느니라</u>'

오늘은 **바랄 수 없는 중에 바라고 믿었으니**, 이 제목 가지고 말씀 나눌 때 우리도 아브라함처럼 바랄 수 없는 중에 바라는 믿음을 가지고 소원대로, 믿음대로, 말씀대로 되는 역사를 경험하여 하나님께 영광 돌리는 믿음의 사람 될 수 있기를 주님의 이름으로 축원합니다.

첫째, 바랄 수 없는 중에 바라는 믿음의 근거는 하나님의 말씀에서 시작이 되어야 합니다.

사도 바울은 믿음으로 의롭다 함을 받은 아브라함을 통하여 하나님이 역사하시는 믿음이 무엇인가를 전해주고 있습니다. 하나님께 인정받은 아브라함의 믿음, 그 믿음의 근거는 어디서부터 시작이 되었는 가, 17절 보시기 바랍니다.

'기록된 바 내가 너를 많은 민족의 조상으로 세웠다 하심과 같으니'

아브라함의 믿음이 하나님의 말씀에서 시작되었음을 보여주는 중요한 장면입니다. 이 말씀을 이해하기 위해서는 창 17:5절로 돌아가야 합니다.

'이제 후로는 네 이름을 아브람이라 하지 아니하고 아브라함이라 하리니 이는 내가 너를 여러 민족의 아버지가 되게 함이니라'

하나님은 아브람을 불러 아브라함이라 이름을 바꾸어 주시고 내가 너를 여러 민족의 아버지가 되게 하시겠다고 약속하셨습니다. 과연 이 말씀이 아브라함에게 은혜가 되는 말씀인가, 과연 이 말씀이 아브라함이 믿음으로 수용할 수 있는 말씀인가, 아브라함이 처한 형편은 그렇지 못하다는 것을 우리는 잘 알고 있습니다. 아브라함과 사라는 대를 이을 자식이 없었습니다. 그들은 나이가 많아 늙어가고 있었고 자식을 생산할 능력이 없음을 창세기는 보여주고 있습니다. 이러한 아브라함에게 하나님께서 그의 이름을 바꾸어 주신들 무슨 의미가 있으며 하늘의 별과 같이 자손이 번성할 것이라는 말씀이 과연 은혜가 되겠는가, 중요한 것은 아브라함은 하나님의 말씀을 믿었다는 것입니다. 하나님께서 약속의 말씀을 선포하셨을 때 아브라함은 그 말씀을 믿음으로 받아들였고 그 말씀이 바랄 수 없는 중에 바라고 소망을 품을 수 있는 믿음의 근거가 되었음을 18절에서 전해주고 있습니다.

'아브라함이 바랄 수 없는 중에 바라고 믿었으니 이는 네 후손이 이같으리라 하신 말씀대로 많은 민족의 조상이 되게 하려 하심이라'

아브라함이 바랄 수 없는 중에도 바라고 믿을 수 있는 근거가 무엇인가, 믿음의 근거에 대하여 사도 바울은 17절에서 기록하고 있습니다.

'기록된 바 내가 너를 많은 민족의 조상으로 세웠다 하심과 같으니 **그가 믿은 바 하나님은 죽은 자를 살리시며 없는 것을 있는 것으로 부르시는 이시니라**'

자식을 생산할 기력이 없는 아브라함에게 많은 민족의 조상이 되게 하시겠다는 말씀은 현실적으로 받아들이기 어려운 약속이라 말할 수 있습니다. 그럼에도 불구하고 아브라함이 바랄 수 없는 중에 바라고 소망을 품을 수 있었던 이유가 있었습니다. 죽은 자를 살리시는 전능하신 하나님, 없는 것을 있는 것으로 부르시는 창조주 하나님의 능력을 아브라함이 믿었기 때문입니다. 18절 보시면 '아브라함이 바랄 수 없는 중에 바라고 믿었으니' 구절이 나오는데 바랄 수 없는 중에 이 구절을 헬라어 성경으로 직역하면 '소망을 거슬러'라는 의미입니다. 아브라함이 처한 현실이 소망을 거스를 수밖에 없는 매우 절망적인 상황이었음을 알려주고 있습니다. 자식을 생산할 기력이 없는 상황에서 많은 민족의 조상이 되게 하겠다는 말씀을 하나님이 주셨을 때 아브라함이 어떻게 반응하였습니까. 아브라함은 바랄 수 없는 중에도 바라고 믿었다고 성경은 증거하고 있습니다. 바랄 수 없는 중에 바랄 수 있는 믿음의 근거가 무엇인가, 아브라함은 죽은 자를 살리실 수 있는 생명의 하나님을 믿었고 없는 것을 있는 것처럼 부르시는 창조주 하나님을 믿었기 때문이라고 로마서는 말씀하고 있습니다. 우리는 여기서 믿음이 가지고 있는 능력이 무엇인가를 깨달을 수 있습니다. 믿음은 불가능한 상황에서도 가능성의 문을 열어주는 능력이라는 사실을 알 수 있습니다. 아브라함이 죽은 자를 살리실 수 있는 하나님을 믿었을 때 그 믿음이 어떤 가능성을 불러왔는가 죽은 자와 같았던 아브라함과 사라에게 생명이 잉태되는 기적으로 찾아왔다는 사실, 성경은 히 11:12절에서 믿음의 결과를 증거하고 있습니다.

'이러므로 죽은 자와 같은 한 사람으로 말미암아 하늘의 허다한 별과 또 해변의 무수한 모래와 같이 많은 후손이 생육하였느니라'

아브라함은 죽은 자와 같은 사람이었습니다. 현실적으로 자식을 생산할 능력이 없었고 몸은 고목처럼 죽어가고 있었습니다. 죽은 자와 같은 아브라함에게 하나님께서 자손의 번성함을 약속하셨고 그 말씀이 이루어질 것을 믿었을 때 아브라함 가정에 기적이 찾아왔고 언약의 말씀을 성취하시는 하나님의 역사가 나타났습니다. 한 사람의 믿음 때문에 많은 후손이 생육하고 번성하는 축복을 누리며 이스라엘 역사가 지금까지 이어져 가고 있음을 성경은 증거하고 있습니다. 사랑하는 성도 여러분! 한 사람의 믿음이 하나님의 기적을 일으키는 축복의 통로가 될 수 있음을 믿으시기 바랍니다. 19절 말씀 보시기 바랍니다.

'그가 백 세나 되어 자기 **몸이 죽은 것 같고** 사라의 태가 **죽은 것 같음을** 알고도 믿음이 약하여지지 아니하고'

'알고도'라는 단어는 '생각하다, 깊이 숙고하다'라는 의미를 가지고 있습니다. 아브라함과 사라가 직면하였던 현실의 문제는 자신들의 몸이 이미 죽은 것을 알고 있었습니다. 아브라함이 인정해야 할 현실의 문제였지만 아브라함은 문제를 생각하지 않고 전능하신 하나님을 묵상하며 없는 것을 있는 것처럼 부르시는 창조주 하나님을 깊이 생각하였습니다. 하나님에 대한 묵상과 생각이 하나님에게 올라가는 기도가 되었고 하나님은 그 믿음을 보시고 불가능한 상황에서도 가능성의 문을 열어주는 능력으로 역사하셨습니다. 사랑하는 성도 여러분! 불가능한 상황에서도 가능성의 문을 열어주실 수 있는 분이 하나님이심을 믿으시기 바랍니다. 없는 것을 있는 것처럼 부르실 수 있는 하나님의 능력을 신뢰하시기 바랍니다. 우리가 생각하고 숙고해야 할 것은 현실의 문제가 아니라 우리로 하여금 가능성의 문을 열어주실 수 있는 하나님이심을 기억하면서 약속의 말씀을 붙잡고 믿음으로 기도하는 우리를 통해 말씀대로 이루어지는 역사가 나타날 수 있기를 주님의 이름으로 축원합니다. 아멘

둘째, 어떤 상황에서도 하나님의 말씀이 이루어질 것이라는 확신을 가지고 있어야 합니다.

하나님께서 아브라함에게 나타나 두 가지 약속의 말씀을 주셨습니다. 자손의 번성함을 약속하셨고 가나안 땅을 너와 네 자손에게 기업으로 주겠다 약속해 주셨습니다. 약속의 땅에 대한 말씀은 때가 되면

하나님께서 아브라함의 후손들을 통하여 이루실 것을 예상할 수 있지만 자손의 번성함이 문제였습니다. 하나님께서 약속의 말씀을 주셨을 때가 아브라함의 나이 80세였고 죽은 자와 같은 몸을 가지고 있었습니다. 아브라함의 아내 사라도 자식을 낳을 수 없는 불가능의 몸을 가지고 있었습니다. 시간이 흘러갈수록 아브라함과 사라는 초조해질 수밖에 없었고 약속이 의심으로 바뀔 수 있는 어려운 상황을 맞이할 수밖에 없었습니다. 현실적인 육신의 문제로 소망이 절망으로, 믿음이 의심으로 바뀌려 할 때 아브라함과 사라는 어떻게 하였을까, 19절 보시기 바랍니다.

'그가 백 세나 되어 자기 몸이 죽은 것 같고 사라의 태가 **죽은 것 같음을 알고도 믿음이 약하여지지 아니하고**'

이 말씀을 묵상하면 아브라함과 사라의 믿음이 대단하다고 말할 수밖에 없습니다. 아브라함과 사라의 믿음이 대단하다고 평가하는 것이 옳은 해석일까, 그렇지 않다는 것을 성경은 증거하고 있습니다. 시간이 흘러갈수록 아브라함과 사라의 몸은 쇠하여 가고 있었고 자식을 생산할 수 없는 죽은 몸이 되어가고 있었습니다. 초조해진 사라는 아브라함에게 무리수를 제안하였고 그래서 낳은 갈등의 씨앗이 이스마엘임을 우리는 잘 알고 있습니다. 아브라함과 사라의 믿음이 의심으로, 소망이 절망으로 바뀌는 시점에 하나님이 나타나 약속의 말씀을 확인시켜 주셨습니다. 그때가 아브라함의 나이 99세 때입니다. 창 17:1절과 4절 보시면

'아브람이 구십구 세 때에 여호와께서 아브람에게 나타나서 그에게 이르시되 나는 전능한 하나님이라 너는 내 앞에서 행하여 완전하라'
'보라 내 언약이 너와 함께 있으니 너는 여러 민족의 아버지가 될지라'

아브라함과 사라가 더 이상 소망을 품을 수 없게 되었을 때, 믿음이 의심으로 바뀌려는 시점에 하나님은 전능하신 하나님으로 나타나 내 언약이 너와 함께 있다고 말씀하셨습니다. 하나님은 아브라함의 집을 직접 방문하셨고 그에게 들려주신 말씀이 창 18:14절입니다.

'여호와께 능하지 못한 일이 있겠느냐 기한이 이를 때에 내가 네게로 돌아오리니 사라에게 아들이 있으리라'

아브라함이 처한 현실은 불가능을 이야기하고 있었고 소망을 내려놓고 믿음을 포기하라고 외치고 있었습니다. 믿음이 의심으로 바뀌려는 시점에 하나님은 아브라함에게 찾아가 언약의 말씀이 너와 함께 있음을 확인시켜 주시며 여호와께 능치 못한 일이 없다는 말씀을 들려주셨습니다. 아브라함의 믿음이 약해질 때마다 하나님은 말씀으로 붙들어 주셨고 그 말씀 때문에 아브라함은 믿음을 포기하지 않고 하나님의 약속을 의심하지 않았으며 그 말씀 때문에 믿음이 견고하여짐으로 하나님께 영광을 돌리게 되었다는 사실, 사도 바울은 19-20절에서 전해주고 있습니다.

'그가 백 세나 되어 자기 몸이 죽은 것 같고 사라의 태가 죽은 것 같음을 알고도 믿음이 약하여지지 아니하고 믿음이 없어 하나님의 약속을 의심하

지 않고 믿음으로 견고하여져서 하나님께 영광을 돌리며'

사랑하는 성도 여러분! 믿음이 약해지고 있습니까, 말씀으로 돌아가시기 바랍니다. 말씀을 붙잡을 때 하나님은 우리의 믿음을 말씀의 능력으로 붙들어 주실 것입니다. 약속의 말씀이 이루어질 것을 믿을 때 하나님은 그 믿음을 통하여 당신의 신실하심을 보여주심으로 영광 받으실 줄 믿습니다. 현실이 주는 절망을 말씀을 붙잡는 믿음으로 극복하였을 때 그 믿음이 하나님의 기적을 불러올 수 있다는 사실을 보여준 사건이 있습니다. 막 5장에 보면 회당장 야이로의 죽은 딸에 대한 기사가 기록이 되어 있습니다. 어린 딸이 죽음의 강을 건너게 되었을 때 많은 사람들이 회당장 야이로를 위로하며 모든 것이 끝났음을 확인시켜 주었습니다. 그런데 주님의 생각은 달랐습니다. 주님께서 회당장 야이로에게 선포하신 말씀이 있습니다. 막 5:36절 주목해 보시기 바랍니다.

'예수께서 그 하는 말을 곁에서 들으시고 회당장에게 이르시되 **두려워하지 말고 믿기만 하라** 하시고'

딸의 죽음 앞에서 모든 소망과 기대를 내려놓으려 하는 야이로에게 주님은 '두려워하지 말고 믿기만 하라' 말씀하셨습니다. 과연 이 말씀을 믿음으로 받아들일 수 있을까, 회당장 야이로는 의심을 내려놓고 믿음으로 그 말씀을 받아들였습니다. 결과가 어떻게 나타났을까요, 막 5:41절 보시기 바랍니다.

'그 아이의 손을 잡고 이르시되 **달리다굼** 하시니 번역하면 곧 **내가 네게 말하노니 소녀야 일어나라** 하심이라'

사랑하는 성도 여러분! 현실이 불가능을 이야기할 때 모든 것을 하실 수 있는 하나님을 바라보며 가능성을 선포하시기 바랍니다. 절망의 무덤 앞에 있다 할지라도 약속의 말씀을 붙잡고 하나님께서 이루어 주실 것을 믿음으로 선포하시기 바랍니다. 믿음은 하나님의 약속에 대한 신뢰입니다. 현실을 보고 분석하여 가능성을 따지는 것은 믿음이 아닙니다. 하나님이 말씀하셨다면 그 말씀이 이루어질 것을 확신하시기 바랍니다. 그 확신이 하나님이 역사하시는 능력의 통로, 기적의 통로가 될 수 있음을 21-22절에서 성경은 증거하고 있습니다.

'**약속하신 그것을 또한 능히 이루실 줄을 확신하였으니** 그러므로 그것이 그에게 의로 여겨졌느니라'

기억하실 것은 약속을 소유하였다는 것으로 하나님의 역사가 일어나지 않는다는 사실입니다. 하나님께서 약속의 말씀을 능히 이루실 것을 우리는 믿음으로 확신해야 합니다. 이스라엘 백성이 가나안 땅에 대한 약속을 소유하였지만 하나님께서 이루실 것을 확신하지 못했습니다. 확신이 없으니 끊임없이 불평하고 원망하며 하나님을 의심하였습니다. 그 결과 이스라엘 1세대들은 약속의 말씀을 소유하기만 하였을 뿐 하나님께서 이루실 것을 확신하지 못함으로 약속의 땅에 들어가지 못하고 광야에서 죽어가야 했습니다. 믿음은 하나님의 약속이 이루어질 것에 대한 확신입니다. 그 믿음 가지고 하나님을 기대하는 여러분들에게 소원대로, 믿음대로, 말씀대로 이루어지는 하나님의 역사가 나타나기를 간절히 소망합니다.

셋째, 하나님은 우리의 속죄를 위하여 예수님을 십자가에 내어주셨고 우리의 의로움을 위하여 예수님을 죽은 자 가운데서 일으켜 주셨습니다.

사도 바울이 아브라함의 믿음에 대하여 자세하게 전하는 이유가 있습니다. 아브라함이 믿음으로 의롭다 칭함받은 이신칭의가 예수 그리스도를 믿는 우리에게도 적용이 됨을 알려주기 위함입니다. 이에 대해 사도 바울은 23-24절에서 말씀을 전해주고 있습니다.

'그에게 의로 여겨졌다 기록된 것은 **아브라함만 위한 것이 아니요 의로 여기심을 받을 우리도 위함이니** 곧 예수 우리 주를 죽은 자 가운데서 살리신 이를 믿는 자니라'

아브라함의 믿음을 보시고 하나님께서 의로 여겨주신 이신칭의 구원의 원리가 우리에게도 적용이 됨을 알려주면서 의롭다 여김받는 믿음의 핵심이 예수님의 십자가와 부활에 있음을 사도 바울은 강조하고 있습니다. 이것을 가리켜 성서학자들은 기독론적 이신칭의라고 이야기합니다. 신약 시대를 살아가는 우리가 어떻게 하면 믿음으로 의롭다 여김받으며 구원에 이를 수 있을 것인가, 사도 바울은 25절에서 복음을 선포하고 있습니다.

'예수는 우리가 범죄한 것 때문에 **내줌이 되고** 또한 **우리를 의롭다 하시기 위하여 살아나셨느니라**'

헬라어 원문 성경으로 보면 예수님을 십자가에 내어주신 분, 죽음에서 살아나게 하신 분이 하나님이라고 숨은 주어인 신적 수동 형태를 사용하고 있습니다. 25절에 나오는 '내어주다' 이 동사는 법적 용어로 죄수를 법정으로 데려오다, 심판의 자리에 넘겨주다라는 의미입니다. 우리의 죄를 속하기 위하여 하나님은 예수 그리스도를 빌라도 법정에 세우셨고 십자가에 매달리도록 죄수의 몸으로 내어주셨습니다. 하나님은 예수를 죽은 자 가운데서 살리심으로 예수의 부활을 믿는 우리를 의롭다 여기시며 구원의 길을 열어주셨습니다. 이것이 기록론적 이신칭의입니다. 예수 그리스도의 죽으심은 그를 믿는 자의 죄를 속하기 위함이며 예수의 부활은 그를 믿는 자를 의롭다 선언하기 위한 구원의 사건임을 믿으시면서 사도 바울이 전하는 복음, 25절 말씀으로 오늘 설교를 마치도록 하겠습니다.

'예수는 우리가 범죄한 것 때문에 내줌이 되고 또한 우리를 의롭다 하시기 위하여 살아나셨느니라'

롬 5:1-11

그러므로 우리가 믿음으로 의롭다 하심을 받았으니 우리 주 예수 그리스도로 말미암아 하나님과 화평을 누리자 또한 그로 말미암아 우리가 믿음으로 서 있는 이 은혜에 들어감을 얻었으며 하나님의 영광을 바라고 즐거워하느니라 다만 이뿐 아니라 우리가 환난 중에도 즐거워하나니 이는 환난은 인내를, 인내는 연단을, 연단은 소망을 이루는 줄 앎이로다 소망이 우리를 부끄럽게 하지 아니함은 우리에게 주신 성령으로 말미암아 하나님의 사랑이 우리 마음에 부은 바 됨이니 우리가 아직 연약할 때에 기약대로 그리스도께서 경건하지 않은 자를 위하여 죽으셨도다 의인을 위하여 죽는 자가 쉽지 않고 선인을 위하여 용감히 죽는 자가 혹 있거니와 우리가 아직 죄인 되었을 때에 그리스도께서 우리를 위하여 죽으심으로 하나님께서 우리에 대한 자기의 사랑을 확증하셨느니라 그러면 이제 우리가 그의 피로 말미암아 의롭다 하심을 받았으니 더욱 그로 말미암아 진노하심에서 구원을 받을 것이니 곧 우리가 원수 되었을 때에 그의 아들의 죽으심으로 말미암아 하나님과 화목하게 되었은즉 화목하게 된 자로서는 더욱 그의 살아나심으로 말미암아 구원을 받을 것이니라 그뿐 아니라 이제 우리로 화목하게 하신 우리 주 예수 그리스도로 말미암아 하나님 안에서 또한 즐거워하느니라

13

십자가에 나타난 하나님의 사랑

　사도 바울이 기록한 로마서에서 가장 많이 등장하는 단어를 찾아보았습니다. '믿음으로'라는 단어가 17번 등장하고 신기하게도 '의롭다'라는 단어도 17번 나오고 있습니다. 믿음으로와 의롭다, 두 단어가 등장하는 횟수가 같은 이유가 무엇인가, 믿음으로 의롭다 인정받는 이신칭의가 사도 바울이 로마서를 통해 전하고 싶은 복음이기 때문입니다. 사도 바울은 로마서를 기록할 때 논리적 전개를 통하여 복음의 필요성을 제시하고 있는데 롬 1장에서 로마에 있는 성도들에게 복음을 전하기 원한다고 하면서 로마서의 기록 목적을 밝히고 있습니다. 사도 바울은 복음을 전하기 전 먼저 인간의 상태를 진단하는데 이방인이나 유대인 모두 하나님의 진노 아래 있으며 심판을 피할 수 없는 죄인임을 롬 3:9절에서 선언하고 있습니다.

'그러면 어떠하냐 우리는 나으냐 결코 아니라 **유대인이나 헬라인이나 다 죄 아래에 있다고 우리가 이미 선언하였느니라**'

사람은 누구나 죄 아래 있으며 하나님의 심판을 피할 수 없다는 사실을 선언하는 이유가 무엇인가. 구원의 필요성을 알리기 위함이요, 하나님이 제시하시는 새로운 의를 선포하기 위함입니다. 스스로의 힘으로 하나님 원하시는 의의 수준에 이르지 못하게 되었을 때 하나님은 인간의 구원을 위하여 새로운 의를 제시하셨고 이것이 사도 바울이 전하는 복음의 핵심임을 롬 3:22절에서 전해주고 있습니다.

'곧 **예수 그리스도를 믿음으로 말미암아 모든 믿는 자에게 미치는 하나님의 의**니 차별이 없느니라'

예수 그리스도를 믿는 자를 의롭다 칭하시는 하나님의 의, 이것이 로마서가 증거하는 이신칭의, 구원의 비밀입니다. 믿음으로 의에 이르는 구원의 원리를 보여주기 위해 사도 바울은 믿음의 조상 아브라함을 예로 제시하며 아브라함이 의롭다 여김받은 것은 행위 때문이 아닌 하나님의 말씀을 믿었기 때문이라고 롬 4장에서 강조하고 있습니다. 사도 바울은 아브라함과 같이 믿음의 자취를 따르는 성도들이 아브라함의 영적 자손이 되어 언약의 상속자가 될 수 있다는 사실 롬 4:16절에서 전해주고 있습니다.

'**그러므로 상속자가 되는 그것이 은혜에 속하기 위하여 믿음으로 되나니 이는 그 약속을 그 모든 후손에게 굳게 하려 하심이라** 율법에 속한 자에게

뿐만 아니라 아브라함의 믿음에 속한 자에게도 그러하니 아브라함은 우리 모든 사람의 조상이라'

아브라함이 믿음으로 의롭다 인정받았을 때 믿음의 근거가 무엇인가. 죽은 자를 살리시는 전능하신 하나님, 없는 것을 있는 것으로 부르시는 창조주 하나님을 아브라함은 믿었으며 이것이 바랄 수 없는 중에도 바라고 소망을 품을 수 있는 이유였음을 롬 4:17-18절에서 보여주고 있습니다.

'기록된 바 내가 너를 많은 민족의 조상으로 세웠다 하심과 같으니 **그가 믿은 바 하나님은 죽은 자를 살리시며 없는 것을 있는 것으로 부르시는 이시니라 아브라함이 바랄 수 없는 중에 바라고 믿었으니** 이는 네 후손이 이 같으리라 하신 말씀대로 많은 민족의 조상이 되게 하려 하심이라'

사도 바울은 아브라함의 믿음을 소개하면서 약속하신 말씀이 이루어질 것을 확신하는 것, 이것이 믿음의 본질이며 하나님은 그 믿음을 보시고 의롭다 인정하셨다고 롬 4:21-22절에서 기록하고 있습니다.

'약속하신 그것을 또한 능히 이루실 줄을 확신하였으니 그러므로 그것이 그에게 의로 여겨졌느니라'

지금까지의 전개 과정을 보면 사도 바울이 로마서에서 믿음으로, 의롭다는 단어를 17번이나 사용하는 이유를 알 수 있습니다. 믿음으로 의롭다 인정받는 이신득의가 사도 바울이 전하고 싶은 복음의 핵심인데 기억하실 것은 이보다 더 많이 등장하는 단어가 로마서에 있다는 사실입니다. 믿음으로, 의롭다가 17번 등장한다면 예수 그리스도라는 단어는 로마서에서 31번이나 나오고 있습니다. 사도 바울이 로마서를 통해 전하고 싶은 메시지가 무엇일까, 십자가의 예수, 부활의 예수를 믿어야 구원에 이를 수 있다는 것, 사도 바울이 전하고 싶은 가장 중요한 복음입니다. 여기서 질문을 던질 수 있습니다. 예수 그리스도를 믿을 때 의롭다 인정받을 수 있다고 로마서는 강조하는데 도대체 의롭다 여김받는 것이 무엇을 의미하는가 믿음으로 의에 이르게 되었을 때 우리가 누릴 수 있는 은혜가 무엇인가, 질문을 던질 수 있습니다. 지금까지 우리는 믿음으로 의에 이를 수 있다는 말씀을 계속해서 들어왔습니다. 의롭다 여김받는 것은 과연 무엇을 의미할까, 믿음으로 의에 이르는 이신칭의가 우리에게 어떤 결과를 가져다줄 것인가, 오늘은 이신칭의의 결과에 대하여 사도 바울이 전하는 말씀을 살펴보며 함께 은혜를 나누고자 합니다. 이신칭의 결과에 대한 말씀이 본문 1-2절에 기록이 되어 있습니다.

'그러므로 우리가 믿음으로 의롭다 하심을 받았으니 우리 주 예수 그리스도로 말미암아 하나님과 화평을 누리자 또한 그로 말미암아 우리가 믿음으로 서 있는 이 은혜에 들어감을 얻었으며 하나님의 영광을 바라고 즐거워하느니라'

첫째, 믿음으로 의롭다 여김받은 성도는 구원의 확신을 가지고 살아야 합니다.

믿음으로 의에 이르는 이신칭의를 통해 성도가 가져야 할 것은 구원의 확신입니다. 성도로 부름받은 사람은 예수 그리스도를 믿음으로 의롭다 인정받은 사람입니다. 믿음으로 의롭게 되었을 때 이신칭의가 가져다주는 결과가 있습니다. 1절 보시기 바랍니다.

'그러므로 **우리가 믿음으로 의롭다 하심을 받았으니** 우리 주 예수 그리스도로 말미암아 하나님과 화평을 누리자'

① 믿음으로 의롭다 여김받은 성도가 누릴 수 있는 이신칭의의 축복은 하나님과 화평을 누리는 것입니다. 본문에는 화평을 누리자, 권유형으로 번역이 되어 있지만 대부분의 성서학자들은 화평을 누리자 보다는 화평을 누리고 있다로 번역하는 것이 맞다고 주장하고 있습니다. 그 이유는 예수 그리스를 믿는 성도는 십자가의 보혈로 죄 사함의 은총을 누리며 하나님과 화목하게 되는 상태에 들어가 있기 때문입니다. 헬라어 원문 성경을 보면 믿음으로 의롭다 여김받은 성도는 하나님과 화평을 누리게 되었다고 객관적 사실형으로 선포하고 있습니다. 예수 그리스도를 믿는 사람은 십자가 죄 사함을 통하여 하나님과 화목의 상태에 이미 들어가 있음을 사도 바울은 전해주고 있습니다. 하나님과 화목하기 전 우리는 어떤 상태에 있었는가 하나님과 적대적 관계에 있는 본질상 진노의 자녀였음을 엡 2:3절은 증거하고 있습니다.

'전에는 우리도 다 그 가운데서 우리 육체의 욕심을 따라 지내며 육체와 마음의 원하는 것을 하여 다른 이들과 같이 **본질상 진노의 자녀이었더니**'

하지만 하나님은 우리의 구원을 위하여 예수 그리스도를 보내주셨고 십자가 대속의 죽음을 통하여 하나님과 우리 사이에 있는 막힌 담을 허물어 주셨습니다. 예수 그리스도를 믿는 자에게 죄 사함의 은총이 임하여 하나님과 화목하게 되는 길이 열리게 되었음을 사도 바울은 엡 2:14절과 16절에서 선포하고 있습니다.

'그는 우리의 화평이신지라 둘로 하나를 만드사 원수 된 것 곧 **중간에 막힌 담을 자기 육체로 허시고**'

'또 **십자가로 이 둘을 한 몸으로 하나님과 화목하게 하려 하심이라** 원수 된 것을 십자가로 소멸하시고'

사랑하는 성도 여러분! 본질상 진노의 자녀였던 우리가 예수 그리스도로 말미암아 하나님과 화목하게 되는 길이 열리게 되었음을 믿으시기 바랍니다. 그런 의미에서 화목은 칭의의 결과라고 말할 수 있습니다. 믿음으로 의롭다 여김받은 우리에게 선물로 주신 축복이 하나님과의 화목입니다. 우리는 여기서 사도 바울이 강조하는 의롭다 인정받는 것이 무엇을 의미하는가를 깨달을 수 있습니다. 의롭다 여김받는 것은 하나님과의 관계 회복을 의미하며 하나님과 관계 회복을 이룬 성도가 누릴 수 있는 축복이 하나님과의 화평임을 성경은 증거하고 있습니다. 예수 그리스도를 믿는 우리에게 죄의 벽이 사라지고 하나님과 화목하게 되는 길이 열리게 되었음을 믿으시면서 하나님을 아버지라 부르는 특권과 함께 하나님 주시는 샬롬의 축복 누리시는 여러분들 되시기를 주님의 이름으로 축원합니다.

② 믿음으로 의롭다 여김받은 성도가 누릴 수 있는 이신칭의의 축복은 하나님에게 나아갈 수 있는 은혜의 길이 열리게 되었다는 사실입니다. 이에 대해 사도 바울은 2절에서 전해주고 있습니다.

'또한 그로 말미암아 우리가 믿음으로 서 있는 이 은혜에 들어감을 얻었으며'

출 19장을 보면 시내산 언약을 준비하시는 하나님께서 모세에게 주의를 요구하는 말씀을 전하시는 장면 볼 수 있습니다. 출 19:12절 보시면

'너는 백성을 위하여 주위에 경계를 정하고 이르기를 너희는 삼가 산에 오르거나 그 경계를 침범하지 말지니 산을 침범하는 자는 반드시 죽임을 당할 것이라'

하나님께서 시내산에 경계의 선을 그으시고 함부로 접근하지 못하도록 주의를 요구하는 말씀을 선포하셨습니다. 하나님께서 경계의 선을 그으시는 이유가 무엇인가 출 19:21절 보면 알 수 있습니다.

'여호와께서 모세에게 이르시되 내려가서 백성을 경고하라 백성이 밀고 들어와 나 여호와에게로 와서 보려고 하다가 많이 죽을까 하노라'

거룩하신 하나님 앞에 죄인이 나아갈 수 있는 길은 없습니다. 하나님께서 정하신 경계의 선을 뚫고 나가는 것은 죽음을 향한 길이 될 수

밖에 없습니다. 이를 막기 위해 하나님은 제사장을 세우셨습니다. 이스라엘 백성을 대표하여 하나님 앞에 나아갈 수 있는 통로로 제사장을 세우셨습니다. 제사장을 통하여 기도가 드려졌고 제사장을 통하여 죄 사함이 선포되었으며 제사장을 통하여 제사의 향기가 하나님에게 올라갔습니다. 제사장은 하나님과 이스라엘을 연결하는 중재자라고 말할 수 있습니다. 하지만 구약의 제사장은 불완전한 중재자임을 히 10:11절은 말씀하고 있습니다.

'제사장마다 매일 서서 섬기며 자주 같은 제사를 드리되 이 제사는 언제나 죄를 없게 하지 못하거니와'

감사한 것은 하나님은 우리를 위하여 더 좋은 언약의 중보자를 세우셨다고 히 8:6절은 증거하고 있습니다.

'그러나 이제 그는 더 아름다운 직분을 얻으셨으니 그는 더 좋은 약속으로 세우신 더 좋은 언약의 중보자시라'

우리를 위하여 세우신 더 좋은 언약의 중보자 누구를 가리키는 것일까, 히 4:14절에서 더 좋은 언약의 중보자를 발견할 수 있습니다.

'그러므로 우리에게 큰 대제사장이 계시니 승천하신 이 곧 하나님의 아들 예수시라 우리가 믿는 도리를 굳게 잡을지어다'

하나님께서 우리를 위하여 세워주신 더 좋은 언약의 중보자, 우리와 하나님 사이를 연결해 주는 대제사장이 예수 그리스도라고 성경은 선포하고 있습니다. 이것이 우리에게 복된 소식이 되는 이유가 있습니다. 예수 그리스도께서 십자가에서 당신의 몸을 찢으심으로 하나님에게 나아갈 수 있는 새로운 길을 열어주셨기 때문입니다. 히 10:19-20절 보시면

'그러므로 형제들아 **우리가 예수의 피를 힘입어 성소에 들어갈 담력을 얻었나니** 그 길은 우리를 위하여 **휘장 가운데로 열어 놓으신 새로운 살 길이요 휘장은 곧 그의 육체니라**'

이것이 믿음으로 의롭다 여김받은 성도가 누리는 이신칭의의 축복입니다. 사도 바울은 본문 2절에서 '그로 말미암아 우리가 믿음으로 서 있는 이 **은혜에 들어감을 얻었으며**' 이 말씀을 기록하고 있습니다. 들어감이라는 것은 구약의 제사적 배경에서 나온 단어인데 제사장이 하나님 앞에 나아가는 것을 의미합니다. 제사장이라 할지라도 하나님 앞에 함부로 나아갈 수는 없었습니다. 제사장은 거룩한 옷을 입어야 했고 희생제물을 가지고 나아가야 했으며 물두멍에서 손을 씻은 후에야 성소에 들어갈 수 있었습니다. 그런데 그러한 복잡한 과정 없이 예수 그리스도를 믿는 믿음으로 하나님에게 나아갈 수 있는 새로운 길이 열리게 되었음을 성경은 증거하고 있습니다. 2절에서 사도 바울은 '그로 말미암아'라는 표현을 사용하여 예수 그리스도를 통하여 하나님에게 나아갈 수 있는 은혜의 길이 열리게 되었다고 전해주고 있습니다. 그로 말미암아, 이 단어를 묵상하면 우리의 죄를 대속하기 위해 십자가의 제물이 되어주신 그리스도의 마음을 읽을 수 있습니다. 하나님

에게 나아갈 수 있는 길을 열어주시기 위해 십자가에서 당신의 몸을 찢으신 주님의 사랑을 볼 수 있습니다. 예수님께서 당신의 몸을 속죄의 제물로 바치실 때 성소의 휘장을 찢고 계셨던 하나님의 행동을 읽을 수 있는 것입니다. 그 은혜로 그 사랑으로 예수 그리스도를 믿는 믿음으로 하나님에게 나아갈 수 있는 구원의 길, 영생의 길이 열리게 되었다는 사실, 성경이 증거하는 피 묻은 복음입니다. 하나님에게 나아갈 수 있는 길이 열리게 되었다는 사실을 알고 있는 우리가 해야 할 일이 있음을 히 4:16절은 말씀하고 있습니다.

'그러므로 우리는 긍휼하심을 받고 때를 따라 돕는 은혜를 얻기 위하여 은혜의 보좌 앞에 담대히 나아갈 것이니라'

은혜의 보좌 앞에 나아간다는 것은 하나님의 도우심 없이 살 수 없다는 겸손한 믿음의 고백입니다. 하나님의 돕는 은혜가 필요하십니까, 은혜의 보좌 앞으로 나아가시기 바랍니다. 예수의 이름 의지하여 은혜의 보좌 앞에 나아가실 때 하나님께서 우리의 기도 손을 잡아주시고 기도가 기적의 시작이 될 수 있음을 보여주실 줄 믿습니다. 이것을 약속하는 말씀이 히 7:25절입니다.

'그러므로 자기를 힘입어 하나님께 나아가는 자들을 온전히 구원하실 수 있으니 이는 그가 항상 살아 계셔서 그들을 위하여 간구하심이라'

③ 믿음으로 의롭다 여김받은 성도가 누릴 수 있는 이신칭의의 축복은 하나님의 영광을 바라보며 환난 중에도 즐거워하는 것입니

다. 이에 대해 사도 바울은 2절 마지막에서 이신칭의의 결과를 전해주고 있습니다.

'하나님의 영광을 바라고 즐거워하느니라'

이 말씀이 무엇을 의미하는가, 이해하기 원하신다면 3-4절 주목해 보실 필요가 있습니다.

'다만 이뿐 아니라 <u>우리가 환난 중에도 즐거워하나니 이는 환난은 인내를, 인내는 연단을, 연단은 소망을 이루는 줄 앎이로다</u>'

환난 중에도 즐거워한다는 것은 환난 중에도 자랑거리가 있다는 의미입니다. 환난으로 번역된 단어는 헬라어로 '들립시스'라고 합니다. 탈곡기에서 유래된 말로 누르다, 짜내다, 분쇄하다라는 뜻을 가지고 있습니다. 로마에 있는 성도들의 상태가 그러하였을 것입니다. 로마 제국의 심장부에서 예수 그리스도에 대한 믿음을 지키며 살아간다는 것은 그 자체가 고통이었을 것이고 매일 탈곡기에 들어가 분쇄 당하는 아픔의 연속이었을 것입니다. 그런 환난 속에서도 성도에게는 즐거워할 것이 있고 자랑할 것이 있다고 성경은 말씀하고 있습니다. 왜냐하면 환난은 인내를 인내는 연단을 연단은 소망을 이루기 때문입니다. 환난은 인내를 인내는 연단을 연단은 소망을 이룬다고 로마서는 말씀하고 있는데 사도 바울은 환난이 소망을 빼앗는 원인이 아니라 소망에 이르게 하는 관문이라고 알려주고 있습니다. 로마에 있는 성도들은 이 말씀 때문에 많은 위로와 용기를 가질 수 있었습니다. 신앙을 지키기 어려운 현실 속에서 환난이 인내와 연단의 과정을 거쳐 소망에 이르게 하는 관문이 될 수 있음을 알게 되었을 때 로마의 성도들은 환난 가운데에서도 즐거워할 수 있는 이유를 갖게 되었을 것입니다. 성도들이 환난 가운데서도 즐거워하며 소망을 품을 수 있는 이유가 무엇인가, 우리의 구원이 완성될 것이라는 확신입니다. 예수 그리스도를 믿음으로 의롭다 여김받은 처음 구원이 환난과 인내와 연단의 과정을 거쳐 마지막 날에 완성되는 구원을 소망하는 것이 성도로 하여금 환난 중에도 즐거워하며 인내할 수 있는 이유임을 사도 바울은 강조하고 있습니다. 우리의 구원이 완성될 것을 바라보며 환난 중에도 인내하고 소망을 품고 살아가는 성도에게 우리의 소망이 부끄러운 소망이 되지 않을 것을 보증하기 위해 하나님은 보혜사 성령을 보내주셨다고 로마서는 5절에서 알려주고 있습니다.

'소망이 우리를 부끄럽게 하지 아니함은 우리에게 주신 성령으로 말미암아 하나님의 사랑이 우리 마음에 부은 바 됨이니'

하나님께서 성령을 보내주신 이유가 여기에 있습니다. 믿음으로 의롭다 인정받은 처음 구원이 환난과 인내와 연단의 과정을 거쳐 마지막 날에 구원이 완성될 것이라는 성도의 소망이 부끄럽지 않도록 성령께서 우리의 믿음을 끝까지 지켜주실 것을 성경은 약속하고 있습니다. 이 소망이 있기 때문에 성도는 환난 중에도 즐거워할 수 있으며 하나님의 영광에 참여하는 그날을 바라보며 인내의 믿음으로 살아갈 수 있는 이유가 있는 것입니다. 우리가 품은 소망이 부끄러운 소망 되지 않도록 성령께서 지금도 우리를 위하여 일하고 계심을 믿으시면서 성령과 함께 믿음의 정도를 끝까지 걸어가는 우리 모두가 될 수 있기를 주님의 이름으로 축원합니다.

둘째, 우리를 향한 하나님의 사랑이 그리스도의 십자가 죽음을 통하여 확증되었습니다.

사도 바울은 믿음을 가진 성도들이 환난 중에도 즐거워할 수 있는 이유, 고난 속에도 소망을 품고 살아야 하는 이유를 성령을 통해 부어주신 하나님의 사랑에서 찾을 수 있다고 5절에서 보여주고 있습니다.

'소망이 우리를 부끄럽게 하지 아니함은 **우리에게 주신 성령으로 말미암아 하나님의 사랑이 우리 마음에 부은 바 됨이니**'

성도의 마음에 부어주신 하나님의 사랑, 그 사랑이 그리스도의 십자가 죽음을 통하여 나타났다고 로마서는 6절에서 선포하고 있습니다.

'우리가 아직 연약할 때에 기약대로 **그리스도께서 경건하지 않은 자를 위하여 죽으셨도다**'

우리가 아직 연약할 때, 영적으로 무능력하고 경건하지 못한 행동을 할 때라는 의미입니다. 기약대로라는 것은 정해진 시간이라는 뜻으로 구원받을 가치가 없는 그때 주님은 우리를 위하여 십자가에 죽으셨다고 성경은 증거하고 있습니다. 성도의 마음에 부어주신 하나님의 사랑, 그 사랑이 얼마나 위대한 사랑인지 사도 바울은 7절과 8절을 비교하여 보여주고 있습니다.

'의인을 위하여 죽는 자가 쉽지 않고 선인을 위하여 용감히 죽는 자가 혹 있거니와 **우리가 아직 죄인 되었을 때에 그리스도께서 우리를 위하여 죽으심으로** 하나님께서 우리에 대한 자기의 사랑을 확증하셨느니라'

의인과 선인을 위해 죽는 것도 쉽지 않은 일인데 주님은 우리가 죄인 되었을 때 십자가에 죽으셨고 우리를 향한 하나님의 사랑을 확증하셨다고 전해주고 있습니다. 마지막으로 사도 바울은 우리가 원수 되었을 때 우리와 하나님 사이를 화해시키기 위해 주님은 십자가의 희생제물로 죽으셨다고 9-10절에서 전해주고 있습니다.

'그러면 이제 우리가 그의 피로 말미암아 의롭다 하심을 받았으니 더욱 그로 말미암아 진노하심에서 구원을 받을 것이니 곧 **우리가 원수 되었을 때에 그의 아들의 죽으심으로 말미암아 하나님과 화목하게 되었은즉** 화목하게 된 자로서는 더욱 그의 살아나심으로 말미암아 구원을 받을 것이니라'

사도 바울은 작은 것이 가하면 큰 것도 가하다는 유대인들이 사용하는 추론 방식을 이용하여 성도가 품어야 할 구원의 확신에 대하여 알려주고 있습니다. 9절 보시면 예수 그리스도의 피로 말미암아 의롭다 여김받은 성도는 하나님께서 진노하시는 심판의 날에 우리의 구원이 완성될 것이라는 구원의 확신을 가져야 한다고 강조하고 있습니다. 10절에서 사도 바울은 예수의 십자가 죽음으로 하나님과 화목하게 된 성도는 마지막 날 부활의 영광에 참여하게 될 것이라는 확신을 가지고 살아야 함을 강조하고 있습니다. 우리는 여기서 구원의 확신이 되는 근거가 하나님의 사랑임을 깨달을 수 있습니다. 하나님이 우리를 얼마나 사랑하시는가. 그 사랑이 예수 그리스도의 십자가 죽음을 통하여 나타났다고 사도 바울은 강조하고 있습니다.

6절, 우리가 아직 연약하여 경건하지 못한 삶을 살았을 때 주님은 우리를 위하여 십자가에 죽으셨다고 말씀하고 있습니다.

8절, 우리가 아직 죄인 되었을 때 주님은 우리를 위하여 십자가의 제물이 되어주셨고 우리를 향한 하나님의 사랑을 보여주셨습니다.

10절, 우리가 원수 되었을 때 주님은 십자가에서 당신의 몸을 찢으심으로 하나님과 화목하게 되는 길을 열어주셨다고 성경은 증거하고 있습니다.

십자가에 나타난 하나님의 사랑 그 사랑 때문에 믿음으로 의롭다 여김받은 성도의 처음 구원이 환난과 인내와 연단의 과정을 거쳐 우리의 구원이 완성될 것이라는 성도의 소망이 부끄러운 소망 되지 않도록 지금도 성령께서 역사하고 있다는 사실 사도 바울이 전하고 싶어 하는 복음입니다. 십자가에 나타난 하나님의 사랑, 6절, 8절, 10절 말씀을 '우리'를 '나'로 바꾸어 신앙고백 하는 마음으로 함께 읽으며 오늘 설교를 마무리하도록 하겠습니다.

'**내가 아직 연약할 때에** 기약대로 **그리스도께서 경건하지 않은 자를 위하여 죽으셨도다** 내가 아직 죄인 되었을 때에 그리스도께서 나를 위하여 **죽으심으로** 하나님께서 나에 대한 자기의 사랑을 확증하셨느니라 곧 **내가 원수 되었을 때에 그의 아들의 죽으심으로 말미암아** 하나님과 화목하게 되었은즉 화목하게 된 자로서는 더욱 그의 살아나심으로 말미암아 구원을 받을 것이니라'

롬 5:12-21

그러므로 한 사람으로 말미암아 죄가 세상에 들어오고 죄로 말미암아 사망이 들어왔나니 이와 같이 모든 사람이 죄를 지었으므로 사망이 모든 사람에게 이르렀느니라 죄가 율법 있기 전에도 세상에 있었으나 율법이 없었을 때에는 죄를 죄로 여기지 아니하였느니라 그러나 아담으로부터 모세까지 아담의 범죄와 같은 죄를 짓지 아니한 자들까지도 사망이 왕 노릇 하였나니 아담은 오실 자의 모형이라 그러나 이 은사는 그 범죄와 같지 아니하니 곧 한 사람의 범죄를 인하여 많은 사람이 죽었은즉 더욱 하나님의 은혜와 또한 한 사람 예수 그리스도의 은혜로 말미암은 선물은 많은 사람에게 넘쳤느니라 또 이 선물은 범죄한 한 사람으로 말미암은 것과 같지 아니하니 심판은 한 사람으로 말미암아 정죄에 이르렀으나 은사는 많은 범죄로 말미암아 의롭다 하심에 이름이니라 한 사람의 범죄로 말미암아 사망이 그 한 사람을 통하여 왕 노릇 하였은즉 더욱 은혜와 의의 선물을 넘치게 받는 자들은 한 분 예수 그리스도를 통하여 생명 안에서 왕 노릇 하리로다 그런즉 한 범죄로 많은 사람이 정죄에 이른 것 같이 한 의로운 행위로 말미암아 많은 사람이 의롭다 하심을 받아 생명에 이르렀느니라

　한 사람이 순종하지 아니함으로 많은 사람이 죄인 된 것 같이 한 사람이 순종하심으로 많은 사람이 의인이 되리라 율법이 들어온 것은 범죄를 더하게 하려 함이라 그러나 죄가 더한 곳에 은혜가 더욱 넘쳤나니 이는 죄가 사망 안에서 왕 노릇 한 것 같이 은혜도 또한 의로 말미암아 왕 노릇 하여 우리 주 예수 그리스도로 말미암아 영생에 이르게 하려 함이라

14

한 사람으로 말미암아

　지난 시간에 우리는 예수 그리스도를 믿음으로 의롭다 여김받게 되었을 때 이신칭의가 가져다주는 결과가 무엇인가를 살펴보았습니다. 믿음으로 의롭다 여김받은 성도가 누릴 수 있는 이신칭의 축복, 하나님과 화평을 누리는 것임을 롬 5:1절은 말씀하고 있습니다.

　'그러므로 **우리가 믿음으로 의롭다 하심을 받았으니** 우리 주 예수 그리스도로 말미암아 **하나님과 화평을 누리자**'

　의롭다는 것은 하나님과의 관계 회복을 의미하며 하나님과 관계 회복을 이룬 자가 누릴 수 있는 축복이 하나님과의 화평임을 사도 바울은 전해주고 있습니다. 믿음으로 의롭다 여김받은 성도가 누릴 수 있는 이신칭의 축복, 하나님에게 나아갈 수 있는 은혜의 길이 열리게 되었다는 사실에 대해 롬 5:2절은 말씀하고 있습니다.

'또한 그로 말미암아 **우리가 믿음으로 서 있는 이 은혜에 들어감을 얻었으며**'

하나님은 우리를 위하여 더 좋은 언약의 중보자를 세워주셨고 예수 그리스도의 보혈을 의지하는 자는 하나님에게 나아갈 수 있는 구원의 길이 열리게 되었으며 이것이 믿음으로 의롭다 여김받은 성도가 누리는 은혜임을 사도 바울은 강조하고 있습니다. 믿음으로 의롭다 여김받은 성도가 누릴 수 있는 이신칭의 축복, 환난 중에도 즐거워하며 고난 속에도 소망을 품을 수 있는 이유를 가지게 되었음을 롬 5:3-4절은 말씀하고 있습니다.

'다만 이뿐 아니라 우리가 **환난 중에도 즐거워하나니** 이는 환난은 인내를, 인내는 연단을, 연단은 **소망을 이루는 줄 앎이로다**'

믿음으로 의롭다 여김받은 성도의 처음 구원이 환난과 인내와 연단의 과정을 거쳐 세상 마지막 날 하나님께서 우리의 구원을 완성하여 주실 보증으로 보혜사 성령을 보내주셨기 때문에 우리의 소망이 부끄러운 소망이 되지 않는다는 사실, 롬 5:5절은 약속하고 있습니다.

'소망이 **우리를 부끄럽게 하지 아니함은 우리에게 주신 성령으로 말미암아** 하나님의 사랑이 우리 마음에 부은 바 됨이니'

믿음으로 의롭다 여김받는 이신칭의의 결과에 대하여 언급한 사도 바울은 본문에서 아담과 그리스도를 대조하면서 첫째 아담의 불순종이 그 후손들에게 어떤 영향을 미쳤는지, 둘째 아담으로 오신 예수 그리스도의 순종이 우리에게 어떤 결과로 나타나는지 말씀을 전해주고 있습니다. 먼저 사도 바울은 인류의 대표자인 첫째 아담 한 사람의 불순종으로 죄가 세상에 들어오고 죄로 말미암아 사망이 모든 사람에게 이르렀다는 사실에 대하여 12절에서 말씀을 전해주고 있습니다.

　'그러므로 **한 사람으로 말미암아 죄가 세상에 들어오고** 죄로 말미암아 사망이 들어왔나니 이와 같이 모든 사람이 죄를 지었으므로 **사망이 모든 사람에게 이르렀느니라**'

　아담 한 사람의 불순종으로 죄가 세상에 들어오고 사망이 모든 사람에게 임하여 죄인 된 인간은 죽을 수밖에 없는 존재가 되었고 하나님으로부터 사형 선고를 받았다는 사실을 사도 바울은 알려주고 있습니다. 하지만 하나님께서 죽을 수밖에 없는 죄인들을 구원하기 위해 그리스도를 보내주셨는데 예수님을 통하여 많은 사람들이 은혜의 선물을 받게 될 것을 15절에서 말씀하고 있습니다.

　'그러나 <u>이 은사</u>는 그 범죄와 같지 아니하니 곧 한 사람의 범죄를 인하여 많은 사람이 죽었은즉 더욱 하나님의 은혜와 또한 **한 사람 예수 그리스도의 은혜로 말미암은 선물은 많은 사람에게 넘쳤느니라**'

　아담 한 사람의 범죄로 모든 사람이 사망에 이르게 되었지만 하나님께서 보내주신 둘째 아담 예수 그리스도를 믿는 사람에게 의에 이르는 생명의 길이 열리게 되었다고 17절에서 복음을 선포하고 있습니다.

'**한 사람의 범죄로 말미암아 사망이 그 한 사람을 통하여 왕 노릇 하였은즉** 더욱 은혜와 의의 선물을 넘치게 받는 자들은 **한 분 예수 그리스도를 통하여 생명 안에서 왕 노릇 하리로다**'

사도 바울은 첫째 아담과 둘째 아담으로 오신 그리스도를 비교하면서 한 사람의 범죄로 많은 사람이 정죄에 이르렀고 한 사람의 의로운 행동으로 많은 사람이 의롭다 여김받는 구원에 이르게 되었다는 사실, 18절에서 전해주고 있습니다.

'**그런즉 한 범죄로 많은 사람이 정죄에 이른 것 같이 한 의로운 행위로 말미암아 많은 사람이 의롭다 하심을 받아 생명에 이르렀느니라**'

또한 사도 바울은 한 사람의 순종하지 아니함으로 많은 사람이 죄인이 되었으며 한 사람의 순종으로 많은 사람이 의인이 될 수 있는 길이 열리게 되었다고 19절에서 구원에 이르는 원리를 제시하고 있습니다.

'**한 사람이 순종하지 아니함으로 많은 사람이 죄인 된 것 같이 한 사람이 순종하심으로 많은 사람이 의인이 되리라**'

사도 바울은 대표와 연합의 원리를 이용하여 첫째 아담 한 사람의 불순종으로 죄가 세상에 들어오고 사망이 모든 사람에게 이르렀다는 사실과 둘째 아담으로 오신 예수 그리스도의 의로운 순종으로 영생의 축복이 임하게 되었다는 사실, 21절에서 결론의 말씀을 전해주고 있습니다.

'이는 죄가 사망 안에서 왕 노릇 한 것 같이 은혜도 또한 의로 말미암아 왕 노릇 하여 우리 주 예수 그리스도로 말미암아 영생에 이르게 하려 함이라'

오늘은 **한 사람으로 말미암아**, 이 제목 가지고 말씀 나눌 때 우리의 구원을 위해 의로운 순종의 길을 택하신 예수 그리스도를 말씀 가운데 만나는 귀한 은혜가 함께 하시기를 주님의 이름으로 축원합니다.

첫째, 한 사람의 불순종으로 모든 사람이 죄와 사망의 권세 아래 갇히게 되었습니다.

본문의 말씀을 이해하기 위해서는 대표와 연합의 원리를 이해하여야 하는데 대표와 연합의 원리가 무엇인가, 한 사람이 자신이 속한 공동체를 대표하여 계약을 체결하였을 때 계약에 기재된 법적 효력이 공동체에 속한 모든 사람에게 적용된다는 것이 대표와 연합의 원리입니다. 하나님께서 첫째 사람 아담과 하와를 지으시고 계약을 체결하셨습니다. 하나님께서 사람과 맺은 첫 번째 계약이 무엇인가, 창 2:16-17절에 나옵니다.

'여호와 하나님이 그 사람에게 명하여 이르시되 동산 각종 나무의 열매는 네가 임의로 먹되 선악을 알게 하는 나무의 열매는 먹지 말라 네가 먹는 날에는 반드시 죽으리라 하시니라'

하나님은 아담과 하와에게 에덴동산에 있는 나무의 열매는 먹을 수 있지만 선악을 알게 하는 나무는 절대로 먹지 말라 말씀하시며 하나님과 사람 사이에 계약을 체결하였습니다. 하나님께서 선악과를 먹지 말라 말씀하시는 이유가 무엇인가, 하나님께서 계약을 맺으시면서까지 선악과를 금지하신 이유가 무엇인가, 선악과는 창조주 하나님과 피조물 사이를 구분 짓는 경계선이라 말할 수 있습니다. 하나님은 만물을 창조하시고 사람을 빚으신 창조주 하나님이십니다. 하나님에게는 창조주 하나님으로서의 권리가 있으며 피조물인 인간은 하나님을 경배하고 그분의 말씀을 따라야 할 책임이 주어진 것입니다. 아무리 인간이 에덴동산의 청지기로 세워지고 만물을 다스릴 수 있는 권한을 위임받았어도 인간은 피조물에 불과할 뿐 하나님의 영역에 넘어갈 수는 없습니다. 이를 위해 하나님은 넘어와서는 안 될 영역을 선악과로 표시하셨고 사람은 선악과를 볼 때마다 자신의 위치와 피조물로서의 역할을 깨달을 수 있도록 하나님은 안전장치를 마련하셨습니다. 하지만 안타깝게도 뱀의 간교한 말로 인하여 아담과 하와가 넘어서는 안 될 선을 넘게 되었습니다. 최초의 사람들을 넘어지게 만든 뱀의 속삭임이 창 3:5절에 나와 있습니다.

'너희가 그것을 먹는 날에는 너희 눈이 밝아져 하나님과 같이 되어 선악을 알 줄 하나님이 아심이니라'

하나님과 같이 될 수 있다는 뱀의 속삭임에 아담과 하와는 넘어서는 안 될 선을 넘고 말았습니다. 그 결과 계약에 체결된 내용대로 아담과 하와는 죽을 수밖에 없는 존재가 되었고 아담 이후로 태어나는 후손들에게 두 가지 현상이 나타나기 시작하였습니다. 범죄한 아담의 후손에게 나타난 첫 번째 현상은 죽을 수밖에 없는 운명을 안고 태어나게 되었다는 사실, 창 4:26절은 알려주고 있습니다.

'셋도 아들을 낳고 **그의 이름을 에노스라 하였으며** 그 때에 사람들이 비로소 여호와의 이름을 불렀더라'

가인이 아벨을 죽인 후 아담에게서 셋이라는 아들이 태어났습니다. 셋이 장성하여 아들을 낳았는데 그 이름을 에노스라 지었습니다. 에노스라는 이름은 사람이라는 의미로 사용되기도 하지만 연약함이라는 뜻을 가지고 있습니다. 에노스는 치료가 불가능한 상태를 가리키는 아나쉬에서 유래하였습니다. 아담의 후손인 셋이 아들의 이름을 에노스라 지은 이유가 무엇인가, 아담의 범죄 이후 죽을 수밖에 없는 치명적인 연약함을 안고 태어난 죄인의 후손을 보았기 때문입니다. 범죄한 아담의 후손에게 나타난 두 번째 현상은 하나님의 형상이 아닌 죄로 오염된 사람의 형상이 전해지기 시작했다는 사실, 창 5:3절은 증거하고 있습니다.

'아담은 백삼십 세에 **자기의 모양 곧 자기의 형상과 같은 아들을 낳아 이름을 셋이라 하였고**'

아담 한 사람의 불순종은 죄가 세상에 들어오는 창문이 되었고 죄로 말미암아 죽을 수밖에 없는 에노스의 후손들이 태어나는 이유가 되었습니다. 아담 한 사람의 범죄 때문에 모든 사람이 죄와 사망의 권세 아래 갇히게 되었다는 사실, 이것이 사도 바울이 강조하는 대표와 연합의 원리이며 한 사람의 불순종이 어떤 결과를 가져왔는지 12절에서 전해주고 있습니다.

'그러므로 **한 사람으로 말미암아 죄가 세상에 들어오고** 죄로 말미암아 사망이 들어왔나니 이와 같이 모든 사람이 죄를 지었으므로 **사망이 모든 사람에게 이르렀느니라**'

아담이 죄를 지은 것이 나와 무슨 상관이 있는가, 아담의 불순종이 나에게까지 영향을 미쳐야 하는가 질문해 볼 수 있지만 아담은 사람을 대표하여 하나님과 계약을 맺은 것이고 아담의 범죄로 인하여 모든 사람이 사망에 이르게 되었다는 사실, 대표와 연합의 원리입니다. 아담 한 사람의 범죄로 죄가 세상에 들어오고 모든 사람이 죽을 수밖에 없는 에노스의 후손이 되었다는 것이 대표와 연합의 원리를 증명해 주고 있습니다. 이에 대해 히브리서 기자는 히 9:27절에서 사람의 정해진 운명에 대하여 이렇게 기록하고 있습니다.

'**한번 죽는 것은 사람에게 정해진 것이요** 그 후에는 심판이 있으리니'

12절 보시면 '그러므로 **한 사람으로 말미암아 죄가 세상에 들어오고** 죄로 말미암아 사망이 들어왔나니' 이 구절이 우리가 알고 있는 원죄에 대한 말씀입니다.

'이와 같이 모든 사람이 죄를 지었으므로 **사망이 모든 사람에게 이르렀**

느니라'

  이 구절이 사도 바울이 강조하는 대표와 연합의 원리가 되는 말씀으로 아담과 연합한 인류는 죄와 사망의 권세 아래 갇혀 있다는 사실을 알려주고 있습니다. 사도 바울은 죄에 대한 문제를 깊이 있게 다루기 위해 본문 12-21절에 한 구절도 빠지지 않고 죄라는 단어를 언급하고 있습니다. 특히 15절부터 범죄라는 단어가 등장하는데 범죄가 무슨 뜻인가, '넘어가다'라는 동사에서 범죄라는 명사가 유래되었다고 합니다. 넘어가서는 안 될 선을 넘어가는 행위를 가리켜 성경은 범죄라고 규정하고 있습니다. 세상에 죄가 어떻게 들어왔습니까, 하나님께서 넘어서는 안 될 경계선에 선악과를 세우셨지만 아담이 넘어서는 안 될 선을 넘어감으로 죄가 시작이 되었다고 창세기는 전해주고 있습니다. 넘어서는 안 될 선을 넘어간 이유가 무엇인가, 사람의 욕심 때문이었습니다. 선악과를 먹으면 하나님처럼 될 수 있다는 뱀의 간교한 속삭임에 아담은 넘어서는 안 될 선을 넘어버렸고 아담 한 사람의 불순종 때문에 아담의 후손들이 죄로 오염된 형상을 물려받으며 죽을 수밖에 없는 에노스의 운명을 안고 태어나게 된 것입니다. 본문에서 사도 바울은 한 사람의 불순종이 어떤 결과를 가져왔는지 한 사람의 넘어짐이 후손들에게 어떤 영향을 미치게 되었는지 자세하게 전해주고 있습니다.

15절 '**한 사람의 범죄를 인하여** 많은 사람이 죽었은즉'
16절 '**심판은 한 사람으로 말미암아** 정죄에 이르렀으나'
17절 '**한 사람의 범죄로 말미암아** 사망이 그 한 사람을 통하여 왕 노릇

하였은즉'

18절 '**그런즉 한 범죄로** 많은 사람이 정죄에 이른 것 같이'

19절 '**한 사람이 순종하지 아니함으로** 많은 사람이 죄인 된 것 같이'

본문을 읽어보면 한 사람이라는 단어가 무려 12번이나 등장하는 것을 발견할 수 있습니다. 아담 한 사람의 욕심 때문에 모든 사람이 죄인이 되었고 아담 한 사람의 불순종 때문에 사망이 모든 사람에게 이르게 되었습니다. 한 사람의 범죄 때문에 하나님의 심판이 시작되었고 한 사람의 넘어서는 안 될 선을 넘는 행위 때문에 모든 사람이 정죄에 이르는 사형 선고를 받게 되었다고 로마서는 말씀하고 있습니다. 우리는 여기서 한 사람의 중요성을 깨달을 수 있어야 합니다. 아담 한 사람의 넘어짐이 모든 사람의 넘어짐이 되었고 아담 한 사람의 불순종이 모든 사람을 죽음에 이르게 하는 에노스의 후손이 되게 하였습니다. 구약에 보면 아간 한 사람의 욕심 때문에 하나님이 이스라엘 전체에 진노하게 되었다는 사실, 수 7:1절에서 보여주고 있습니다.

'이스라엘 자손들이 온전히 바친 물건으로 말미암아 범죄하였으니 이는 유다 지파 세라의 증손 삽디의 손자 갈미의 아들 **아간이 온전히 바친 물건을 가졌음이라 여호와께서 이스라엘 자손들에게 진노하시니라**'

여리고 성은 가나안 정복의 첫 열매였습니다. 처음 난 것은 하나님께 속한 것이기에 하나님은 가나안 정복의 첫 열매인 여리고 성의 전리품은 손대지 말고 여호와께 구별하여 바치라 말씀하셨습니다. 이것을 어기고 넘어서는 안 될 선을 넘어간 사람이 아간입니다. 중요한 것은 아간 한 사람의 불순종 때문에 하나님은 이스라엘 자손에게 진노하셨고 그 결과 아이성에서 가나안 정복 역사상 처음으로 패배의 아픔을 겪어야 했습니다.

사랑하는 성도 여러분! 한 사람의 욕심이 주변 사람들에게 불행의 씨앗을 안겨준다는 사실 잊지 마시기 바랍니다. 욕심은 다른 것이 아닙니다. 넘어서는 안 될 선을 넘어가는 것 이것을 가리켜 성경은 범죄라고 규정하며 한 사람의 불순종이 많은 사람을 불행하게 만든다는 사실을 성경은 말씀하고 있습니다. 넘어서는 안 될 선을 넘지 않는 것, 이것이 성령의 아홉 가지 열매 중 마지막 열매인 절제이며 순종의 믿음임을 기억하시고 욕심대로 사는 우리가 아니라 하나님 주시는 은혜 안에서 감사하며 살아가는 우리의 복 된 믿음 될 수 있기를 주님의 이름으로 축원합니다. 아멘

둘째, 한 사람의 의로운 순종으로 많은 사람이 영생의 축복을 누리게 되었습니다.

첫째 아담의 불순종 때문에 죄가 세상에 들어오고 모든 사람이 사망에 이르게 되었다는 사실, 사도 바울이 강조하는 대표와 연합의 원리입니다. 감사한 것은 첫째 아담으로 인류의 운명이 끝나는 것이 아니라 아담은 오실 자의 모형이라고 14절 마지막에서 희망의 메시지를 전해주고 있습니다.

'아담은 오실 자의 모형이라'

모형이라는 것은 예표라는 뜻으로 첫째 아담은 장차 오실 둘째 아담

의 그림자 역할을 하고 있음을 사도 바울은 알려주고 있습니다. 바울이 전하고 싶은 메시지가 무엇인가 하나님께서 우리의 구원을 위하여 보내주신 둘째 아담이 예수 그리스도이며 우리를 살리기 위해 오신 마지막 아담이라는 사실 고전 15:22, 26절에서 말씀하고 있습니다.

'아담 안에서 모든 사람이 죽은 것 같이 **그리스도 안에서 모든 사람이 삶을 얻으리라**'
'기록된 바 첫 사람 아담은 생령이 되었다 함과 같이 **마지막 아담은 살려 주는 영이 되었나니**'

첫째 아담의 불순종으로 모든 사람이 죄인이 되었으며 사망에 이르게 되었지만 둘째 아담으로 오신 예수 그리스도의 순종으로 많은 사람이 의에 이르는 구원의 길, 생명의 길이 열리게 되었다고 사도 바울은 여러 구절에서 강조하고 있습니다.

15절 '**한 사람 예수 그리스도의 은혜로 말미암은** 선물은 많은 사람에게 넘쳤느니라'
17절 '은혜와 의의 선물을 넘치게 받는 자들은 **한 분 예수 그리스도를 통하여** 생명 안에서 왕 노릇 하리로다'
18절 '**한 의로운 행위로 말미암아** 많은 사람이 의롭다 하심을 받아 생명에 이르렀느니라'
19절 '**한 사람이 순종하심으로** 많은 사람이 의인이 되리라'

사도 바울은 예수 그리스도를 가리켜 우리를 살리기 위해 오신 마지막 아담으로 소개하면서 특히 하나님 보내신 은사라고 전해주고 있습니다. 15절과 16절 보시면 은사라는 단어가 계속해서 등장하고 있습니다. 그 이유가 무엇인가. 은사는 헬라어로 카리스마라고 하는데 거저 주시는 선물, 은총이라는 뜻을 가지고 있습니다. 하나님께서 예수 그리스도를 통하여 거저 주고자 하시는 선물이 21절에 기록이 되어 있습니다.

'이는 죄가 사망 안에서 왕 노릇 한 것 같이 은혜도 또한 의로 말미암아 왕 노릇 하여 우리 주 예수 그리스도로 말미암아 영생에 이르게 하려 함이라'

하나님께서 예수 그리스도를 통하여 주고자 하시는 선물은 영생의 축복임을 성경은 증거하고 있습니다. 영생의 선물을 받은 자만이 에노스의 운명에서 벗어날 수 있으며 죄와 사망의 권세에서 풀려나 진정한 자유를 누릴 수 있음을 사도 바울은 전하고 있는 것입니다. 본문을 보면 넘치다라는 단어가 많이 나오는 것을 볼 수 있는데 15절 마지막 보시면

15절 '예수 그리스도의 은혜로 말미암은 선물은 많은 사람에게 넘쳤느니라'

17절 '선물을 넘치게 받는 자들은'

사도 바울이 넘치다라는 단어를 강조하는 이유가 있습니다. 아담 한 사람의 불순종으로 모든 사람이 죄와 사망의 권세 아래 갇히게 되었지만 예수 그리스도를 통하여 주시는 구원의 능력은 죄와 사망의

권세를 덮고도 남을 넘치는 은혜임을 성경은 증거하고 있는 것입니다. 사람이 지은 죄의 지경보다 하나님의 은혜가 더 넘친다는 사실, 인간이 만들어 낸 죄의 물결보다 십자가에서 흘려주신 보혈의 물결이 더 넘친다는 사실, 우리에게 들려주시는 복음이 아닌가 생각합니다. 기억하실 것은 은혜의 물결이 우리에게 흘러오기까지 한 사람의 의로운 순종이 있었다는 사실 잊어서는 안 됩니다. 18-19절이 본문에서 가장 중요한 말씀입니다.

'그런즉 한 범죄로 많은 사람이 정죄에 이른 것 같이 **한 의로운 행위로 말미암아** 많은 사람이 의롭다 하심을 받아 생명에 이르렀느니라 한 사람이 순종하지 아니함으로 많은 사람이 죄인 된 것 같이 **한 사람이 순종하심으로** 많은 사람이 의인이 되리라'

우리에게 찾아온 구원의 물결이 그냥 흘러들어온 것이 아니라는 것입니다. 한 사람의 의로운 행위로, 한 사람의 순종으로 주어진 선물임을 성경은 말씀하고 있습니다. 특히 15절 보시면 은사와 범죄라는 단어가 동시에 등장하는데, 은사를 가리켜 카리스마라고 하고 범죄에 해당하는 단어는 '파라프토마'라고 합니다. 헬라어에서 어미가 '마(ma)'로 끝나는 명사는 실제 행동을 나타내는 행위명사입니다. 아담 한 사람의 불순종 행위가 모든 사람을 죄인으로 만들었고 사망에 이르게 했다면 그리스도의 순종의 행위가 많은 사람을 의에 이르게 하고 영생의 축복을 누리게 하였다는 사실, 사도 바울이 전하고 싶은 메시지입니다. 예수님께서 우리를 구원하기 위해 어디까지 순종하셨는지 빌 2:6-8절에서 보여주고 있습니다.

'그는 근본 하나님의 본체시나 하나님과 동등됨을 취할 것으로 여기지 아니하시고 오히려 자기를 비워 종의 형체를 가지사 사람들과 같이 되셨고 사람의 모양으로 나타나사 **자기를 낮추시고 죽기까지 복종하셨으니 곧 십자가에 죽으심이라**'

이제 마지막으로 중요한 말씀드리기 원합니다. 예수 그리스도는 하나님께서 우리를 살리기 위해 보내주신 둘째 아담이요, 마지막 아담입니다. 예수 그리스도는 하나님께서 우리의 구원을 위하여 보내주신 은사요, 선물입니다. 사도 바울은 아무나 그 선물을 받을 수 없으며 예수 그리스도를 믿는 자만이 죄와 사망의 권세에서 풀려나 구원의 은총 누릴 수 있음을 강조하는데 12절 보시기 바랍니다.

'그러므로 **한 사람으로 말미암아 죄가 세상에 들어오고 죄로 말미암아 사망이 들어왔나니** 이와 같이 **모든 사람이 죄를 지었으므로 사망이 모든 사람에게 이르렀느니라**'

아담 한 사람의 불순종으로 모든 사람이 죄를 지었고 사망이 모든 사람에게 이르렀다는 것, 이것을 가리켜 전체적 적용이라 말할 수 있습니다. 이제 15절 마지막 말씀 보시기 바랍니다.

'한 사람 예수 그리스도의 은혜로 말미암은 **선물은 많은 사람에게 넘쳤느니라**'

예수 그리스도를 통하여 주고자 하시는 구원의 은총은 모든 사람이 아닌 많은 사람에게 주시는 선물이라고 성경은 말씀하고 있습니다.

이것을 가리켜 제한적 적용이라 말할 수 있습니다. 하나님은 모든 사람이 구원에 이르기를 원하시지만 예수 그리스도를 믿는 자만이 의에 이르며 예수 그리스도를 믿음으로 영접한 자만이 하나님 주시는 영생의 축복을 누린다는 사실, 로마서가 선포하는 복음입니다.

사랑하는 성도 여러분! 예수 그리스도의 십자가와 부활이 나의 구원을 위해 일어난 사건임을 믿으십니까. 그 믿음을 선물로 주신 하나님께 감사하시기 바랍니다. 그 믿음 때문에 나에게 구원의 은총이 임하였다는 사실에 감사하시기 바랍니다. 아담 한 사람의 범죄 때문에 모든 사람이 죄와 사망의 권세 아래 갇히게 되었지만 하나님은 우리를 살리기 위하여 마지막 아담을 보내주셨고 예수 그리스도를 믿는 우리를 의롭다 칭하시며 영생의 축복을 선물로 주셨음을 확신하시면서 십자가의 주님, 부활의 주님을 자랑하며 살아가는 우리 모두가 될 수 있기를 주님의 이름으로 축원합니다. 아멘

롬 6:1-11

그런즉 우리가 무슨 말을 하리요 은혜를 더하게 하려고 죄에 거하겠느냐 그럴 수 없느니라 죄에 대하여 죽은 우리가 어찌 그 가운데 더 살리요 무릇 그리스도 예수와 합하여 세례를 받은 우리는 그의 죽으심과 합하여 세례를 받은 줄을 알지 못하느냐 그러므로 우리가 그의 죽으심과 합하여 세례를 받음으로 그와 함께 장사되었나니 이는 아버지의 영광으로 말미암아 그리스도를 죽은 자 가운데서 살리심과 같이 우리로 또한 새 생명 가운데서 행하게 하려 함이라 만일 우리가 그의 죽으심과 같은 모양으로 연합한 자가 되었으면 또한 그의 부활과 같은 모양으로 연합한 자도 되리라 우리가 알거니와 우리의 옛 사람이 예수와 함께 십자가에 못 박힌 것은 죄의 몸이 죽어 다시는 우리가 죄에게 종 노릇 하지 아니하려 함이니 이는 죽은 자가 죄에서 벗어나 의롭다 하심을 얻었음이라 만일 우리가 그리스도와 함께 죽었으면 또한 그와 함께 살 줄을 믿노니 이는 그리스도께서 죽은 자 가운데서 살아나셨으매 다시 죽지 아니하시고 사망이 다시 그를 주장하지 못할 줄을 앎이로라 그가 죽으심은 죄에 대하여 단번에 죽으심이요 그가 살아 계심은 하나님께 대하여 살아 계심이니 이와 같이 너희도 너희 자신을 죄에 대하여는 죽은 자요 그리스도 예수 안에서 하나님께 대하여는 살아 있는 자로 여길지어다

15

그리스도와 연합한 자

지난 시간에 우리는 대표와 연합의 원리에 의하여 아담 한 사람의 불순종이 우리에게 어떤 결과를 가져왔는지 살펴보았습니다. 아담의 범죄로 모든 사람이 죄인이 되었고 사망이 모든 사람에게 이르렀다는 사실, 사도 바울은 롬 5:12절에서 알려주고 있습니다.

'그러므로 **한 사람으로 말미암아 죄가 세상에 들어오고 죄로 말미암아 사망이 들어왔나니** 이와 같이 모든 사람이 죄를 지었으므로 사망이 모든 사람에게 이르렀느니라'

한 사람의 범죄로 많은 사람이 심판을 받게 되었고 모든 사람이 죽을 수밖에 없다는 사실, 사도 바울이 전하는 대표와 연합의 원리입니다. 하지만 사도 바울은 구원의 원리에서도 대표와 연합의 원리를 적용하여 한 사람의 순종으로 많은 사람이 의롭다 여김을 받아 구원에 이르는 길이 열리게 되었다는 사실, 롬 5:18-19절에서 말씀하고 있습니다.

'그런즉 한 범죄로 많은 사람이 정죄에 이른 것 같이 **한 의로운 행위로 말미암아 많은 사람이 의롭다 하심을 받아 생명에 이르렀느니라** 한 사람이 순종하지 아니함으로 많은 사람이 죄인 된 것 같이 **한 사람이 순종하심으로 많은 사람이 의인이 되리라**'

사도 바울은 롬 5:12-21절에서 넘치다라는 표현을 여러 번 사용하면서 아담 한 사람의 불순종으로 모든 사람이 죄와 사망의 권세 아래 갇히게 되었지만 예수 그리스도를 통하여 주시는 구원의 능력은 죄와 사망의 권세를 덮고도 남을 넘치는 은혜임을 강조하고 있습니다. 사람이 지은 죄의 무게보다 우리를 구속하시는 하나님의 은혜가 더 넘친다는 사실, 사람이 만들어 낸 죄의 물결보다 십자가에서 흘리신 보혈의 물결이 더 넘친다는 사실, 사도 바울이 들려주는 복음입니다. 넘치는 하나님의 은혜에 대하여 성경은 롬 5:15에서 말씀하고 있습니다.

'그러나 이 은사는 그 범죄와 같지 아니하니 곧 한 사람의 범죄를 인하여 많은 사람이 죽었은즉 더욱 하나님의 은혜와 또한 **한 사람 예수 그리스도의 은혜로 말미암은 선물은 많은 사람에게 넘쳤느니라**'

은혜로 말미암은 선물이 많은 사람에게 넘쳤다는 것은 하나님 주시는 구원의 은총은 모든 사람에게 주어지는 것이 아니라 예수 그리스도를 믿는 사람에게 주어지는 선물임을 사도 바울은 기록하고 있습니다. 그런데 지난 시간에 살펴보았던 본문 중에서 우리에게 오해를 불러일으키는 구절이 있습니다. 롬 5:20절입니다.

'율법이 들어온 것은 범죄를 더하게 하려 함이라 그러나 죄가 더한 곳에 은혜가 더욱 넘쳤나니'

오해하기 좋은 구절입니다. 이 구절을 죄를 많이 지을수록 은혜가 더욱 넘친다고 해석하는 것은 궤변이라 말할 수 있습니다. 죄가 더한 곳에 은혜가 넘친다는 것은 인간의 지은 죄가 아무리 많다 할지라도 하나님의 은혜는 모든 죄를 사하실 수 있으며 사람의 허물을 덮고도 남는 것이 구속의 은총임을 사도 바울은 전하고 있는 것입니다. 사도 바울은 오해를 종식시키기 위해 본문 1-2절에서 단호한 어조로 말씀을 전하는 것을 볼 수 있습니다.

'그런즉 우리가 무슨 말을 하리요 은혜를 더하게 하려고 죄에 거하겠느냐 그럴 수 없느니라 죄에 대하여 죽은 우리가 어찌 그 가운데 더 살리요'

사도 바울은 성도를 가리켜 죄에 대하여 죽은 우리라고 표현하고 있습니다. 죄에 대하여 죽었다는 것이 무엇을 의미할까 사도 바울은 로마서에서 처음으로 세례라는 단어를 사용하면서 죄에 대하여 죽었다는 의미를 전해주고 있습니다. 3절 보시면

'무릇 그리스도 예수와 합하여 세례를 받은 우리는 그의 죽으심과 합하여 세례를 받은 줄을 알지 못하느냐'

사도 바울은 세례를 통하여 성도의 옛사람은 그리스도와 함께 장사되었고 예수의 부활과 함께 다시 태어난 사람이기 때문에 성도는 그리스도와 연합한 자가 되었다고 4-5절에서 알려주고 있습니다.

'그러므로 우리가 그의 죽으심과 합하여 세례를 받음으로 그와 함께 장사되었나니 이는 아버지의 영광으로 말미암아 그리스도를 죽은 자 가운데서 살리심과 같이 우리로 또한 새 생명 가운데서 행하게 하려 함이라 만일 우리가 그의 죽으심과 같은 모양으로 연합한 자가 되었으면 또한 그의 부활과 같은 모양으로 연합한 자도 되리라'

그리스도와 연합한 자가 되었다는 것, 사도 바울이 강조하는 이신칭의의 결과입니다. 세례를 통하여 그리스도와 연합한 성도의 옛사람은 예수의 십자가와 함께 죽었기 때문에 다시는 죄의 종노릇하지 아니하고 죄의 권세로부터 완전히 벗어났다는 사실 6-7절에서 선언하고 있습니다.

'우리가 알거니와 우리의 옛 사람이 예수와 함께 십자가에 못 박힌 것은 죄의 몸이 죽어 다시는 우리가 죄에게 종 노릇 하지 아니하려 함이니 이는 죽은 자가 죄에서 벗어나 의롭다 하심을 얻었음이라'

사도 바울이 본문을 통해 전하고 싶은 메시지가 무엇일까, 예수 그리스도께서 죄에 대하여 단번에 죽으시고 하나님께 대하여 살아나셨기 때문에 그리스도와 연합한 우리도 죄에 대하여 죽은 자로 하나님께 대하여는 살아 있는 자가 되었다는 사실, 10-11절에서 결론의 말씀을 전해주고 있습니다.

'그가 죽으심은 죄에 대하여 단번에 죽으심이요 그가 살아 계심은 하나님께 대하여 살아 계심이니 이와 같이 너희도 너희 자신을 죄에 대하여는 죽은 자요 그리스도 예수 안에서 하나님께 대하여는 살아 있는 자로 여길지어다'

오늘은 '그리스도와 연합한 자'라는 제목 가지고 말씀 나눌 때 예수와 연합한 자로 살아가는 우리에게 모든 것을 살리시는 하나님의 능력이 나타날 수 있기를 주님의 이름으로 축원합니다.

첫째, 예수 그리스도를 믿는 성도는 옛사람의 흔적을 지우며 성화의 길을 걸어가야 합니다.

롬 6장을 읽어보면 죄라는 단어가 16번이나 등장하는데 사도 바울은 죄를 가리켜 권세와 세력으로 이해하고 있습니다. 죄는 인간을 조종하는 악의 세력으로 사람이 죄를 짓고 살아가는 것은 악한 영들이 만들어 낸 사회적 환경 때문이요, 죄의 권세 아래 지배당하고 있기 때문입니다. 특이한 것은 사도 바울은 성도를 가리켜 죄에 대하여 죽은 자라고 부르고 있다는 사실입니다. 죽었다는 것은 '~으로부터 분리되다'라는 뜻으로 성도는 죄에 대하여 죽은 자요 죄의 세력으로부터 분리되었다는 사실 사도 바울은 3번이나 강조하고 있습니다.

2절 '그럴 수 없느니라 죄에 대하여 죽은 우리가 어찌 그 가운데 더 살리요'

6절 '우리가 알거니와 우리의 옛 사람이 예수와 함께 십자가에 못 박힌 것은 죄의 몸이 죽어 다시는 우리가 죄에게 종 노릇 하지 아니하려 함이니'

11절 '이와 같이 너희도 너희 자신을 죄에 대하여는 죽은 자요 그리스도 예수 안에서 하나님께 대하여는 살아 있는 자로 여길지어다'

사도 바울이 성도를 가리켜 죄에 대하여 죽은 자라고 강조하는 이유가 무엇일까. 예수 그리스도를 믿는 사람은 더 이상 죄의 종이 아니며 죄의 권세가 주장할 수 없는 분리된 자임을 전하고 싶은 것입니다. 성도로 부름받은 사람이 어떻게 죄의 세력으로부터 자유하게 되었을까. 이것을 사도 바울은 세례라는 단어를 사용하여 전하고 있습니다. 3절 보시면

'무릇 그리스도 예수와 합하여 세례를 받은 우리는 그의 죽으심과 합하여 세례를 받은 줄을 알지 못하느냐'

세례는 두 가지 의미를 가지고 있습니다. 씻음과 연합의 원리입니다. 3절 보시면 합하여, 이 단어가 2번 등장하는데 사도 바울은 연합의 원리를 강조하여 세례의 의미를 전해주고 있습니다. 합하여라고 번역한 헬라어는 '에이스'라는 단어로 '~안으로 들어가다, ~속으로 들어가다'라는 의미를 가지고 있습니다. 예수에 대한 신앙을 고백하고 세례를 받는다는 것은 그리스도 안으로 들어가 그리스도와 연합을 이루는 것을 의미합니다. 세례를 받을 때 장로교는 상징적 의미로

물을 머리에 뿌리지만 원래는 물속에 들어가야 합니다. 물속에 들어가다는 것은 죽음을 상징하는 것으로 나의 옛사람이 그리스도와 함께 죽었다는 것을 선언하는 시간입니다. 세례를 받는다는 것은 그리스도의 죽으심과 합하여 자신도 죽음을 경험하는 것을 의미하는데 세례를 통하여 두 가지 죽음을 선포하게 됩니다. 하나는 나의 옛사람이 그리스도와 함께 죽었다는 것을 선언하는 것이고 또 하나는 죄의 몸이 죽었다는 사실을 선포하는 것이 세례입니다. 이에 대해 사도 바울은 6절에서 세례의 의미를 기록하고 있습니다.

'우리가 알거니와 우리의 옛 사람이 예수와 함께 십자가에 못 박힌 것은 죄의 몸이 죽어 다시는 우리가 죄에게 종 노릇 하지 아니하려 함이니'

세례를 받는다는 것은 예수 그리스도에 대한 신앙고백이 전제되어야 합니다. 예수 그리스도에 대한 신앙을 고백한다는 것은 예수의 십자가와 부활이 나의 구원을 위한 사건임을 믿는다는 것이고 예수 그리스도가 나의 구주이심을 시인하는 것입니다. 이 신앙을 교회가 인정하여 세례를 베풀게 되는데 세례를 받는다는 것은 그리스도 안으로 들어가 그리스도와 연합의 사건을 이루는 중요한 의미를 가지고 있습니다. 세례를 받는 사람에게는 씻음과 연합의 원리가 적용이 되는데 우리의 죄가 십자가의 보혈로 씻음받았음을 인정받게 되고 우리의 옛사람이 죽고 부활의 주님과 함께 연합한 자로 세움받는 것이 세례입니다. 이에 근거하여 사도 바울은 성도를 가리켜 죄에 대하여 죽은 사람이요 우리의 옛사람이 예수의 십자가와 함께 죽었다는 사실을 강조하고 있습니다. 성도는 죄에 대하여 죽은 사람이기 때문에 더 이상 죄의 종이 아니며 죄의 권세로부터 벗어나게 되었다는 사실, 사도 바울이 전하고 싶은 메시지인데 여기에 고민이 남아 있습니다. 예수를 믿는 우리는 아직도 죄의 유혹에 넘어가고 있고 아직도 반복적인 죄를 짓고 살아가는 것이 우리의 현실입니다. 그 이유가 무엇일까, 옛사람의 습관이 남아 있기 때문이요, 옛사람의 흔적이 아직 지워지지 않았기 때문입니다. 성도로 살아가는 우리는 연약한 육신을 가지고 살고 있기에 죄의 유혹을 받는 것은 당연한 것이요, 죄의 영향력을 무시할 수 없는 것입니다. 그런 의미에서 성화의 길을 걷는다는 것은 옛사람의 흔적을 지우는 과정이요, 옛사람의 습관을 떨쳐내는 수고가 우리에게 필요함을 기억하시기 바랍니다. 중요한 것은 예수 그리스도를 믿는 우리는 그리스도와 연합한 자가 되었다는 사실입니다. 그리스도의 죽으심과 함께 우리의 옛사람이 죽었고 죄의 몸이 죽었기에 죄의 권세로부터 벗어나게 되었다는 사실, 사도 바울이 전해주는 복음입니다.

사랑하는 성도 여러분! 우리의 옛사람이 그리스도의 십자가와 함께 죽었다는 사실 믿으시기 바랍니다. 옛사람의 흔적이 나타날 때마다 옛사람의 근성이 나타날 때마다 선포하시기 바랍니다. 나의 옛사람은 예수와 함께 죽었고 나는 예수와 함께 연합한 자가 되었다는 사실 믿음으로 선포하실 때 죄의 유혹으로부터 이겨낼 수 있도록 성령이 우리를 도와주실 줄 믿습니다. 죄에 대하여 죽은 우리가 어찌 죄의 종노릇할 수 있겠느냐는 사도 바울의 외침을 기억하시고 주님과 함께 옛사람의 흔적을 지우며 하나님 기뻐하시는 성화의 길을 걸어가는 우리 모두가 될 수 있기를 주님의 이름으로 축원합니다.

둘째, 예수 그리스도를 믿는 성도는 주님과 함께 연합한 자로 살아가야 합니다.

예수 그리스도를 믿는 성도는 세례를 통하여 그리스도와 연합한 자가 되었다는 사실을 사도 바울은 3절에서 전해주고 있습니다.

'무릇 그리스도 예수와 <u>합하여</u> 세례를 받은 우리는 그의 죽으심과 <u>합하여</u> 세례를 받은 줄을 알지 못하느냐'

'합하여'라는 단어는 '~안으로 들어가다'라는 의미로 그리스도 안으로 들어가 예수의 죽음과 함께 다시 태어나는 시간이 세례라고 말할 수 있습니다. 세례를 받은 성도는 그리스도와 모든 것을 함께 하는 운명 공동체가 되는데 이것을 가리켜 사도 바울은 연합한 자라고 부르고 있습니다. 본문을 읽어보면 함께라는 단어가 많이 등장하는 것을 발견하게 됩니다.

4절 '세례를 받으므로 <u>그와 함께</u> 장사되었나니'
6절 '<u>예수와 함께</u> 십자가에 못 박힌 것은'
8절 '만일 우리가 <u>그리스도와 함께</u> 죽었으면 또한 <u>그와 함께</u> 살 줄을 믿노니'

사도 바울이 함께라는 단어를 강조하는 이유가 무엇일까, 세례를 받은 성도는 그리스도와 모든 것을 함께 하는 연합한 자가 되었다는 것을 강조하기 위함입니다. 그리스도와 모든 것을 함께 하는 운명 공동체가 되었다는 것이 성도의 정체성인데 그리스도와 연합한 자가 되었다는 것은 우리에게 어떤 의미를 전해주는가.

1. 죽음과 살아남

4절 보시기 바랍니다.

'그러므로 우리가 그의 죽으심과 합하여 세례를 받음으로 그와 함께 장사되었나니 이는 아버지의 영광으로 말미암아 그리스도를 죽은 자 가운데서 살리심과 같이 우리로 또한 새 생명 가운데서 행하게 하려 함이라'

세례에는 씻음과 연합의 원리가 담겨 있습니다. 예수 그리스도에 대한 신앙을 고백하여 세례를 받게 될 때 우리의 죄가 씻음을 받으며 그리스도와 연합한 자로 다시 태어나는 것이 세례입니다. 세례받은 성도를 가리켜 사도 바울은 죄에 대하여 죽은 자요 하나님 주시는 새 생명 가운데서 살아가는 사람이라고 전하고 있습니다. 우리의 옛사람이 그리스도와 함께 죽었고 그리스도 안에서 새 생명 가진 자로 거듭났다는 사실, 사도 바울은 갈 2:20절에서 자신의 신앙을 고백하고 있습니다. 우리 모두의 신앙고백이 되는 말씀입니다.

'내가 그리스도와 함께 십자가에 못 박혔나니 그런즉 이제는 내가 사는 것이 아니요 오직 내 안에 그리스도께서 사시는 것이라 이제 내가 육체 가운데 사는 것은 나를 사랑하사 나를 위하여 자기 자신을 버리신 하나님의 아들을 믿는 믿음 안에서 사는 것이라'

내가 그리스도와 함께 십자가에 못 박혔나니 그런즉 이제는 내가 사는 것이 아니요, 오직 내 안에 그리스도께서 사시는 것이라, 이 말씀을 나의 믿음으로 고백하시면서 주님 주시는 새 생명의 기쁨 누리며 살아가는 우리 모두가 될 수 있기를 간절히 소망합니다.

2. 주님과 동행하는 삶

4절 마지막 보시면 '우리로 또한 새 생명 가운데서 행하게 하려 함이라'는 말씀을 사도 바울이 전하고 있는데 하나님 주시는 새 생명의 기쁨 누리기 위해서는 우리가 해야 할 일이 있음을 알려주고 있습니다. 행하다로 번역한 단어는 원래 '거닐다'라는 뜻인데 살아가다라는 의미가 담겨 있습니다. 세례를 통하여 그리스도와 연합한 자가 된 성도에게 책임이 주어지게 되는데 예수와 연합한 자가 된다는 것은 주님과 동행하는 삶을 살아가는 것을 의미합니다. 주님과 동행하는 삶이란 무엇을 의미하는가, 이에 대한 답을 우리는 히 11장 믿음장에 나오는 에녹에게서 찾아볼 수 있습니다. 에녹의 삶에 대하여 히브리서 기자는 히 11:5절 말씀을 기록해 놓았습니다.

'**믿음으로 에녹은** 죽음을 보지 않고 옮겨졌으니 하나님이 그를 옮기심으로 다시 보이지 아니하였느니라 그는 옮겨지기 전에 **하나님을 기쁘시게 하는 자라 하는 증거를 받았느니라**'

에녹을 가리켜 하나님을 기쁘시게 하는 자라고 부르고 있는데 그 이유가 무엇인가 창 5:24절에서 답을 찾을 수 있습니다.

'**에녹이 하나님과 동행하더니** 하나님이 그를 데려가시므로 세상에 있지

아니하였더라'

　에녹을 가리켜 하나님을 기쁘시게 하는 자라고 부르는 이유는 에녹은 하나님과 동행하는 삶을 살았기 때문임을 성경은 증거하고 있습니다. 하나님과 동행하는 삶은 무엇을 의미할까. 동행한다는 것은 히브리어로 '걷다'라는 뜻을 가지고 있습니다. 에녹이 인생을 살아감에 있어 하나님과 함께 동행하는 길을 걸으려 노력했다는 사실 알 수 있습니다. 하나님과 동행하는 삶, 듣기에는 은혜로운 말 같지만 에녹 시대에 들어가면 하나님과 동행의 길을 걷는다는 것이 결코 쉬운 일이 아님을 알 수 있습니다. 에녹이 살았던 시대는 홍수의 심판이 일어나기 전으로 사람들이 먹고 마시고 육신의 본능대로 살았던 죄악이 만연한 시대였습니다. 사람들이 육신의 욕망을 좇아 살았던 시대에 하나님과 동행하는 삶이 과연 쉬웠을까. 외로운 신앙의 길을 묵묵히 걸어가고자 했던 에녹의 의지를 볼 수 있어야 합니다. 에녹이 하나님을 기쁘시게 하는 자로 인정받은 것은 죄악의 시대 속에서도 거룩한 의지를 가지고 하나님이 원하시는 믿음의 정도를 걸으려고 노력하였기 때문입니다. 그 믿음을 하나님 인정하시고 믿음의 전당에 에녹의 이름을 올려주셨고 에녹의 믿음을 기준 삼아 다음과 같은 말씀을 성경에 기록으로 남기셨습니다. 히 11:6절입니다.

　'믿음이 없이는 하나님을 기쁘시게 하지 못하나니 **하나님께 나아가는 자는 반드시 그가 계신 것과 또한 그가 자기를 찾는 자들에게 상 주시는 이심을 믿어야 할지니라**'

이 말씀 묵상하면서 에녹이 하나님과 동행하는 삶을 선택한 이유를 발견하게 되었습니다. 에녹이 하나님과 동행한 이유, 하나님은 살아계신 하나님이시오, 하나님과 동행의 길을 걷는 자가 주의 복을 누리게 된다는 사실을 믿었기 때문입니다. 기억하실 것은 하나님과 동행하는 삶을 살려고 할 때 하나님보다 앞서지 않는 것이 중요하다는 사실입니다. 출 40:36-37절 주목해 보시기 바랍니다.

'**구름이 성막 위에서 떠오를 때에는** 이스라엘 자손이 그 모든 행진하는 길에 **앞으로 나아갔고 구름이 떠오르지 않을 때에는** 떠오르는 날까지 **나아가지 아니하였으며**'

동행이라는 것은 발맞추기가 아닙니다. 하나님과 동행한다는 것은 하나님과 발맞추게 하는 것이 아님을 성경은 말씀하고 있습니다. 하나님과 동행하는 길에는 중요한 원칙이 있습니다. 하나님이 한 걸음 떼시면 그때 한 걸음 떼는 것이고 하나님이 멈추라 하시면 어떤 상황에서도 멈추고 하나님의 움직이심을 기다리는 것, 이것이 하나님과 동행하는 삶입니다. 하나님께서 우리를 그리스도와 연합한 자로 세워주시는 이유가 무엇일까, 하나님 주시는 새 생명 안에서 주님과 동행하는 길을 걷게 하기 위함입니다. 4절 마지막에 나오는 '**새 생명 가운데서 행하게 하려 함이라**' 이 말씀을 깊이 묵상하셨으면 좋겠습니다. 새 생명이라는 것은 이전의 삶과는 질적으로 완전히 다른 새로운 생명을 가리키는 단어입니다. 그리스도 안에서 새 생명을 선물로 받은 자로서 예수와 모든 것을 함께 하는 연합한 자로, 예수와 함께 동행하는 자로 살아가라고 성경은 말씀하고 있습니다. 주님과 함께 동행의 길을 걸어가실 때 절대로 주님보다 앞서지 마시기 바랍니다. 주님이 움직이시는 방향으로 우리도 한 걸음 떼며 주님이 멈추라 하시면 하나님의 때가 올 때까지 믿음으로 기다리는 우리가 되어 주님과 동행하는 자만이 누릴 수 있는 여호와 이레의 축복 경험하시기를 간절히 소망합니다.

3. 모든 것을 살리시는 부활의 능력

주님과 연합한 자로 살아감에 있어 우리가 믿어야 할 중요한 한 가지가 있습니다. 부활의 주님과 함께 우리도 부활의 영광에 참여할 수 있다는 사실입니다. 8절 말씀 보시면

'만일 우리가 그리스도와 함께 죽었으면 또한 <u>그와 함께 살 줄을 믿노니</u>'

그리스도와 모든 것을 함께 하는 성도는 부활의 주님과 함께 부활의 영광에 참여하게 될 것을 믿어야 한다고 성경은 말씀하고 있습니다. 주님께서 우리를 위하여 무슨 일을 하셨는가, 죄에 대하여 단번에 죽으시고 하나님께 대하여 살아나셨다고 10절에서 전해주고 있습니다.

'그가 죽으심은 <u>죄에 대하여 단번에 죽으심이요</u> 그가 살아 계심은 <u>하나님께 대하여 살아 계심이니</u>'

'죄에 대하여'라는 것은 '죄에 대항하여, 죄에 맞서서'라는 뜻으로 죄의 권세를 십자가의 능력으로 이겨내신 주님을 선포하고 있습니다. '하나님께 대하여' 이 구절은 '하나님을 위하여'라고 해석이 가능한데

예수의 부활하심, 예수의 살아나심은 하나님의 구원 사역을 완성하기 위함임을 성경은 말씀하고 있습니다. 중요한 것은 그리스도와 연합한 성도에게 동일한 사건이 일어나게 됨을 사도 바울은 11절에서 결론의 말씀으로 전해주고 있습니다.

'이와 같이 너희도 너희 자신을 **죄에 대하여는 죽은 자요** 그리스도 예수 안에서 **하나님께 대하여는 살아 있는 자로 여길지어다**'

죄에 대하여 죽은 자로 여기라는 말씀은 죄의 권세로부터 완전히 벗어나게 되었음을 믿고 하나님 주시는 자유를 누리라는 뜻입니다. 하나님께 대하여는 살아 있는 자로 여기라는 말씀은 예수의 부활이 나의 부활이 될 것을 믿으면서 모든 것을 다시 살리시는 하나님께 소망을 두고 살아야 함을 의미합니다. 부활은 모든 것을 살리시는 하나님의 능력입니다. 예수의 부활이 나의 부활임을 믿고 살아가는 여러분들에게 모든 것을 회복시키시는 하나님의 능력이 임하기를 간절히 소망합니다.

'예수의 죽음이 나의 죽음이며 예수의 부활이 나의 부활입니다'

죄에 대하여 죽은 자로, 하나님께 대하여는 살아 있는 자로 살아가는 여러분들에게 모든 것을 살리시는 부활의 능력이 나타날 수 있기를 주님의 이름으로 축원합니다. 아멘

롬 6:12-23

그러므로 너희는 죄가 너희 죽을 몸을 지배하지 못하게 하여 몸의 사욕에 순종하지 말고 또한 너희 지체를 불의의 무기로 죄에게 내주지 말고 오직 너희 자신을 죽은 자 가운데서 다시 살아난 자 같이 하나님께 드리며 너희 지체를 의의 무기로 하나님께 드리라 죄가 너희를 주장하지 못하리니 이는 너희가 법 아래에 있지 아니하고 은혜 아래에 있음이라 그런즉 어찌하리요 우리가 법 아래에 있지 아니하고 은혜 아래에 있으니 죄를 지으리요 그럴 수 없느니라 너희 자신을 종으로 내주어 누구에게 순종하든지 그 순종함을 받는 자의 종이 되는 줄을 너희가 알지 못하느냐 혹은 죄의 종으로 사망에 이르고 혹은 순종의 종으로 의에 이르느니라 하나님께 감사하리로다 너희가 본래 죄의 종이더니 너희에게 전하여 준 바 교훈의 본을 마음으로 순종하여 죄로부터 해방되어 의에게 종이 되었느니라 너희 육신이 연약하므로 내가 사람의 예대로 말하노니 전에 너희가 너희 지체를 부정과 불법에 내주어 불법에 이른 것 같이 이제는 너희 지체를 의에게 종으로 내주어 거룩함에 이르라 너희가 죄의 종이 되었을 때에는 의에 대하여 자유로웠느니라 너희가 그 때에 무슨 열매를 얻었느냐 이제는 너희가 그 일을 부끄러워하나니 이는 그 마지막이 사망임이라 그러나 이제는 너희가 죄로부터 해방되고 하나님께 종이 되어 거룩함에 이르는 열매를 맺었으니 그 마지막은 영생이라 죄의 삯은 사망이요 하나님의 은사는 그리스도 예수 우리 주 안에 있는 영생이니라

16

거룩함에 이르는 열매

　지난 시간에 우리는 사도 바울이 성도를 가리켜 죄에 대하여 죽은 자라고 부르는 것을 살펴보았습니다. 예수 그리스도를 믿는 성도는 더 이상 죄의 종이 아니며 죄의 세력으로부터 벗어나 하나님 주시는 자유를 누리게 되었다는 사실을 성경이 증거하고 있습니다. 예수 그리스도를 믿으면 죄의 세력으로부터 벗어나는 이유가 무엇일까, 이에 대해 사도 바울은 세례라는 단어를 사용하여 롬 6:4절에서 알려주고 있습니다.

　'그러므로 우리가 **그의 죽으심과 합하여 세례를 받음으로 그와 함께 장사되었나니** 이는 아버지의 영광으로 말미암아 **그리스도를 죽은 자 가운데서 살리심과 같이 우리로 또한 새 생명 가운데서 행하게 하려 함이라**'

예수 그리스도를 믿음으로 고백하고 세례를 받는 성도에게는 죽음과 살아남의 사건이 일어나게 됩니다. 세례를 받는다는 것은 그의 옛사람이 그리스도와 함께 장사 됨을 의미하기 때문에 사도 바울이 성도를 가리켜 죄에 대하여 죽은 사람이라고 부르는 이유에 대하여 롬 6:6절에서 말씀하고 있습니다.

'**우리가 알거니와** 우리의 옛 사람이 예수와 함께 십자가에 못 박힌 것은 죄의 몸이 죽어다시는 우리가 죄에게 종 노릇 하지 아니하려 함이니'

세례를 받은 성도는 그리스도의 부활과 함께 다시 살아난 사람이기에 예수 믿는 사람은 죄에 대하여 죽은 자요 하나님께 대하여는 살아 있는 자로 여길 것을 롬 6:11절에서 강조하고 있습니다.

'**이와 같이 너희도** 너희 자신을 죄에 대하여는 죽은 자요 그리스도 예수 안에서 하나님께 대하여는 살아 있는 자로 여길지어다'

또한 사도 바울은 성도를 가리켜 그리스도와 연합한 자가 되었다는 사실을 롬 6:5절에서 기록하고 있습니다.

'만일 우리가 그의 죽으심과 같은 모양으로 **연합한 자**가 되었으면 또한 그의 부활과 같은 모양으로 **연합한 자**도 되리라'

그리스도와 연합한 자가 되었다는 것은 그리스도와 모든 것을 함께 하는 운명 공동체가 되었다는 것을 의미합니다. 우리의 옛사람이 그리스도의 십자가와 함께 죽었기 때문에 성도를 가리켜 죄에 대하여 죽은 자요, 죄의 권세로부터 벗어난 자임을 선언할 수 있고 부활의 주님과 함께 하나님 주시는 새 생명으로 살아가는 것이 성도의 인생임을 사도 바울은 증거하고 있습니다. 그리스도와 연합한 자가 된 우리는 어떤 삶을 살아야 하는가 사도 바울은 본문에서 '그러므로'라는 단어로 시작하며 죄가 더 이상 우리를 지배하지 못하도록 기회를 주어서는 안 된다는 사실 12절에서 강조하고 있습니다.

'그러므로 너희는 **죄가 너희 죽을 몸을 지배하지 못하게 하여** 몸의 사욕에 순종하지 말고'

그리스도와 연합한 성도는 죄의 권세로부터 벗어난 사람이기 때문에 더 이상 죄의 종노릇할 수 없음을 성경은 선포하고 있습니다. 하지만 죄의 세력은 아직도 살아 있으며 여전히 우리를 지배하기 원한다는 사실 잊어서는 안 되는 것입니다. 이에 대해 사도 바울은 죄가 더 이상 우리를 지배하지 못하도록 몸의 사욕에 우리의 지체를 내주어서는 안 된다고 전하고 있습니다. 그리스도와 연합한 성도는 우리의 몸을 불의의 무기로 내주어서는 안 되며 우리의 지체를 하나님의 의를 이루는 도구로 헌신해야 함을 13절에서 말씀하고 있습니다.

'또한 **너희 지체를 불의의 무기로 죄에게 내주지 말고** 오직 너희 자신을 죽은 자 가운데서 다시 살아난 자 같이 하나님께 드리며 **너희 지체를 의의 무기로 하나님께 드리라**'

우리의 지체를 하나님께 드려야 하는 이유, 이제는 우리가 법 아래 있지 아니하고 은혜 아래 있기 때문이라고 사도 바울은 14-15절 말씀을 전하고 있습니다.

'**죄가 너희를 주장하지 못하리니 이는** 너희가 법 아래에 있지 아니하고 은혜 아래에 있음이라 그런즉 어찌하리요 우리가 법 아래에 있지 아니하고 은혜 아래에 있으니 죄를 지으리요 그럴 수 없느니라'

법 아래 있지 아니하고 은혜 아래 있다는 말씀은 무엇을 의미하는가, 그리스도와 연합한 성도는 더 이상 죄의 법에 매여 있지 아니하고 성령의 법에 매여 있게 되었다는 사실, 이것을 사도 바울은 순종이라는 단어를 사용하여 16절에서 기록하고 있습니다.

'**너희 자신을 종으로 내주어** 누구에게 순종하든지 그 순종함을 받는 자의 종이 되는 줄을 너희가 알지 못하느냐 혹은 죄의 종으로 사망에 이르고 혹은 순종의 종으로 의에 이르느니라'

우리는 원래 죄의 종이었지만 예수 그리스도를 믿음으로 이제는 우리가 죄의 세력에서 해방되어 의에 이르는 하나님의 종이 되었다는 사실, 믿음을 선물로 주신 하나님께 감사해야 함을 17-18절에서 말씀하고 있습니다.

'**하나님께 감사하리로다 너희가 본래 죄의 종이더니** 너희에게 전하여 준 바 교훈의 본을 마음으로 순종하여 죄로부터 해방되어 의에게 종이 되었느

니라'

   사도 바울이 본문의 말씀을 통해 전하고 싶은 메시지가 무엇일까. 이제는 우리가 죄의 법에서 벗어나 성령의 법에 매인 바 되었으니 우리의 지체를 하나님께 드림으로 거룩함에 이르는 열매 맺어야 함을 22절에서 결론의 말씀으로 제시하고 있습니다.

   '그러나 이제는 너희가 죄로부터 해방되고 하나님께 종이 되어 거룩함에 이르는 열매를 맺었으니 그 마지막은 영생이라'

   오늘은 **거룩함에 이르는 열매**라는 제목으로 함께 말씀 나눌 때 하나님 원하시는 성화의 길을 걸어가는 거룩한 성도 되실 수 있기를 주님의 이름으로 축원합니다.

   첫째, 그리스도와 연합한 우리는 죄의 법에서 벗어나 성령의 법에 매이게 되었습니다.

   성도를 가리켜 그리스도와 연합한 자가 되었다고 사도 바울이 강조하는데 그리스도와 연합한 우리에게 두 가지 책임이 주어지게 됨을 로마서를 통해 전하고 있습니다.

   1. 죄가 더 이상 지배하지 못하도록 기회를 주어서는 안 된다는 것입니다
12절 보시면

   '그러므로 너희는 죄가 너희 죽을 몸을 지배하지 못하게 하여 몸의 사욕

에 순종하지 말고'

  사도 바울은 죄를 가리켜 우리를 지배하는 세력, 권세로 이해하고 있습니다. 그리스도와 연합한 성도는 그의 옛사람이 그리스도와 함께 장사되었기 때문에 사도 바울은 성도를 가리켜 죄에 대하여 죽은 사람이라고 선언하고 있습니다. 죄에 대하여 죽은 사람이 되었다는 것은 죄의 권세로부터 분리가 되었다는 것으로 더 이상 죄의 지배를 받지 않는 상태가 되었음을 의미합니다. 하지만 문제는 육신의 몸을 가지고 살아가는 우리에게 옛사람의 흔적이 남아 있고 옛사람의 습관이 아직도 남아 있습니다. 죄의 세력은 그것을 잘 알고 있습니다. 남아 있는 옛사람의 흔적을 이용하여 몸의 사욕을 부추기고 여전히 우리를 죄의 지배 아래 가두고자 하는 것이 사탄의 계획입니다. 이에 대해 사도 바울은 죄가 더 이상 지배하지 못하도록 기회를 주어서는 안 되며 몸의 사욕을 위해 우리의 지체를 내주어서는 안 된다고 강조하고 있는 것입니다. 그리스도의 십자가 죽음으로 죄의 권세로부터 벗어난 우리가 몸의 사욕을 이겨내지 못하여 죄의 종노릇하는 기회를 주면 어떤 일이 일어나게 되는가, 베드로 사도가 전하는 벧후 2:20-22절 말씀을 주목하시기 바랍니다.

  '만일 그들이 우리 주 되신 구주 예수 그리스도를 앎으로 세상의 더러움을 피한 후에 **다시 그 중에 얽매이고 지면 그 나중 형편이 처음보다 더 심하리니** 의의 도를 안 후에 받은 거룩한 명령을 저버리는 것보다 알지 못하는 것이 도리어 그들에게 나으니라 참된 속담에 이르기를 **개가 그 토하였던 것에 돌아가고 돼지가 씻었다가 더러운 구덩이에 도로 누웠다 하는 말**

이 그들에게 응하였도다'

그리스도와 연합한 성도가 몸의 사욕을 이겨내지 못하여 죄짓는 기회를 제공하게 된다면 개가 토하였던 것으로 돌아가는 것과 같고 돼지가 더러운 구덩이에 도로 눕게 되는 그리스도의 십자가 죽음을 더럽히는 큰 죄를 짓는 것임을 베드로 사도는 경고하고 있습니다. 성도로 부름받은 우리는 몸의 지체를 불의의 무기로 내주지 말고 하나님의 의를 이루는 도구로 헌신해야 함을 13절에서 전하고 있습니다.

'또한 **너희 지체를 불의의 무기로 죄에게 내주지 말고** 오직 너희 자신을 죽은 자 가운데서 다시 살아난 자 같이 하나님께 드리며 **너희 지체를 의의 무기로 하나님께 드리라'**

드리라는 것은 '원하는 대로 하게 하다'라는 뜻으로 우리의 지체를 죄가 지배하지 못하도록 기회를 주어서는 안 되며 우리의 몸을 의의 무기로 내어 드릴 때 하나님 원하시는 의에 이르게 됨을 사도 바울은 강조하고 있습니다. 우리의 지체를 하나님께 드려야 하는 이유가 무엇인가 하나님께서 우리의 몸을 예수의 피 값을 지불하시고 사셨기 때문입니다. 고전 6:19-20절 보시면

'너희 몸은 너희가 하나님께로부터 받은 바 너희 가운데 계신 성령의 전인 줄을 알지 못하느냐 **너희는 너희 자신의 것이 아니라 값으로 산 것이 되었으니** 그런즉 너희 몸으로 하나님께 영광을 돌리라'

2. 순종의 믿음을 가지고 살아야 합니다

사도 바울은 성도를 향하여 법 아래 있지 아니하고 은혜 아래 있다고 14-15절에서 선언하고 있습니다.

'죄가 너희를 주장하지 못하리니 이는 너희가 법 아래에 있지 아니하고 은혜 아래에 있음이라 그런즉 어찌하리요 우리가 법 아래에 있지 아니하고 은혜 아래에 있으니 죄를 지으리요 그럴 수 없느니라'

법 아래 있지 아니하고 은혜 아래 있다는 말씀은 무엇을 의미하는 것일까, 두 가지로 생각해 볼 수 있습니다.

① 율법의 법에서 성령의 법으로

그리스도께서 십자가에 죽으심으로 예수님을 믿는 우리에게 율법의 짐에서 벗어나 하나님 주시는 자유를 누리는 은혜가 임하게 되었습니다. 율법의 짐에서 벗어나게 되었다는 것은 율법을 지키지 않아도 되는 자유가 아니라 그리스도의 십자가 죽음으로 율법의 요구가 이루어졌고 우리는 더 이상 율법에 매여 있지 않아도 되는 은혜 주셨다는 것을 의미합니다. 기억하실 것은 율법에 매여 있지 않은 성도는 죄의 지배를 받지 않는 대신 하나님의 다스림을 받게 된다는 사실입니다. 율법의 짐에서 벗어나 하나님 주시는 자유를 누리게 된 성도는 동시에 하나님의 다스리심을 받는 성령의 법에 매여 살게 됨을 성경은 말씀하고 있습니다. 죄의 법에서 벗어나 성령의 법에 매여 살게 되었다는 사실에 대하여 사도 바울은 롬 8:1-2절에서 증거하고 있습니다.

'그러므로 이제 그리스도 예수 안에 있는 자에게는 결코 정죄함이 없나니 이는 그리스도 예수 안에 있는 생명의 성령의 법이 죄와 사망의 법에서 너를 해방하였음이라'

예수 그리스도를 믿는 우리는 율법의 짐에서 벗어나는 자유를 누림과 동시에 성령의 법에 매여 살아가야 함을 기억하시기 바랍니다.

② 순종의 대상

법 아래 있지 아니하고 은혜 아래 있다는 것은 순종의 대상이 바뀌게 되었다는 것을 의미하는데 16절 보시기 바랍니다.

'너희 자신을 종으로 내주어 누구에게 순종하든지 그 순종함을 받는 자의 종이 되는 줄을 너희가 알지 못하느냐 혹은 **죄의 종으로 사망에 이르고 혹은 순종의 종으로 의에 이르느니라**'

사람이 누구에게 순종하든지 순종을 받는 자의 종이 된다는 것이 사도 바울이 전하는 소속의 원리인데 죄의 권세에 순종하여 살아갈 때 돌아오는 것이 무엇이었는가, 그 결과에 대하여 21절에서 알려주고 있습니다.

'**너희가 그 때에 무슨 열매를 얻었느냐** 이제는 너희가 그 일을 부끄러워하나니 이는 **그 마지막이 사망임이라**'

죄의 권세에 순종하여 살아갈 때 돌아온 것은 부끄러운 열매뿐이었으며 그 마지막은 사망이라는 것을 기억하라고 사도 바울이 강조하고 있습니다. 법 아래 있지 아니하고 은혜 아래 있다는 말씀을 사도 바울이 기록하는 이유는 순종의 대상이 바뀌었음을 알려주기 위함입니다. 죄에 권세에서 벗어난다는 것은 새로운 순종의 관계로 들어감을 의미하는데 성경에서 말씀하는 자유는 죄의 지배에서 벗어남과 동시에 성령의 법에 매여 사는 하나님의 종이 된다는 것을 22절에서 알려주고 있습니다.

'그러나 이제는 **너희가 죄로부터 해방되고 하나님께 종이 되어** 거룩함에 이르는 열매를 맺었으니 그 마지막은 영생이라'

사도 바울은 본문에서 순종이라는 단어를 5번이나 사용하고 있습니다. 순종이라는 단어를 강조하는 이유가 무엇인가 순종의 대상이 바뀌었음을 알려주기 위함입니다. 법 아래 있지 아니하고 은혜 아래 있다는 말씀은 순종의 대상이 바뀌었다는 것을 의미합니다. 죄의 권세로부터 벗어난 성도는 더 이상 율법에 매여 있지 아니하고 성령의 법에 매여 사는 새로운 순종의 상태로 들어가게 됨을 본문은 말씀하고 있습니다. 우리는 여기서 순종이 믿음의 다른 표현임을 알 수 있습니다. 은혜 아래 살아가는 성도는 죄의 권세에 순종하지 아니하고 하나님에게 순종하는 삶을 살게 되는데 순종이 믿음이라고 사도 바울은 전하고 있습니다. 순종의 믿음을 가지고 살게 될 때 우리에게 어떤 변화가 일어나게 되는가, 죄의 유혹을 이겨낼 수 있습니다. 전에는 우리에게 죄와 맞서 싸울 힘이 없었습니다. 죄의 권세 아래 살아가는 사탄의 종이었기 때문에 죄와 싸워 이겨낼 힘이 우리에게 없었습니다. 하지만 이제는 죄와 싸울 수 있는 힘을 가지고 있습니다. 그리스도와 연합한 우리는 죄의 권세로부터 벗어나 성령의 법에 매여 살기 때문에 우리를 도우시는 보혜사 성령께서 죄의 유혹을 이겨낼 수 있도록 도와주시기 때문입니다. 죄와 싸워 이겨내기 위해 우리가 해야 할 일이 있습니다. 갈 5:16절 보시면

'내가 이르노니 너희는 성령을 따라 행하라 그리하면 육체의 욕심을 이루지 아니하리라'

육체의 욕심을 이겨내기 위해서 죄의 유혹을 이겨내기 위해서 우리가 해야 할 일은 오직 한 가지 성령을 따라 행하면 되는 것입니다. 성령이 하라 말씀하시면 순종하는 마음으로 하면 되는 것입니다. 성령이 멈추라 말씀하시면 순종하는 마음으로 멈추면 되는 것입니다. 쉬운 일 같지만 전에는 이것이 힘들었습니다. 성령이 하라 하시는 것을 하기 싫어했고 성령이 하지 말라 하시는 것을 좋아했던 것이 우리의 옛 모습입니다. 우리의 옛 모습에 대하여 성경은 21절에서 말씀하고 있습니다.

'너희가 그 때에 무슨 열매를 얻었느냐 이제는 너희가 그 일을 부끄러워하나니 이는 그 마지막이 사망임이라'

죄의 유혹을 이겨내기 원하십니까, 성령의 음성에 반응하시기 바랍니다. 성령이 주시는 사인에 순종의 믿음으로 반응하는 여러분들에게 죄의 유혹을 이겨낼 수 있도록 도우시는 성령의 역사가 나타날 수 있

기를 간절히 소망합니다.

순종하는 믿음을 가지고 살게 될 때 우리에게 어떤 변화가 일어나게 되는가, 성도의 길을 걸어갈 수 있습니다. 19절 보시면

'너희 육신이 연약하므로 내가 사람의 예대로 말하노니 전에 너희가 너희 지체를 부정과 불법에 내주어 불법에 이른 것 같이 **이제는 너희 지체를 의에게 종으로 내주어 거룩함에 이르라**'

육신이 연약할 때 우리는 우리의 지체를 부정과 불법에 내주어 죄의 종노릇하며 살았습니다. 하지만 이제는 우리가 은혜 아래 살아가는 성도가 되었으니 우리의 지체를 하나님께 드리고 거룩함에 이르라고 성경은 말씀하고 있습니다. 거룩이라는 것은 구별됨을 의미하는 것으로 우리의 지체를 하나님께 드릴 때 구별된 성도의 삶을 살아갈 수 있음을 사도 바울은 전하고 있습니다. 그런 의미에서 거룩은 헌신에서 시작한다고 말할 수 있습니다. 순종의 믿음을 가지고 우리의 지체를 하나님에게 드릴 때 성도의 길을 걸어가는 우리를 통해 하나님의 거룩하심이 증거되기를 간절히 소망합니다. 사랑하는 성도 여러분! 그리스도와 연합한 성도는 법 아래 있지 아니하고 은혜 아래 있다고 성경은 선언하고 있습니다. 죄가 더 이상 지배하지 못하도록 기회를 주어서는 안 되며 순종하는 믿음으로 우리의 지체를 의의 무기로 내어 드릴 때 하나님의 거룩하신 성품이 우리를 통해 나타날 수 있기를 주님의 이름으로 축원합니다.

둘째, 그리스도와 연합한 우리는 거룩함에 이르는 성화의 열매를 맺으며 살아가야 합니다.

본문에 보면 '이제는' 이 단어가 3번 등장하는 것을 보게 되는데 사도 바울이 '이제는' 이 단어를 강조하는 이유가 있으리라 생각됩니다.

19절 '이제는 너희 지체를 의에게 종으로 내주어 거룩함에 이르라'

21절 '이제는 너희가 그 일을 부끄러워하나니 이는 그 마지막이 사망임이라'

22절 '그러나 이제는 너희가 죄로부터 해방되고 하나님께 종이 되어 거룩함에 이르는 열매를 맺었으니 그 마지막은 영생이라'

우리의 지체를 죄짓는 불의의 무기로 내주었을 때 얼마나 부끄러운 결과로 나타나는지 이제는 알고 있다고 성경은 말씀하고 있습니다. 죄의 법에서 벗어나 은혜 아래 살아가는 성도가 되었다면 이제는 우리가 거룩함에 이르는 열매를 맺는 것이 은혜받은 자의 마땅한 반응임을 사도 바울은 강조하고 있습니다. 거룩함에 이르는 열매 과연 무엇을 의미하는가, 한마디로 말하면 성화라고 말할 수 있습니다. 은혜 아래 살아가는 성도에게 하나님 기대하시는 열매가 성화라고 말할 수 있는데 성화의 열매를 맺기 위해 우리가 노력해야 할 것이 무엇인가, 세 가지로 이야기할 수 있습니다.

1. 내어 드림

우리의 지체를 누구를 위해 주느냐가 성화의 열매를 결정짓는다는 면에서 헌신은 성화의 시작이라 말할 수 있습니다. 헌신과 성화가 얼

마나 중요한 관계에 있는지, 19절 보시면

'너희 육신이 연약하므로 내가 사람의 예대로 말하노니 전에 너희가 너희 지체를 부정과 불법에 내주어 불법에 이른 것 같이 **이제는 너희 지체를 의에게 종으로 내주어 거룩함에 이르라**'

출 29:19-20절 보시면 성경은 제사장을 구별하여 세울 때 피를 발랐다고 기록하고 있습니다.

'너는 다른 숫양을 택하고 아론과 그 아들들은 그 숫양의 머리 위에 안수할지며 너는 그 숫양을 잡고 **그것의 피를 가져다가 아론의 오른쪽 귓부리와 그의 아들들의 오른쪽 귓부리에 바르고 그 오른손 엄지와 오른발 엄지에 바르고** 그 피를 제단 주위에 뿌리고'

제사장을 위임할 때 하나님은 숫양의 피를 가지고 제사장의 오른쪽 귓부리와 오른손 엄지와 오른발 엄지에 바르라고 말씀하셨습니다. 제사장의 몸에 피를 바른다는 것은 구별과 헌신의 의미로 제사장은 하나님께 바쳐진 존재임을 선언하는 의미가 담겨 있습니다. 하나님께 우리의 삶을 드릴 때 헌신은 성화의 시작이 될 수 있으며 하나님 원하시는 거룩의 열매가 나타날 수 있음을 믿으시기 바랍니다.

2. 예수의 성품

21절 보시면 '그때에'라는 단어와 '이제는'이라는 단어가 대조를 이루면서 예수 믿기 전의 우리의 모습과 예수를 믿고 난 후 우리 삶에 변화가 일어나야 함을 전하고 있습니다. 그때에 우리가 성격대로 살았다면 이제는 우리가 예수의 성품을 가지고 살아가야 한다는 것입니다. 그때에 우리가 내 생각대로 살았다면 이제는 우리가 하나님 말씀대로 살아야 한다는 것입니다. 그때에 우리가 고집대로 살았다면 이제는 우리가 순종의 믿음으로 성령의 인도하심을 따라 살아야 함을 성경은 말씀하고 있습니다. 예수 믿는 우리에게 이제는 나타나야 할 열매가 있습니다. 예수의 성품입니다. 성화의 열매를 맺는다는 것은 예수를 닮아가는 과정을 의미하는데 성화는 예수의 성품으로 맺혀지는 성령의 열매임을 기억하시기 바랍니다. 사랑, 희락, 화평, 오래 참음, 자비, 양선, 충성, 온유, 절제의 열매를 통해서 예수의 성품을 가지고 살아가는 진짜 그리스도인 되실 수 있기를 간절히 소망합니다.

3. 하나님과 공유하는 삶

성도를 가리켜 사도 바울은 그리스도와 연합한 자가 되었음을 선언하고 있습니다. 그리스도와 연합한 성도는 하나님께 속한 종이 되어 거룩함에 이르는 열매를 맺어야 함을 22절에서 말씀하고 있습니다.

'그러나 이제는 너희가 죄로부터 해방되고 **하나님께 종이 되어 거룩함에 이르는 열매를 맺었으니** 그 마지막은 영생이라'

거룩함에 이르는 성화의 열매는 어떻게 맺어야 하는가, 여기에 우리의 고민이 있습니다. 답을 말씀드리면 하나님과 공유하는 삶을 통하여 거룩에 이르는 성화의 열매를 기대할 수 있습니다. 우리가 즐겨 부르는 찬양 중에 원바기라는 찬양이 있습니다. '원하고 바라고 기도합니다'라는 제목의 찬양인데 찬양의 가사에 하나님과 공유하는 삶이 무엇인가에 대한 답을 알려주고 있습니다.

'하나님의 꿈이 나의 비전이 되고 예수님의 성품이 나의 인격이 되고 성령님의 권능이 나의 능력이 되길 원하고 바라고 기도합니다'

사랑하는 성도 여러분! 하나님의 꿈이 나의 비전이 되고 예수님의 성품이 나의 인격이 되고 성령님의 권능이 나의 능력이 되길 진정 원하고 바라고 기도하십니까. 하나님과 공유하는 삶을 통해서 가능할 수 있습니다. 거룩에 이르는 성화의 열매는 하나님과 모든 것을 함께하는 삶을 통해서 맺혀짐을 기억하시고 하나님을 닮아가는 것이 우리의 기쁨이 될 수 있기를 주님의 이름으로 축원합니다. 아멘

롬 7:1-13

형제들아 내가 법 아는 자들에게 말하노니 너희는 그 법이 사람이 살 동안만 그를 주관하는 줄 알지 못하느냐 남편 있는 여인이 그 남편 생전에는 법으로 그에게 매인 바 되나 만일 그 남편이 죽으면 남편의 법에서 벗어나느니라 그러므로 만일 그 남편 생전에 다른 남자에게 가면 음녀라 그러나 만일 남편이 죽으면 그 법에서 자유롭게 되나니 다른 남자에게 갈지라도 음녀가 되지 아니하느니라 그러므로 내 형제들아 너희도 그리스도의 몸으로 말미암아 율법에 대하여 죽임을 당하였으니 이는 다른 이 곧 죽은 자 가운데서 살아나신 이에게 가서 우리가 하나님을 위하여 열매를 맺게 하려 함이라 우리가 육신에 있을 때에는 율법으로 말미암는 죄의 정욕이 우리 지체 중에 역사하여 우리로 사망을 위하여 열매를 맺게 하였더니 이제는 우리가 얽매였던 것에 대하여 죽었으므로 율법에서 벗어났으니 이러므로 우리가 영의 새로운 것으로 섬길 것이요 율법 조문의 묵은 것으로 아니할지니라 그런즉 우리가 무슨 말을 하리요 율법이 죄냐 그럴 수 없느니라 율법으로 말미암지 않고는 내가 죄를 알지 못하였으니 곧 율법이 탐내지 말라 하지 아니하였더라면 내가 탐심을 알지 못하였으리라 그러나 죄가 기회를 타서 계명으로 말미암아 내 속에서 온갖 탐심을 이루었나니 이는 율법이 없으면 죄가 죽은 것임이라 전에 율법을 깨닫지 못했을 때에는 내가 살았더니 계명이 이르매 죄는 살아나고 나는 죽었도다 생명에 이르게 할 그 계명이 내게 대하여 도리어 사망에 이르게 하는 것이 되었도다 죄가 기회를 타서 계명으로 말미암아 나를 속이고 그것으로 나를 죽였는지라 이로 보건대 율법은 거룩하고 계명도 거룩하고 의로우며 선하도다 그런즉 선한 것이 내게 사망이 되었느냐 그럴 수 없느니라 오직 죄가 죄로 드러나기 위하여 선한 그것으로 말미암아 나를 죽게 만들었으니 이는 계명으로 말미암아 죄로 심히 죄 되게 하려 함이라

17

율법에서 벗어났으니

로마서 말씀을 살펴보면서 우리가 잊어서는 안 되는 중요한 것이 있습니다. 사도 바울이 로마서를 통해 전하고자 하는 복음이 무엇인가를 인식하며 로마서의 흐름을 이해해야 한다는 것입니다. 사도 바울이 로마서를 기록한 목적, 로마서의 주제 말씀이 롬 3:21-22절에 기록이 되어 있습니다.

'이제는 율법 외에 하나님의 한 의가 나타났으니 율법과 선지자들에게 증거를 받은 것이라 곧 예수 그리스도를 믿음으로 말미암아 모든 믿는 자에게 미치는 하나님의 의니 차별이 없느니라'

죄를 지은 인간이 하나님 원하시는 의에 이를 수 없게 되었을 때 하나님은 율법의 행위와 상관없는 새로운 의를 제시하셨습니다. 예수 그리스도를 믿는 자를 의롭다 칭하시는 이신칭의, 이것이 사도 바울이 로마서를 통해 전하고자 하는 복음의 핵심입니다. 예수 그리스도를 믿음으로 의롭다 여김받은 성도에게 어떤 변화가 일어나게 되는가, 이것을 이신칭의의 결과라고 말할 수 있는데 사도 바울은 롬 5-8장에서 예수를 믿는 성도에게 일어난 변화에 대하여 말씀을 전하고 있습니다. 믿음으로 구원받은 성도는 죽음의 권세에서 벗어나는 자유를 얻게 되었다고 사도 바울은 롬 5:17절에서 알려주고 있습니다.

'한 사람의 범죄로 말미암아 사망이 그 한 사람을 통하여 왕 노릇 하였은즉 더욱 은혜와 의의 선물을 넘치게 받는 자들은 한 분 예수 그리스도를 통하여 생명 안에서 왕 노릇 하리로다'

예수 그리스도를 믿는 성도는 그의 옛사람이 그리스도와 함께 장사되었기 때문에 죄의 세력으로부터 벗어나는 은혜를 입게 되었다고 롬 6:6-7절에서 선언하고 있습니다.

'우리가 알거니와 우리의 옛 사람이 예수와 함께 십자가에 못 박힌 것은 죄의 몸이 죽어 다시는 우리가 죄에게 종 노릇 하지 아니하려 함이니 이는 죽은 자가 죄에서 벗어나 의롭다 하심을 얻었음이라'

그리스도를 믿는 성도는 죄와 사망의 법에서 벗어나 성령의 법에 매여 사는 사람이 되었음을 사도 바울은 롬 8:1-2절에서 증거하고 있습니다.

'그러므로 이제 그리스도 예수 안에 있는 자에게는 결코 정죄함이 없나니 이는 그리스도 예수 안에 있는 **생명의 성령의 법이 죄와 사망의 법에서 너를 해방하였음이라**'

오늘 살펴보게 될 롬 7장의 주제는 무엇일까, 예수 그리스도를 믿는 성도는 율법의 매임에서 벗어나는 자유를 누리게 되었다고 사도 바울은 강조하고 있습니다. 죽음의 권세에서의 자유, 죄의 세력으로부터의 자유, 율법의 저주에서의 자유, 성령 안에서의 자유. 사도 바울이 로마서에서 전해주는 이신칭의의 축복이자 결과입니다. 이신칭의는 죄인을 의롭다고 판결하는 단순한 법적 선언이 아니라 죄와 죽음 그리고 율법에 매여 있던 우리를 자유하게 하며 성령 안에서 새로운 피조물로 거듭나는 창조적 사건임을 로마서는 말씀하고 있습니다. 예수 그리스도를 믿는 우리는 더 이상 죄의 종이 아니며 이제는 우리가 법 아래 있지 아니하고 은혜 아래 있다는 사실, 사도 바울은 롬 6:14절에서 선포하고 있습니다.

'죄가 너희를 주장하지 못하리니 이는 **너희가 법 아래에 있지 아니하고 은혜 아래에 있음이라**'

법 아래 있지 아니하고 은혜 아래 있다는 것은 율법으로부터 자유하게 하는 이신칭의의 결과인데 이것을 알려주기 위하여 사도 바울은 롬 7장을 기록하였다 말할 수 있습니다. 사도 바울은 율법에 매여 있지 않는 성도의 자유에 대하여 혼인법을 예로 들어 설명하는데, 법은 사람이 살아 있는 동안에만 적용된다는 원리를 1-2절에서 기록하고 있습니다.

'형제들아 내가 법 아는 자들에게 말하노니 **너희는 그 법이 사람이 살 동안만 그를 주관하는 줄 알지 못하느냐** 남편 있는 여인이 그 남편 생전에는 법으로 그에게 매인 바 되나 만일 그 남편이 죽으면 남편의 법에서 벗어나느니라'

여기서 언급되는 남편은 율법을 가리키는 상징적 단어입니다. 남편이 살아 있을 동안에 여인은 남편에 매여 살게 되지만 남편이 죽으면 법적 효력이 상실되어 여인은 더 이상 남편에게 매여 있지 않아도 되는 자유를 누리게 되는 것이 혼인법의 원리입니다. 이것을 사도 바울이 율법에 적용하여 예수 그리스도를 믿는 성도는 율법의 매임에서 벗어나 자유하게 되었음을 6절에서 선언하고 있습니다.

'**이제는 우리가 얽매였던 것에 대하여 죽었으므로 율법에서 벗어났으니** 이러므로 우리가 영의 새로운 것으로 섬길 것이요 율법 조문의 묵은 것으로 아니할지니라'

여기서 우리가 자칫 오해하기 쉬운 것이 있습니다. 율법으로부터 벗어나 자유하게 되었다는 말씀은 율법이 해로운 것, 아무런 유익이 없는 것이라는 오해를 불러올 수 있습니다. 사도 바울은 율법의 무용론, 율법의 폐기론을 주장하기 위해 롬 7장을 기록하지 않았습니다. 사도 바울은 롬 7장에서 율법으로부터 자유하게 되었다는 이신칭의의 결과를 전함과 동시에 율법의 기능과 역할에 대하여 말씀을 기록하고 있습니다. 오늘은 **율법에서 벗어났으니**, 이 제목 가지고 함께 말씀 나눌 때 주님 주시는 참된 자유를 누리며 성령의 법에 매여 사는 우리를 통해 하나님 기뻐하시는 열매가 나타나기를 주님의 이름으로 축원합니다.

첫째, 그리스도의 십자가 죽음이 율법 아래 있는 우리를 자유하게 하셨습니다.

사도 바울은 혼인법을 이용하여 남편의 죽음이 여인으로 하여금 매인 것을 풀어주는 법적 근거가 됨을 2절에서 전하고 있습니다.

'남편 있는 여인이 그 남편 생전에는 법으로 그에게 매인 바 되나 만일 그 남편이 죽으면 남편의 법에서 벗어나느니라'

마찬가지로 율법의 짐에서 벗어나기 위해서는 율법이 죽든지 우리가 죽어야 하는데 율법은 죽을 수 없습니다. 율법은 하나님이 제정하신 것으로 율법은 우리를 거룩한 백성으로 세우기 위해 주신 선한 계명이기 때문입니다. 12절 보시면

'이로 보건대 율법은 거룩하고 계명도 거룩하고 의로우며 선하도다'

율법이 죽을 수 없다면 우리가 죽어야 하는데 그리스도께서 우리를 대신하여 십자가에 죽으심으로 율법에 매여 있는 우리를 자유하게 하셨다고 성경은 4절에서 말씀하고 있습니다.

'그러므로 내 형제들아 너희도 **그리스도의 몸으로 말미암아 율법에 대하여 죽임을 당하였으니** 이는 다른 이 곧 죽은 자 가운데서 살아나신 이에게 가서 우리가 하나님을 위하여 열매를 맺게 하려 함이라'

'그리스도의 몸으로 말미암아 율법에 대하여 죽임을 당하였으니' 롬 7장을 풀어가는 중요한 말씀입니다. 그리스도의 몸으로 말미암아, 이 구절은 '그리스도의 죽음으로 말미암아'라는 의미로 예수님께서 십자가에 죽으심으로 우리가 율법에 대하여 죽임을 당하였다고 사도 바울은 강조하고 있습니다. 이것이 가능한 일인가, 예수를 믿는 성도는 그리스도와 연합한 자가 되어 그의 옛사람이 십자가에 죽었기 때문에 율법에 구속당하는 법적 효력이 상실되었습니다. 이것을 가리켜 사도 바울은 율법에 대하여 죽임을 당하였다 선언하면서 그리스도를 믿는 성도는 율법의 매임에서 벗어나 자유하게 되었음을 6절에서 전하고 있습니다.

'**이제는 우리가 얽매였던 것에 대하여 죽었으므로 율법에서 벗어났으니** 이러므로 우리가 영의 새로운 것으로 섬길 것이요 율법 조문의 묵은 것으로 아니할지니라'

율법의 매여 살던 우리가 율법으로부터 자유하게 되었다는 사실, 로마서가 선포하는 이신칭의의 결과인데 이것이 어떻게 가능하게 되었을까, 4절에 나오는 '그리스도의 몸으로 말미암아 율법에 대하여 죽임을 당하였으니' 이 말씀 때문입니다. 특별히 그리스도의 몸으로 말미암아, 이 구절을 깊이 묵상하셨으면 좋겠습니다. 예수님께서 우리를 대신하여 십자가에 죽으셨을 때 어떤 일이 일어났습니까. 눅 23:45-46절 보시기 바랍니다.

'**성소의 휘장이 한가운데가 찢어지더라** 예수께서 큰 소리로 불러 이르시되 아버지 내 영혼을 아버지 손에 부탁하나이다 하고 이 말씀을 하신 후 숨지시니라'

예수님의 몸이 십자가에서 찢겨 나갈 때 하나님이 하신 일이 있습니다. 성소의 휘장을 찢는 일이었습니다. 예수님의 십자가 죽음과 성소의 휘장이 찢어진 것은 무슨 관계가 있을까. 성소의 휘장이 찢어졌다는 것은 율법의 시대가 마감되고 은혜의 시대가 열리게 되었음을 의미합니다. 성소의 휘장이 찢어졌다는 것은 구약 시대가 종식되고 신약 시대가 열리게 되었음을 뜻하며 성소의 휘장이 찢어졌다는 것은 눈에 보이는 성전에서 성령이 임하시는 마음의 성전 시대가 열리게 되었음을 의미한다고 해석할 수 있습니다. 이 모든 것이 예수의 십자가 죽음을 통하여 일어난 결과임을 복음서 기자들은 증거하고 있습니다. 하나님은 예수의 죽음을 통하여 율법의 요구를 이루어 주셨고 성도로 하여금 법 아래 있지 아니하고 은혜 아래 살아가는 시대를 열어주셨으며 우리를 고발하는 죄의 문서를 소각해 주심으로 율법으로부터 벗어나 자유하게 하셨다는 사실, 성경은 골 2:14절 말씀을 통해 증거하고 있습니다.

'우리를 거스르고 불리하게 하는 **법조문으로 쓴 증서를 지우시고 제하여 버리사 십자가에 못 박으시고**'

4절에 기록된 '그리스도의 몸으로 말미암아 율법에 대하여 죽임을 당하였으니' 사도 바울이 롬 7장에서 전해주는 복음이 아닌가 생각됩니다. 이제 우리가 생각해 보아야 할 것이 있습니다. 예수 그리스도를 믿음으로 율법 아래 있는 우리를 율법에서 벗어나게 하시는 이유가 무엇일까, 이에 대해 사도 바울은 4절 마지막에서 알려주고 있습니다.

'이는 다른 이 곧 <u>죽은 자 가운데서 살아나신 이에게 가서 우리가 하나님을 위하여 열매를 맺게 하려 함이라</u>'

성도로 하여금 율법으로부터 자유하게 하시는 이유, 두 가지 이유 때문입니다.

1. 그리스도께 매여 사는 사람

4절에 나오는 '죽은 자 가운데서 살아나신 이에게 가서' 이 말씀을 묵상하면 율법의 매임에서 벗어나게 하신 이유를 알 수 있습니다. 율법으로부터 자유를 얻은 성도는 율법을 지키지 않아도 되는 자유를 누리는 것이 아니라 그리스도께 매여 살게 됨을 의미합니다. 예수님께서 우리를 대신하여 율법의 짐을 지셨고 율법의 요구를 십자가의 죽음으로 이루어 주셨습니다. 예수 그리스도와 연합한 성도는 율법의 매임에서 벗어나는 자유를 누리게 되지만 새로운 법, 성령에 매여 사는 그리스도의 종이 된다는 사실, 사도 바울은 강조하고 있습니다.

2. 하나님을 위한 열매

4절 마지막 보시면 '우리가 하나님을 위하여 열매를 맺게 하려 함이라' 주님께서 우리를 자유하게 하심은 성령의 법에 매여 사는 성도를 통해 하나님 원하시는 열매를 맺기 위함이라고 성경은 증거하고 있습니다. 율법의 짐에서 벗어난 성도는 성령의 법을 지킴으로 하나님 기뻐하시는 열매를 맺으며 살아야 함을 롬 6:22절은 말씀하고 있습니다.

'그러나 이제는 너희가 죄로부터 해방되고 하나님께 종이 되어 거룩함에 이르는 열매를 맺었으니 그 마지막은 영생이라'

사랑하는 성도 여러분! 예수님의 몸이 십자가에서 찢겨 나갈 때 하나님께서는 우리를 위하여 성소의 휘장을 찢으셨음을 잊지 마시기 바랍니다. 성소의 휘장이 찢어졌다는 것은 하나님에게 나아갈 수 있는 새로운 길이 열리게 되었음을 의미합니다. 보혈의 능력을 의지하여 예수의 이름으로 나아가는 자에게 하나님은 죄와 사망으로부터 자유하게 하시고 율법의 얽매임에서 벗어나 성령의 법에 매여 사는 새로운 인생의 문을 열어주셨습니다. 우리에게 참된 자유를 위해 주님은 율법의 저주 아래 십자가에 달리셨으며 우리에게 생명의 길을 열어주시기 위해 주님은 성소의 휘장을 몸으로 찢어주셨습니다. 이제는 법 아래 있지 아니하고 은혜 아래 살아가는 성도로서 하나님께서 기대하시는 성령의 열매, 거룩의 열매를 맺으며 살아가는 우리 모두가 될 수 있기를 주님의 이름으로 축원합니다.

둘째, 성령의 법에 매여 있는 성도는 죄의 속삭임에 넘어가서는 안 됩니다.

그리스도와 연합한 성도는 율법에 대하여 죽임을 당하였기 때문에 율법의 짐을 더 이상 지지 않아도 된다는 것이 사도 바울이 롬 7장에서 전하는 중심 주제입니다. 하지만 이것이 사도 바울이 전하고자 하는 메시지의 전부가 아닙니다. 율법에서 벗어난 성도는 더 이상 율법으로부터 고발당하지 아니하고 율법의 저주 아래 있지 않아도 되는 자유를 누리게 되지만 더 강력한 법에 매여 살게 된다는 것이 사도 바울이 전하고 싶은 주제입니다. 6절 보시면

'이제는 우리가 <u>얽매였던 것에 대하여 죽었으므로 율법에서 벗어났으니</u> 이러므로 <u>우리가 영의 새로운 것으로 섬길 것이요</u> <u>율법 조문의 묵은 것으로 아니할지니라</u>'

그리스도인에게 벗어남은 새로운 매임으로 들어가는 것을 의미하는데 율법에서 벗어난 성도는 성령의 법에 매여 살게 됨을 성경은 말씀하고 있습니다. 이에 대하여 사도 바울은 6절에서 '영의 새로운 것으로 섬길 것이요 율법 조문의 묵은 것으로 아니할지니라' 이 말씀을 전하고 있습니다. 여기에 나오는 영은 성령을 가리키는 것으로 영의 새로운 것이란 성령의 역사로 생겨나는 새로움이라는 뜻입니다. 율법에 매여 살던 우리에게 새로움이란 없었습니다. 반복적 죄를 지을 뿐이고 습관적 죄를 지을 뿐이었습니다. 그때마다 율법은 우리를 죄인으로 고발하였고 율법의 저주 아래 살아온 것이 우리의 실체였습니다. 그런데 하나님께서 우리에게 믿음을 주심으로 예수 그리스도를 믿는 우리를 그리스도와 연합한 자로 세워주셨고 그리스도의 십자가 죽음

으로 죄가 죽고 사망이 죽고 율법이 죽게 하셨습니다. 이로 인하여 성도는 율법의 저주 아래 풀려나는 자유를 누림과 동시에 성령의 법에 매여 성령의 다스리심을 받는 완전히 새로운 존재로 거듭나게 하셨습니다. 성령의 다스리심을 받게 하심은 성령의 열매를 맺기 위함이라 말할 수 있습니다. 성령의 법에 매여 살지 아니하고 성령의 다스리심을 받지 아니한 사람에게 성령의 열매는 나타나지 않습니다. 우리가 신앙생활 오래 하였지만 성령의 열매가 나타나지 않는 이유, 거룩한 삶을 살지 못하는 이유, 예수의 성품이 나타나지 않는 이유, 성령의 다스리심에 전적으로 순종하지 않기 때문입니다.

성령의 다스리심을 통하여 하나님 원하시는 열매를 맺기 위해 우리가 노력해야 할 것이 무엇인가, 두 가지 생각해 볼 수 있습니다.

3. 묵은 땅을 기경하는 수고

6절 보시면 '영의 새로운 것으로 섬길 것이요 율법 조문의 묵은 것으로 아니할지니라' 여기에 답이 들어 있다고 생각됩니다. 율법의 매임에서 벗어난 성도는 성령의 다스리심을 받는 상태로 들어가기 때문에 성령의 새롭게 하시는 은혜 안에 살아야 하는 책임이 있습니다. 성령의 열매가 나타나지 않는 이유가 어디에 있을까, 묵을 땅을 기경하는 수고가 우리에게 없기 때문입니다. 호 10:12절 보시면

'너희가 자기를 위하여 공의를 심고 인애를 거두라 **너희 묵은 땅을 기경하라 지금이 곧 여호와를 찾을 때니** 마침내 여호와께서 오사 공의를 비처럼 너희에게 내리시리라'

묵은 땅을 기경하는 것은 옛사람의 흔적을 지우는 수고요, 옛사람의 습관을 떨쳐내는 작업이며 옛사람의 근성을 제거하는 성화의 시간입니다. 옛사람의 흔적, 옛사람의 습관, 옛사람의 근성을 버리지 못함은 묵은 땅을 기경하는 수고를 하지 않기 때문입니다. 묵은 땅에 말씀의 씨앗이 심겨도 열매가 나타나지 않는 것은 당연한 결과요, 묵은 땅을 기경하는 수고 없이 성령의 새롭게 하시는 열매 기대할 수 없음을 기억하시기 바랍니다. 성령의 쟁기로 날마다 마음 밭을 가는 수고를 통하여 말씀의 씨앗을 심을 때 30배, 60배, 100배의 열매를 거두는 우리의 복 된 믿음 될 수 있기를 간절히 소망합니다.

4. 죄의 속삭임

롬 7장은 율법으로부터 자유함을 얻는 이신칭의의 결과를 말씀하고 있지만 그렇다고 해서 사도 바울이 율법의 무용론, 율법의 폐기론을 주장하는 것은 아닙니다. 사도 바울은 오히려 율법의 기능에 대하여 말씀하고 있는데 율법의 역할이 무엇일까.

① 죄를 깨닫게 함

'그런즉 우리가 무슨 말을 하리요 율법이 죄냐 그럴 수 없느니라 **율법으로 말미암지 않고는 내가 죄를 알지 못하였으니** 곧 율법이 탐내지 말라 하지 아니하였더라면 내가 탐심을 알지 못하였으리라' (7절)

죄가 무엇인지를 인식하게 하고 죄를 깨닫게 하는 것이 율법의 기능이라고 말씀하고 있습니다. 율법이 중요함은 율법이 없이는 인간은 죄를 죄로 인식하지 못한다는 데 있습니다. 우리의 삶을 멸망과 죽음으로 이끌어 가는 죄를 깨닫게 하는 데 율법의 가치가 있는 것입니다. 병의 원인을 알지 못하면 치료가 시작되지 못하며 죽음에 이름과 같이 죄를 인식하지 못하게 되면 인간은 결국 죄의 종노릇하다가 사망에 이를 수밖에 없는 것입니다. 율법은 죄를 치료할 능력이 없지만 우리로 하여금 죄를 인식하게 하고 죄를 깨닫게 함으로 우리를 치료자이신 그리스도께로 인도하는 역할을 한다고 갈 3:24절에서 말씀하고 있습니다.

'이같이 율법이 우리를 그리스도께로 인도하는 초등교사가 되어 우리로 하여금 믿음으로 말미암아 의롭다 함을 얻게 하려 함이라'

② 죄가 살아남
율법이 없으면 죄는 어떻게 될까, 율법이 없으면 죄는 죽은 것이 됩니다. 8절 보시면

'그러나 죄가 기회를 타서 계명으로 말미암아 내 속에서 온갖 탐심을 이루었나니 이는 율법이 없으면 죄가 죽은 것임이라'

죄는 율법이 주어지기 전에 세상에 있었고 사람의 본성에 뿌리 깊게 자리 잡고 있었습니다. 이에 대해 성경은 롬 5:13절에서 증거하고 있습니다.

'죄가 율법 있기 전에도 세상에 있었으나 율법이 없었을 때에는 죄를 죄로 여기지 아니하였느니라'

율법이 주어짐으로 인간은 죄를 알게 되었고 죄는 율법을 통하여 살아나게 되었습니다. 율법이 죄를 살아나게 하였다는 사실에 대하여 사도 바울은 9절에서 전하고 있습니다.

'전에 율법을 깨닫지 못했을 때에는 내가 살았더니 **계명이 이르매 죄는 살아나고 나는 죽었도다**'

율법이 없으면 죄는 죽어 있는 것과 마찬가지입니다. 율법이라는 기준이 없으면 죄짓는 행위를 고발할 수 없기 때문입니다. 율법이 없을 때 죄를 죄로 여기지 못하지만 율법이 주어짐으로 죄가 살아나고 그로 인하여 죄인 된 우리는 죽음에 이르러 결국 율법의 계명이 우리를 사망에 이르게 하였다고 사도 바울은 10절 말씀을 기록하고 있습니다.

'생명에 이르게 할 그 **계명이 내게 대하여 도리어 사망에 이르게 하는 것이 되었도다**'

율법의 원래 기능이 무엇일까, 우리를 살리기 위해 주신 선한 법임을 레 18:5절에서 확인할 수 있습니다.

'너희는 내 규례와 법도를 지키라 사람이 이를 행하면 그로 말미암아 살리라 **나는 여호와이니라**'

하나님께서 율법을 주심은 거룩한 백성으로 세우기 위함이요, 의에 이르기 위함이며 사람을 살리기 위해 주셨습니다. 하지만 죄인 된 인간은 율법을 온전히 지킬 수 없게 되었고 율법의 행위로 의에 이르지 못하게 되자 율법은 우리를 죄인으로 고발하고 결국 우리는 율법의 저주 아래 죽을 수밖에 없는 존재가 되었음을 성경은 말씀하고 있습니다. 율법이 없을 때 죄는 죽어 있었지만 율법이 주어짐으로 죄가 살아나게 되었습니다. 죄가 살아나게 되었을 때 우리가 조심해야 할 것이 있습니다. 죄는 언제나 기회를 타서 우리를 속이려 한다는 사실, 사도 바울은 8절과 11절에서 강조하고 있습니다.

'그러나 **죄가 기회를 타서 계명으로 말미암아 내 속에서 온갖 탐심을 이루었나니** 이는 율법이 없으면 죄가 죽은 것임이라'

'**죄가 기회를 타서 계명으로 말미암아 나를 속이고** 그것으로 나를 죽였는지라'

'죄가 기회를 타서' 이 구절이 반복하여 나오고 있습니다. 성령의 법에 매여 사는 우리는 죄짓는 기회를 만들어 주어서는 안 된다는 의미로 해석할 수 있는데 그 이유가 무엇인가, 죄는 우리를 속이려 하기 때문입니다. 사도 바울은 율법으로는 바리새인이요, 율법의 의로는 흠 없는 자라고 자부할 정도로 율법에 목숨을 걸고 살았던 사람이었습니다. 하지만 죄는 율법을 통하여 사도 바울을 속여왔고 그리스도의 원수처럼 살게 했습니다. 예수 믿는 사람을 잡아다 죽이면 이것이 율법을 지키는 것이요, 하나님을 위한 것이라고 사도 바울은 생각했습니다. 하지만 사도 바울은 죄의 속삭임에 넘어간 것입니다. 죄가 율법을 이용하여 사도 바울을 속인 것이고 죄의 속삭임에 넘어간 사도 바울은 하나님을 위한다는 열심을 가지고 그리스도의 원수처럼 행동하는 죄만 지었을 뿐입니다. 사랑하는 성도 여러분! 예수 그리스도를 믿는 우리는 율법의 매임에서 벗어나 성령의 법에 매여 사는 그리스도인이 되었습니다. 하지만 죄는 지금도 우리를 넘어뜨리기 위해 가까이에서 속삭이고 있습니다. 죄의 속삭임에 넘어가지 마시고 성령의 음성에 반응하시기 바랍니다. 말씀 묵상과 기도하는 일에 열심 내시기 바랍니다. 성령의 쟁기로 묵은 땅을 기경하는 수고를 통하여 하나님 기대하시는 성령의 열매, 거룩의 열매, 성화의 열매가 우리의 믿음을 통해 맺혀지기를 주님의 이름으로 축원합니다. 아멘

롬 7:14-25

　우리가 율법은 신령한 줄 알거니와 나는 육신에 속하여 죄 아래에 팔렸도다 내가 행하는 것을 내가 알지 못하노니 곧 내가 원하는 것은 행하지 아니하고 도리어 미워하는 것을 행함이라 만일 내가 원하지 아니하는 그것을 행하면 내가 이로써 율법이 선한 것을 시인하노니 이제는 그것을 행하는 자가 내가 아니요 내 속에 거하는 죄니라 내 속 곧 내 육신에 선한 것이 거하지 아니하는 줄을 아노니 원함은 내게 있으나 선을 행하는 것은 없노라 내가 원하는 바 선은 행하지 아니하고 도리어 원하지 아니하는 바 악을 행하는도다 만일 내가 원하지 아니하는 그것을 하면 이를 행하는 자는 내가 아니요 내 속에 거하는 죄니라 그러므로 내가 한 법을 깨달았노니 곧 선을 행하기 원하는 나에게 악이 함께 있는 것이로다 내 속사람으로는 하나님의 법을 즐거워하되 내 지체 속에서 한 다른 법이 내 마음의 법과 싸워 내 지체 속에 있는 죄의 법으로 나를 사로잡는 것을 보는도다 오호라 나는 곤고한 사람이로다 이 사망의 몸에서 누가 나를 건져내랴 우리 주 예수 그리스도로 말미암아 하나님께 감사하리로다 그런즉 내 자신이 마음으로는 하나님의 법을 육신으로는 죄의 법을 섬기노라

18

하나님을 바라보면 답이 있습니다

　오늘 살펴보는 본문은 로마서에서 가장 해석하기 어려운 내용이라 말할 수 있습니다. 로마서를 강해설교 하는 목회자가 할 수만 있다면 건너뛰고 싶은 본문이 바로 롬 7:14-25절 말씀입니다. 개인적으로 본문을 패스하고 성도들이 기대하는 롬 8장을 설교하고 싶지만 롬 7장이라는 산을 넘어야 우리를 기다리는 은혜의 바다로 들어갈 수 있기 때문에 성령님의 인도하심 속에 본문을 묵상하며 말씀을 준비하게 되었습니다. 본문이 어려운 이유는 신학자들 간에 해석의 차이 때문입니다. 신학자들 사이에 본문에 등장하는 나에 대한 논쟁이 지금도 이어지고 있습니다. 본문에서 나는 과연 누구를 가리키는가에 대한 이해로 해석이 갈라지고 아직까지 답을 내리지 못하고 있습니다. 본문에 언급되는 나는 로마서를 기록하고 있는 사도 바울을 가리키는가 아니면 보편적 인간의 실존을 가리키는 것인가 그리스도를 믿기 전의 나인가 아니면 예수를 믿음으로 거듭남을 경험한 이후의 나인가에 대한 해석의 차이에 따라 본문을 주석하는 내용도 달라지고 있습니다. 동방교회의 교부들은 기독교로 회심하기 이전의 나로 해석하고 있고 마틴 루터나 칼빈 같은 종교 개혁가들은 기독교로 입문한 이후의 나라고 이해하고 있습니다. 어느 해석을 따르느냐에 따라 본문의 내용을 이해하는데 차이가 있을 수 있지만 한쪽의 주장을 따르기보다는 사도 바울이 바라보는 인간론적 관점에서 본문을 해석하며 함께 말씀을 살펴보기 원합니다. 24절에 유명한 탄식의 고백이 나옵니다.

'오호라 나는 곤고한 사람이로다 이 사망의 몸에서 누가 나를 건져내랴'

여기에 나오는 탄식을 사도 바울 개인의 체험에서 나오는 고백으로 이해할 수 있고 아니면 하나님의 법과 죄의 법 사이에서 갈등하고 신음하는 인간의 실존적 고백으로도 이해할 수 있습니다. 중요한 것은 본문을 해석함에 있어 사도 바울의 인간론적 관점에서 말씀을 바라보면 죄 아래 팔린 나, 원함과 행함이 일치하지 않는 나, 하나님의 법과 죄의 법 사이에서 갈등하는 나를 구원하기 위해 그리스도를 보내주신 하나님께 감사의 고백을 드리는 25절까지 나아갈 수 있다는 사실입니다. 25절 보시면 인간론적 갈등에서 시작한 본문이 하나님을 향한 감사의 고백과 찬양으로 마무리되고 있음을 보여주고 있습니다.

'우리 주 예수 그리스도로 말미암아 하나님께 감사하리로다'

하나님을 향한 감사의 고백으로 마무리되기까지 사도 바울은 먼저 율법으로 인하여 죄 아래 팔린 인간의 실존을 제시하고 있습니다. 사도 바울이 바라보는 인간론은 어떤 것인가 14절 보시기 바랍니다.

'우리가 율법은 신령한 줄 알거니와 <u>나는 육신에 속하여 죄 아래에 팔렸도다</u>'

율법에는 죄를 드러내게 하는 기능이 있습니다. 율법이 없으면 죄를 고발할 수 없기에 율법이 없으면 죄는 죽어 있다는 사실에 대하여 사도 바울은 롬 7:8절에서 전하고 있습니다.

'그러나 죄가 기회를 타서 계명으로 말미암아 내 속에서 온갖 탐심을 이루었나니 이는 <u>율법이 없으면 죄가 죽은 것임이라</u>'

하지만 율법이 주어짐으로 죄가 살아난다는 사실, 롬 7:9절에서 기록하고 있습니다.

'전에 율법을 깨닫지 못했을 때에는 내가 살았더니 계명이 이르매 <u>죄는 살아나고 나는 죽었도다</u>'

율법을 통하여 죄가 드러나고 율법은 인간을 죄인으로 고발하는 기능이 있는데 이로 인하여 사람은 죄 아래 팔리게 된다는 인간의 실존을 로마서는 보여주고 있습니다. 또한 사도 바울은 원함과 행함이 일치하지 않는 인간의 모순에 대하여 15절에서 증거하고 있습니다.

'내가 행하는 것을 내가 알지 못하노니 곧 **내가 원하는 것은 행하지 아니하고 도리어 미워하는 것을 행함이라**'

하나님 원하시는 선을 행하지 아니하고 도리어 악을 행하는 인간의 모순에 대하여 성경은 19절에서 말씀하고 있습니다.

'내가 **원하는** 바 선은 행하지 아니하고 도리어 **원하지 아니하는** 바 **악을 행하는도다**'

마지막으로 사도 바울은 마음속에 있는 두 가지 법의 싸움으로 갈등하는 인간에 대하여 22-23절에서 제시하고 있습니다.

'내 속사람으로는 하나님의 법을 즐거워하되 내 지체 속에서 한 **다른 법이 내 마음의 법과 싸워** 내 지체 속에 있는 죄의 법으로 나를 사로잡는 것을 보는도다'

사도 바울이 바라보는 인간론, 율법을 통하여 죄 아래 팔린 인간, 원함과 행함의 모순 속에 갇힌 인간, 두 가지 법의 싸움으로 인하여 갈등하는 인간을 제시하며 오호라 우리는 곤고한 사람이라고 사도 바울은 고백하고 있습니다. 오늘은 사도 바울이 제시하는 인간의 실존을 살펴보면서 죄 아래 팔린 우리를 십자가의 능력으로 구원하여 주시고 성령 안에서 자유의 기쁨을 누리게 하시는 주님을 말씀 가운데 만나는 귀한 은혜가 임하기를 주님의 이름으로 축원합니다.

첫째, 원함과 행함이 일치하지 않는 모순이 우리에게 있다는 것을 인정해야 합니다.

사도 바울이 제시하는 인간론 가운데 특별히 모순의 울타리 안에 갇혀 있는 인간의 실존을 살펴보기 원합니다. 본문에서 사도 바울은 선을 행하기 원하는 나에 대하여 18절과 21절에서 말씀을 전하고 있습니다.

'내 속 곧 내 육신에 선한 것이 거하지 아니하는 줄을 아노니 **원함은 내게 있으나** 선을 행하는 것은 없노라'

'그러므로 내가 한 법을 깨달았노니 곧 **선을 행하기 원하는 나**에게 악이 함께 있는 것이로다'

선을 행하기 원하는 나, 하지만 죄로 인하여 타락한 인간은 선을 행할 능력을 상실하였고 도리어 악을 행하는 모순이 있다는 사실에 대하여 사도 바울은 15절과 19절에서 제시하고 있습니다.

'내가 행하는 것을 내가 알지 못하노니 곧 **내가 원하는 것은 행하지 아니하고 도리어 미워하는 것을 행함이라**'

'내가 원하는 바 **선은 행하지 아니하고 도리어 원하지 아니하는 바 악을 행하는도다**'

하나님 기뻐하시는 선을 행하지 아니하고 도리어 하나님 미워하시는 악을 행하는 이유가 무엇일까, 세 가지로 생각해 볼 수 있습니다.

1. 능력 상실

8절 보시면 '**원함은 내게 있으나 <u>선을 행하는 것은 없노라</u>**' 선을 행하는 것은 없노라, 선을 행할 능력이 없다는 의미로 해석할 수 있습니다. 여기에 죄의 무서움이 있습니다. 죄의 속성 중에 파괴성이 있는데 죄는 우리로 하여금 선을 행할 능력을 상실하게 만드는 힘이 있습니다. 사도 바울은 로마서에서 죄를 권세로 이해하면서 죄의 세력 아래 갇혀 있는 인간은 선을 행할 능력을 상실한 무익한 존재라고 롬 3:9-12절에서 전하고 있습니다.

'그러면 어떠하냐 우리는 나으냐 결코 아니라 유대인이나 헬라인이나 다 **죄 아래에 있다고 우리가 이미 선언하였느니라** 기록된 바 의인은 없나니 하나도 없으며 깨닫는 자도 없고 하나님을 찾는 자도 없고 다 치우쳐 함께 **무익하게 되고 선을 행하는 자는 없나니 하나도 없도다**'

2. 불의의 무기

우리의 몸을 불의의 무기로 내어줄 때 하나님 미워하시는 악을 행할 수밖에 없음을 롬 6:12-14절은 말씀하고 있습니다.

'그러므로 너희는 죄가 너희 죽을 몸을 지배하지 못하게 하여 **몸의 사욕에 순종하지 말고** 또한 **너희 지체를 불의의 무기로 죄에게 내주지 말고** 오직 너희 자신을 죽은 자 가운데서 다시 살아난 자 같이 하나님께 드리며 너희 지체를 의의 무기로 하나님께 드리라'

죄는 우리 몸의 속성을 잘 알고 있습니다. 우리 몸에는 욕심이라는 본성이 담겨 있으며 우리 몸에는 옛사람의 흔적을 가지고 있음을 죄의 세력은 알고 있습니다. 우리의 몸을 불의의 무기로 내주는 순간 우리의 몸은 사탄의 도구가 되어 하나님 미워하시는 악한 열매가 나타날 수밖에 없음을 갈 5:19-21절은 말씀하고 있습니다.

'**육체의 일은 분명하니** 곧 음행과 더러운 것과 호색과 우상 숭배와 주술과 원수 맺는 것과 분쟁과 시기와 분냄과 당 짓는 것과 분열함과 이단과 투기와 술 취함과 방탕함과 또 그와 같은 것들이라 전에 너희에게 경계한 것 같이 경계하노니 이런 일을 하는 자들은 하나님의 나라를 유업으로 받지 못할 것이요'

3. 죄의 속삭임

지난번에 우리는 사도 바울이 자신의 경험을 통하여 죄의 속삭임에 넘어가서는 안 된다는 말씀을 살펴보았습니다. 롬 7:11절 보시면

'**죄가 기회를 타서 계명으로 말미암아 나를 속이고** 그것으로 나를 죽였는지라'

사도 바울은 다메섹 도상에서 부활의 주님을 만나고서야 죄가 기회를 타서 계명으로 말미암아 자신을 속였다는 사실을 깨닫게 되었습니다. 사도 바울은 그리스도를 만나기 전까지 율법의 수호자로 살았던 사람이었습니다. 그리스도인들을 잡아 죽이면 교회를 무너뜨리면 이것이 율법을 지키는 것이요, 이것이 하나님을 위한 의로운 행동이라 생각했습니다. 하지만 이것은 죄가 율법을 이용하여 사도 바울을 속

인 것이고 바울은 죄의 속삭임에 넘어가 그리스도의 원수처럼 죄짓는 도구로 전락한 것입니다. 사도 바울은 자신의 경험을 바탕으로 죄의 속삭임에 넘어가서는 안 된다고 경고하고 있습니다. 죄의 속삭임에 반응하기 시작하면 우리는 하나님 미워하시는 악을 행하는 마귀의 종이 될 수밖에 없음을 로마서는 강조하고 있습니다. 사람에게는 선을 행하기 원하는 나와 악을 행하기 원하는 나, 두 개의 자아가 존재하지만 죄의 속삭임에 반응하면 선을 행하기 원하는 나는 사라지고 악을 행하는 자신을 볼 수밖에 없다고 18-19절에서 말씀하고 있습니다.

'내 속 곧 내 육신에 선한 것이 거하지 아니하는 줄을 아노니 **원함은 내게 있으나 선을 행하는 것은 없노라** 내가 원하는 바 선은 행하지 아니하고 도리어 원하지 아니하는 바 악을 행하는도다'

여기에 우리의 고민과 갈등이 있습니다. 왜 우리는 원하는 선을 행하지 아니하고 원하지 아니하는 악을 행하는 것일까, 이에 대해 사도 바울은 우리 속에 죄가 거하기 때문이라고 20절에서 기록하고 있습니다.

'만일 내가 원하지 아니하는 그것을 하면 이를 행하는 자는 **내가 아니요 내 속에 거하는 죄니라**'

사도 바울은 인간의 모순을 합리화하기 위하여 죄에게 핑계 대는 것이 아니라 그만큼 죄가 가지고 있는 힘이 무섭다는 사실을 강조하고 있는 것입니다. 성경에 나오는 믿음의 인물을 살펴보면 모순덩어리를 안고 있으며 죄의 유혹을 이겨내지 못하는 연약함을 볼 수 있습니다. 믿음의 조상 아브라함도 인간적인 두려움을 이겨내지 못하여 사람들에게 거짓말을 하면서 하나님의 영광을 가린 적이 있습니다. 하나님 마음에 합한 다윗도 몸의 사욕을 이겨내지 못하여 간접 살인을 저지르며 성적 타락의 늪에 빠지는 모습을 보여주고 있습니다. 사람은 누구나 원함과 행함이 일치하지 않는 모순을 가지고 있습니다. 사도 바울은 본문에서 원함과 행함이 일치하지 않는 인간의 실존을 지적하고 있는 것입니다. 원하는 선은 행하지 아니하고 하나님 미워하시는 악을 행함으로 원함과 행함이 일치하지 않는 모순이 있으며 그 이유는 우리 안에 죄가 거하기 때문이라고 알려주고 있습니다. 어떻게 하면 우리가 모순의 울타리에서 벗어나 하나님 원하시는 선을 행할 수 있을까, 약점을 강점으로 만들면 가능할 수 있습니다.

4. 능력 상실에서 능력 구함의 자리로

죄는 우리로 하여금 선을 행할 능력을 상실하게 만들고 그로 인하여 우리는 원하는 선을 행하지 아니하고 원하지 아니하는 악을 행하는 모순을 안고 살아가고 있습니다. 이것을 뒤집기 위해서는 능력 상실에서 능력 구함의 자리로 나아가야 합니다. 우리에게는 선을 행할 능력이 없습니다. 우리에게는 죄와 맞서 싸울 힘이 없습니다. 우리에게는 원함과 행함이 일치하지 않는 모순이 있습니다. 이것을 극복하기 위하여 능력 구함의 자리로 나아가야 하는 이유가 여기에 있습니다. 내게 능력 주시는 자 안에서 내가 모든 것을 할 수 있다는 사도 바울의 고백이 우리의 기도제목이 되어야 하는 것입니다. 능력 상실에 머무르지 말고 능력 구함의 자리로 나아갈 때 하나님은 우리에게 세상과 싸워 이길 수 있는 힘을 주신다는 사실 믿으시기 바랍니다.

선지자 엘리야를 기억하십니까. 바알과 아세라 선지자와 싸울 때 엘리야가 했던 것은 능력 구함의 자리로 나아가는 것이었습니다. 왕상 18:36절 보시면

'저녁 소제 드릴 때에 이르러 선지자 엘리야가 **나아가서** 말하되 아브라함과 이삭과 이스라엘의 하나님 여호와여 주께서 이스라엘 중에서 하나님이신 것과 내가 주의 종인 것과 내가 주의 말씀대로 이 모든 일을 행하는 것을 오늘 알게 하옵소서'

엘리야가 능력 구함의 자리로 나아갔을 때 하나님 어떻게 응답하셨습니까. 왕상 18:38절 보시기 바랍니다.

'**이에 여호와의 불이 내려서** 번제물과 나무와 돌과 흙을 태우고 또 도랑의 물을 핥은지라'

사랑하는 성도 여러분! 능력 상실의 자리에 머무르지 마시고 능력 구함의 자리로 나아가시기 바랍니다. 엎드림의 자리로 나아가는 자가 전능하신 하나님을 만날 수 있는 것입니다. 부르짖는 자에게 응답의 불 내려주실 것입니다. 두드리는 자에게 하늘의 문을 열어주시고 감당할 수 있는 능력 주시는 하나님으로 인하여 승리의 인생 살아가는 우리 모두가 될 수 있기를 주님의 이름으로 축원합니다.

5. 불의의 무기에서 의의 무기로

죄의 세력은 우리 몸에 타락한 본성이 심겨 있음을 알고 있습니다.

죄는 우리로 하여금 몸의 사욕을 따르라고 불의의 무기로 사용하라고 지금도 유혹하고 있습니다. 하나님 원하시는 선을 행하기 위해서 우리의 몸을 불의의 무기가 아닌 하나님의 의를 이루는 도구로 내어 드려야 합니다. 사도 바울은 성도의 몸을 가리켜 성령이 거하시는 성전으로 부르고 있고 무엇을 하든지 하나님의 영광을 위하여 하라고 강조하고 있습니다. 한때 우리의 몸이 교회에 머무르는 시간이 많았습니다. 홀로 사시는 노인분들을 위하여 반찬을 만들어 드리고 여름성경학교 수련회 따라다니면서 맛있는 음식 만들어 주고 길거리에서 전도 용품 나누어 주면서 우리의 몸이 하나님 나라를 위하여 교회 사역을 위하여 바빴던 시절이 있었습니다. 하나님을 위하여 우리의 몸을 내어 드릴 때 그 시간은 우리의 몸이 의의 무기가 되어 하나님 원하시는 선을 이룰 수 있음을 기억하시고 기회 주실 때 하나님 기뻐하시는 일에 헌신하는 그리스도인 되실 수 있기를 간절히 소망합니다.

6. 죄의 속삭임에서 성령의 음성으로

현대인에게 있어 반응은 속도로 평가하지만 기독교에 있어 반응은 방향으로 평가합니다. 어느 쪽으로 반응하느냐에 따라 나타나는 결과가 엄청난 차이가 있기 때문입니다. 갈 6:8절 보시면

'**자기의 육체를 위하여 심는 자**는 육체로부터 썩어질 것을 거두고 **성령을 위하여 심는 자**는 성령으로부터 영생을 거두리라'

자기의 육체를 위하여 심는 자는 죄의 속삭임에 반응하며 사는 자를 가리키고 그 결과는 썩어질 것을 거두게 될 것이라 성경은 경고하

고 있습니다. 성령을 위하여 심는 자는 성령의 음성에 반응하는 정도를 가리키며 축복의 열매 거두게 될 것을 약속하고 있습니다. 원하는 선을 행하지 아니하고 원하지 아니하는 악을 행하는 이유, 죄의 속삭임에 반응하기 때문입니다. 성령을 따라 행하라 그리하면 육체의 욕심을 이루지 아니하리라는 성경의 말씀대로 성령이 주시는 사인에 민감하게 반응하심으로 하나님 기뻐하시는 선한 열매가 우리의 삶에 가득하기를 주님의 이름으로 축원합니다.

둘째, 그리스도인은 분명한 신앙고백을 가지고 살아야 합니다.

사도 바울은 죄 아래 팔린 인간, 원함과 행함이 일치하지 않는 인간의 모순을 지적하며 사람에게는 두 개의 자아가 존재함을 21절에서 전하고 있습니다.

'그러므로 내가 한 법을 깨달았노니 곧 <u>선을 행하기 원하는 나에게 악이 함께 있는 것이로다</u>'

선을 행하기 원하는 나와 악을 행하기 원하는 나, 두 개의 자아가 존재함으로 인간은 원함과 행함이 일치하지 않는 모순에 갇히게 되는데 두 개의 자아가 존재하는 이유가 무엇인가 22-23절에서 답을 찾을 수 있습니다.

'내 속사람으로는 <u>하나님의 법</u>을 즐거워하되 내 지체 속에서 한 <u>다른 법</u>이 내 마음의 법과 싸워 내 지체 속에 있는 <u>죄의 법</u>으로 나를 사로잡는 것을 보는도다'

사람의 마음속에 하나님의 법을 따르려는 속사람과 죄의 법을 따르려는 두 개의 자아가 존재함을 성경은 말씀하고 있습니다. 마음은 하나님의 법과 죄의 법이 싸우는 전쟁터요, 마음으로는 하나님의 법을 육신으로는 죄의 법을 따르는 것이 인간의 실존임을 사도 바울은 기록하고 있습니다. 하나님의 법과 죄의 법의 싸움으로 인해 사람은 갈등하는 존재가 될 수밖에 없음을 24절에서 사도 바울은 고백하고 있습니다.

'<u>오호라 나는 곤고한 사람이로다</u> 이 사망의 몸에서 누가 나를 건져내랴'

죄 아래 팔린 나, 원함과 행함이 일치하지 않는 나, 마음으로는 하나님의 법을 육신으로는 죄의 법을 따르는 나, 이러한 나를 누가 구원해 줄 수 있을 것인가, 이에 대한 답을 사도 바울은 25절에서 선포하고 있습니다.

'우리 주 예수 그리스도로 말미암아 하나님께 감사하리로다'

여기에 사도 바울의 신앙고백이 담겨 있습니다. 죄 아래 팔린 나, 원함과 행함이 일치하지 않는 나, 마음으로는 하나님의 법을 육신으로는 죄의 법을 따르는 나를 구해 줄 수 있는 분은 오직 예수 그리스도뿐이며 우리에게 구원자를 보내주신 하나님께 감사의 고백을 드리며 본문은 마무리하고 있습니다. 성도 여러분, 25절을 마음에 새기시기 바랍니다.

'우리 주 예수 그리스도로 말미암아 하나님께 감사하리로다'

이 말씀 묵상하면서 중요한 메시지를 깨닫게 되었습니다. 그리스도인은 분명한 신앙고백을 가지고 살아가야 한다는 사실입니다.

7. 예수 그리스도가 나의 주되심을 고백해야 합니다

사도 바울은 예수 그리스도를 가리켜 우리 주라고 고백하고 있습니다. '주'라는 단어는 힘과 권력을 뜻하는 퀴리오스에서 유래되었는데 헬라 문화권에서는 주인, 통치자라는 의미로 사용되었습니다. 사도 바울이 예수 그리스도를 향해 주라고 부르는 것은 내 삶의 주인은 예수님이시며 주님이 나의 모든 것을 다스리는 통치자이심을 고백하기 위함입니다. 예수 그리스도가 당신에게 어떤 분이십니까, 물으신다면 즉각적으로 대답할 수 있는 신앙고백이 우리 안에 있어야 합니다. 왜냐하면 예수 그리스도를 향한 신앙고백을 가진 자가 하늘 보좌에서 영광의 찬송을 부를 수 있기 때문입니다. 계 7:9-10절은 우리의 신앙고백이 되는 말씀입니다.

'이 일 후에 내가 보니 각 나라와 족속과 백성과 방언에서 아무도 능히 셀 수 없는 큰 무리가 나와 흰 옷을 입고 손에 종려 가지를 들고 보좌 앞과 어린 양 앞에 서서 큰 소리로 외쳐 이르되 **구원하심이 보좌에 앉으신 우리 하나님과 어린 양에게 있도다** 하니'

죄 아래 팔린 우리, 율법의 저주 아래 있는 우리를 구원하기 위하여 예수님께서 이 땅에 오셔서 십자가의 제물이 되어주셨습니다. 나를 위하여 모든 것을 쏟아주신 주님을 바라보며 그리스도가 나의 모든 것 되심을 고백하는 우리의 믿음 될 수 있기를 간절히 소망합니다.

8. 하나님을 향한 감사의 고백

25절 보시면

'**우리 주 예수 그리스도로 말미암아 하나님께 감사하리로다** 그런즉 내 자신이 마음으로는 하나님의 법을 육신으로는 죄의 법을 섬기노라'

죄 아래 팔린 나, 원함과 행함이 일치하지 않는 나, 마음으로는 하나님의 법을 육신으로는 죄의 법을 따르는 나, 우리에게 선을 행할 능력이 있을까, 모순의 울타리에서 빠져나올 힘이 있을까, 죄의 법과 싸워 이길 능력이 있을까. 우리를 보면 답이 없지만 하나님을 바라보면 답이 있습니다. 하나님은 죄 아래 팔린 우리를 구원하기 위해 예수님을 보내주셨습니다. 원함과 행함이 일치하지 않는 모순을 극복하도록 하나님 우리에게 선을 행할 수 있는 믿음을 주셨습니다. 하나님은 죄의 법과 싸워 이길 수 있도록 보혜사 성령을 보내주셨습니다. 하나님을 향하여 감사의 고백을 가지고 살아가는 것이 성도의 바른 믿음임을 사도 바울은 강조하고 있습니다. 25절에 나오는 감사라는 단어는 헬라어로 '카리스'라고 하는데 성경에서 은혜로 번역하고 있습니다. 모든 것이 하나님의 은혜임을 고백하며 감사의 마음을 가지고 살아가는 우리가 되었으면 좋겠습니다.

'하나님을 바라보면 답이 있습니다. 하나님을 바라보면 답이 있습니다'

예수 그리스도가 내 삶의 주인 되시며 모든 것이 하나님의 은혜임을 고백하며 살아가는 여러분들에게 우리 하나님 답이 되어주심으로 인생의 고민과 갈등이 해결되어 하나님께 감사와 영광을 올려드리는 우리 모두가 될 수 있기를 주님의 이름으로 축원합니다. 아멘

롬 8:1-11

그러므로 이제 그리스도 예수 안에 있는 자에게는 결코 정죄함이 없나니 이는 그리스도 예수 안에 있는 생명의 성령의 법이 죄와 사망의 법에서 너를 해방하였음이라 율법이 육신으로 말미암아 연약하여 할 수 없는 그것을 하나님은 하시나니 곧 죄로 말미암아 자기 아들을 죄 있는 육신의 모양으로 보내어 육신에 죄를 정하사 육신을 따르지 않고 그 영을 따라 행하는 우리에게 율법의 요구가 이루어지게 하려 하심이니라 육신을 따르는 자는 육신의 일을, 영을 따르는 자는 영의 일을 생각하나니 육신의 생각은 사망이요 영의 생각은 생명과 평안이니라 육신의 생각은 하나님과 원수가 되나니 이는 하나님의 법에 굴복하지 아니할 뿐 아니라 할 수도 없음이라 육신에 있는 자들은 하나님을 기쁘시게 할 수 없느니라 만일 너희 속에 하나님의 영이 거하시면 너희가 육신에 있지 아니하고 영에 있나니 누구든지 그리스도의 영이 없으면 그리스도의 사람이 아니라 또 그리스도께서 너희 안에 계시면 몸은 죄로 말미암아 죽은 것이나 영은 의로 말미암아 살아 있는 것이니라 예수를 죽은 자 가운데서 살리신 이의 영이 너희 안에 거하시면 그리스도 예수를 죽은 자 가운데서 살리신 이가 너희 안에 거하시는 그의 영으로 말미암아 너희 죽을 몸도 살리시리라

19

하나님을 기쁘시게 할 것이 무엇인가

    롬 8장을 가리켜 사람들은 성령장이라 부르고 있습니다. 롬 8장을 성령장이라 부르는 이유는 성령이 많이 언급되기 때문일 것입니다. 롬 8장에는 영이라는 단어가 무려 21번이나 나오는데 그중 2번을 제외한 19번이 성령을 가리키고 있습니다. 롬 8장을 통해 우리는 사도 바울의 성령론을 읽을 수 있는데 기억하실 것은 사도 바울의 성령론은 기독론을 기초로 하고 있다는 사실입니다. 예수 그리스도와 성령의 사역을 사도 바울은 떨어질 수 없는 불가분의 관계로 이해하고 있는데 성령장이라 부르는 롬 8장은 어떻게 시작하고 있는가, 1절 보시기 바랍니다.

    '그러므로 이제 **그리스도 예수 안에 있는 자에게는 결코 정죄함이 없나니**'

그리스도 예수 안에 있는 자에게는 결코 정죄함이 없다고 사도 바울은 선언하고 있습니다. 그 이유가 무엇인가 3-4절 때문입니다.

'**율법이 육신으로 말미암아 연약하여 할 수 없는 그것을 하나님은 하시나니 곧 죄로 말미암아** 자기 아들을 죄 있는 육신의 모양으로 보내어 육신에 죄를 정하사 육신을 따르지 않고 그 영을 따라 행하는 우리에게 **율법의 요구가 이루어지게 하려 하심이니라**'

하나님은 율법의 요구를 이루지 못하는 사람들을 위하여 자기 아들에게 육신을 입혀 세상에 보내주셨습니다. 예수님은 하나님의 공의를 이루기 위하여 속죄의 제물이 되어주셨고 십자가의 죽음으로 율법의 요구를 이루어 주셨습니다. 예수의 십자가 죽음으로 그리스도와 연합한 성도는 옛사람이 죽고 죄의 몸이 죽어 율법의 얽매임에서 벗어나는 길이 열리게 되었습니다. 이를 근거로 성령은 그리스도 안에 있는 자들을 죄와 사망의 법에서 해방시키는 구원의 역사를 이루어 주셨다는 사실 2절에서 전하고 있습니다.

'이는 그리스도 예수 안에 있는 **생명의 성령의 법이 죄와 사망의 법에서 너를 해방하였음이라**'

성령의 사역으로 말미암아 죄와 사망 그리고 율법의 매임에서 해방된 성도는 더 이상 육신을 따르지 않고 성령을 따르는 존재가 되어야 함을 사도 바울은 5-6절에서 강조하고 있습니다.

'**육신을 따르는 자**는 육신의 일을, **영을 따르는 자**는 영의 일을 생각하나니 **육신의 생각은 사망이요 영의 생각은 생명과 평안이니라**'

그리스도 안에 있는 성도가 육신을 따라 살아서는 안 되는 이유를 성경은 7-8절에서 말씀하고 있습니다.

'**육신의 생각은 하나님과 원수가 되나니** 이는 하나님의 법에 굴복하지 아니할 뿐 아니라 할 수도 없음이라 **육신에 있는 자들은 하나님을 기쁘시게 할 수 없느니라**'

예수 그리스도를 믿는 성도에게는 세 가지 죽음의 사건이 일어나게 됩니다. 그리스도와 연합한 성도는 옛사람이 죽고 죄의 몸이 죽고 율법에 대하여 죽임을 당한다는 사실 롬 6:6과 롬 7:4절은 말씀하고 있습니다.

'우리가 알거니와 **우리의 옛 사람이 예수와 함께 십자가에 못 박힌 것은 죄의 몸이 죽어** 다시는 우리가 죄에게 종 노릇 하지 아니하려 함이니'
'그러므로 내 형제들아 **너희도 그리스도의 몸으로 말미암아 율법에 대하여 죽임을 당하였으니** 이는 다른 이 곧 죽은 자 가운데서 살아나신 이에게 가서 우리가 하나님을 위하여 열매를 맺게 하려 함이라'

그리스도와 연합한 성도는 옛사람이 죽었습니다. 죄의 몸이 죽었습니다. 율법에 대하여 죽임을 당했습니다. 이로 인하여 그리스도 안에 있는 성도는 죄와 사망의 법에서 해방되었고 성령의 법에 매여 사는 새로운 피조물이 되었습니다. 이러한 은혜의 역사를 일으키신 분이 성령이십니다. 그리스도 안에 있는 성도가 육신을 따르지 아니하고 성령을 따라 사는 것은 은혜받은 자의 마땅한 반응임을 사도 바울은 강조하고 있습니다. 또한 사도 바울은 성령을 가리켜 하나님의 영, 그리스도의 영이라 표현하면서 성령이 없으면 우리는 그리스도의 사람이 될 수 없다고 롬 8:9절에서 선언하고 있습니다.

'만일 너희 속에 하나님의 영이 거하시면 너희가 육신에 있지 아니하고 영에 있나니 누구든지 그리스도의 영이 없으면 그리스도의 사람이 아니라'

사도 바울은 승천하신 그리스도가 성령을 통하여 우리 안에 현존하고 계시다는 사실, 우리 안에 거하시는 성령을 통하여 주님께서 우리와 함께 계시다는 사실, 10절에서 증거하고 있습니다.

'또 그리스도께서 너희 안에 계시면 몸은 죄로 말미암아 죽은 것이나 영은 의로 말미암아 살아 있는 것이니라'

마지막으로 하나님께서 성령을 통하여 예수 그리스도를 죽은 자 가운데서 살리셨다면 우리 안에 거하시는 성령을 통하여 하나님께서 우리의 죽을 몸도 살리신다는 사실 11절에서 성경은 약속하고 있습니다.

'예수를 죽은 자 가운데서 살리신 이의 영이 너희 안에 거하시면 그리스도 예수를 죽은 자 가운데서 살리신 이가 너희 안에 거하시는 그의 영으로 말미암아 너희 죽을 몸도 살리시리라'

오늘은 롬 8장에 기록된 성령의 사역을 살펴보면서 말씀 나눌 때 성령의 법에 매여 사는 우리에게 하나님 기뻐하시는 성령의 열매가 나타날 수 있기를 주님의 이름으로 축원합니다.

첫째, 성령은 그리스도의 십자가와 부활을 우리의 구원을 위한 사건으로 적용하십니다.

사도 바울이 전하고자 하는 성령의 사역이 무엇인가 본문을 중심으로 6가지를 살펴보기 원합니다.

1. 믿음

사도 바울은 1절에서 그리스도 예수 안에 있는 자에게는 결코 정죄함이 없다고 선포하고 있습니다.

'그러므로 이제 그리스도 예수 안에 있는 자에게는 결코 정죄함이 없나니'

정죄라는 단어의 원래 의미는 심판입니다. 율법의 저주로 정죄를 받게 된 자는 죄로 말미암아 심판을 받게 된다는 것, 죄인에게 정해진 운명이었습니다. 그런데 성경은 그리스도 예수 안에 있는 자는 결코 정죄함을 받지 아니한다고 심판에 이르지 아니한다고 선언하고 있습니다. 여기서 중요한 것은 '그리스도 예수 안에'입니다. 그리스도 안에 있는 자는 정죄함을 당하지 아니하고 심판에 이르지 아니한다는 사실 사도 바울이 전하고 싶은 복음이 아닌가 생각됩니다. 그러면 누가 그리스도 예수 안에 들어갈 수 있을까, 사람의 노력, 사람의 선행, 사람의 수고나 행위로 말미암지 아니하고 오직 믿음으로 된다는 사실 성경은 롬 3:27절에서 증거하고 있습니다.

'그런즉 자랑할 데가 어디냐 있을 수가 없느니라 무슨 법으로냐 행위로냐 아니라 **오직 믿음의 법으로니라**'

그리스도 안에 들어간다는 것은 그리스도와 연합한 자가 된다는 의미로 오직 믿음으로 된다는 사실 로마서는 강조하고 있습니다. 이토록 중요한 믿음을 주시는 분이 성령이십니다. 성령께서 믿음을 일으키시고 구원의 길로 인도하지 않으셨다면 우리는 아직도 그리스도 밖에 있는 무가치한 존재가 될 수밖에 없습니다. 원래 우리는 그리스도 밖에 있었으며 하나님의 약속과는 상관이 없는 소망 없는 존재였음을 엡 2:12절은 말씀하고 있습니다.

'**그 때에 너희는 그리스도 밖에 있었고** 이스라엘 나라 밖의 사람이라 **약속의 언약들에 대하여는 외인이요 세상에서 소망이 없고 하나님도 없는 자이더니**'

그리스도 밖에 있던 우리, 약속의 언약들과 상관없던 우리, 소망 없이 살아가던 우리를 위하여 성령께서 믿음을 주심으로 그리스도 안에 들어가게 하셨습니다. 언약의 상속자가 되게 하셨습니다. 우리에게 소망의 문을 열어주심으로 하나님의 나라를 바라보며 살게 하셨습니다. 성령께서 믿음을 주셨기에 우리는 그리스도와 연합한 자가 되었고 예수의 십자가로 나의 옛사람이 죽고 예수의 부활이 나의 부활이 되게 하셨습니다. 성령이 주신 믿음이 얼마나 소중한가, 믿음을 주시지 않았다면 우리는 결단코 그리스도와 연합한 자가 될 수 없으며 구원의 울타리 밖에서 소망 없는 존재로 살 수밖에 없는 것입니다. 1절 보시기 바랍니다.

'그러므로 이제 <u>그리스도 예수 안에 있는 자</u>에게는 결코 정죄함이 없나니'

그리스도 예수 안에 있다는 것, 하나님 주시는 최고의 축복임을 믿으시기 바랍니다. 그리스도 예수 안에 있는 자는 결코 정죄함이 없음을 그리스도 안에 있는 자는 심판에 이르지 아니함을 성경은 약속하고 있습니다. 사랑하는 성도 여러분! 그리스도 안에 있음에 감사하시기 바랍니다. 원래 우리는 그리스도 밖에 있던 무가치한 존재였습니다. 하나님의 약속과 상관없는 자였으며 우리에게는 구원의 소망이 없었습니다. 하지만 성령께서 믿음을 주심으로 2000년 전에 일어난 예수의 십자가와 부활이 나의 구원을 위한 사건이 되게 하셨습니다. 성령은 믿음을 통하여 그리스도와 연합한 성도가 되게 하셨고 죄의 몸이 죽고 사망 권세가 죽고 율법의 저주에서 벗어나게 하셨습니다. 성령은 믿음을 소유한 우리를 언약의 상속자로 세워주셨고 하나님 나라를 향하여 소망의 문을 열어주셨습니다. 우리에게 천하보다 귀한 믿음 주심에 감사드리며 성령과 함께 행복한 동행의 길을 걷는 우리 모두가 될 수 있기를 주님의 이름으로 축원합니다.

2. 새로운 섬김

2절 보시기 바랍니다.

'이는 그리스도 예수 안에 있는 **생명의 성령의 법이 죄와 사망의 법에서 너를 해방하였음이라**'

성령의 사역에서 사도 바울이 강조하는 것은 자유입니다. 예수 그리스도를 믿음으로 성령은 죄와 사망 권세 아래 살던 우리 율법의 얽매임에 살던 우리를 해방시켜 주셨습니다. 그런데 여기에 우리가 잊어서는 안 되는 중요한 사실이 있습니다. 우리를 자유하게 하기 위해 하나님은 엄청난 대가를 치르셨다는 사실입니다. 죄와 사망의 법에서 우리를 해방시키기 위해 하나님이 얼마나 비싼 대가를 지불하셨는가, 3-4절 보시면

'율법이 육신으로 말미암아 연약하여 할 수 없는 그것을 하나님은 하시나니 곧 죄로 말미암아 **자기 아들을 죄 있는 육신의 모양으로 보내어** 육신에 죄를 정하사 육신을 따르지 않고 그 영을 따라 행하는 우리에게 **율법의 요구가 이루어지게 하려 하심이니라**'

사람이 율법의 요구를 이루지 못한 것은 율법에 문제가 있어서가 아니라 육신의 연약함 때문입니다. 죄의 본성을 안고 있는 육신은 하나님 주신 율법을 지키지 못하였고 죄의 법을 따르게 하였습니다. 이로 인하여 율법은 우리를 죄인으로 고발하게 되었고 율법의 저주 아래 묶어놓았습니다. 율법의 매임에서 벗어나기 위해서는 누군가 율법

의 요구를 성취해야 하는데 하나님은 이를 위해 예수님을 이 땅에 보내주셨습니다. 사람의 몸을 입고 오신 예수님은 우리를 대신하여 십자가의 제물이 되어주셨고 그로 인하여 하나님은 우리의 죄를 예수님에게 예수님의 의로움을 우리에게 전가시킬 수 있었습니다. 죄 많은 우리를 의롭다 칭하여 주시기 위해 하나님은 예수님을 죄 있는 모양으로 죽게 하셨고 비싼 대가를 지불하시며 율법의 요구를 이루어 주셨다는 사실 잊지 마시기를 바랍니다. 예수 그리스도의 십자가 죽음은 죄와 사망의 법에서 해방시킬 수 있는 법적 근거가 되었고 성령은 우리에게 믿음을 통하여 구원의 역사를 이루어 주셨습니다. 성령의 사역으로 인하여 우리는 얽매임에서 벗어나 새로운 섬김의 영역으로 들어가게 되었다는 사실, 사도 바울은 롬 7:6절 말씀을 전해주고 있습니다.

'이제는 우리가 얽매였던 것에 대하여 죽었으므로 **율법에서 벗어났으니 이러므로 우리가 영의 새로운 것으로 섬길 것이요** 율법 조문의 묵은 것으로 아니할지니라'

죄와 사망의 법에서 해방된 우리가 새로운 섬김의 영역으로 들어가게 된다는 것이 무엇을 의미하는가, 이에 대해 사도 바울은 2절에서 성령의 법에 매여 사는 존재가 되었음을 알려주고 있습니다. 사도 바울에게 있어 해방은 자유를 의미함과 동시에 새로운 섬김의 영역으로 들어가는 것을 의미합니다. 죄의 법에 매여 살았다면 이제는 우리가 성령의 법에 매여 살아야 한다는 것입니다. 죄의 종노릇하며 살았다면 이제는 성령께 순종하며 살아야 하는 것입니다. 죄의 속삭임에 반응하며 살았다면 이제는 우리가 성령의 음성에 반응하며 성령의 열매를 맺는 그리스도의 사람 될 수 있기를 간절히 소망합니다.

3. 생각

그리스도 예수 안에 있는 자는 성령의 생각을 따르는 영적인 존재가 되어야 함을 사도 바울은 5-6절에서 전하고 있습니다.

'**육신을 따르는 자**는 육신의 일을, **영을 따르는 자**는 영의 일을 생각하나니 **육의 생각**은 사망이요 **영의 생각**은 생명과 평안이니라'

그리스도 밖에 있는 자는 육신을 따르는 자요, 육신을 따르는 자는 육신의 일을 생각하며 마지막은 사망이라고 선언하고 있습니다. 그리스도 안에 있는 성도는 성령을 따르는 자요 영적인 일을 생각하며 생명과 평안의 축복 누리게 될 것을 사도 바울은 강조하고 있습니다. 롬 8장에서 사도 바울은 생각이라는 단어를 중요하게 다루는데 생각이 존재를 결정한다는 메시지를 전해주고 있습니다. 생각이라는 단어는 헬라어로 '프로네마'라고 하는데 로마서 8장에서만 4번 등장하고 있습니다. 롬 8장에 나오는 생각은 그냥 무엇을 생각하다가 아니라 지속적으로 품고 있는 생각을 가리키고 있습니다. 마음속에 지속적으로 품고 있는 것이 생각이며 생각이 행동을 지배한다는 사실 사도 바울은 강조하고 있습니다. 중요한 것은 육신을 따르는 자가 육신의 일을 지속적으로 생각하면 그 결과는 죽음으로 이어질 수밖에 없다는 사실입니다. 육신의 생각이 사망으로 이어지는 이유가 무엇일까, 하나님이 원수처럼 생각하는 것, 하나님이 기뻐하시지 않는 것을 지속적으로 생각하기 때문입니다. 7-8절 보시기 바랍니다.

'**육신의 생각은 하나님과 원수가 되나니** 이는 하나님의 법에 굴복하지 아니할 뿐 아니라 할 수도 없음이라 육신에 있는 자들은 **하나님을 기쁘시게 할 수 없느니라**'

육신의 생각이 사망에 이르는 이유가 있습니다. 육신의 생각은 하나님과 원수가 되기 때문입니다. 육신의 생각은 하나님의 법에 굴복하기를 싫어하기 때문입니다. 육신의 생각은 하나님을 기쁘시게 할 수 없기 때문입니다. 성령의 법에 매여 사는 우리, 무엇을 생각하며 살아야 할까요. '하나님 기뻐하시는 것이 무엇일까' 이것을 지속적으로 생각하고 그 생각을 행동으로 옮기면 우리는 성령이 역사하시는 그리스도의 사람이 될 수 있는 것입니다. 이 시간 엡 5:10절 말씀 주목하시기 바랍니다.

'주를 기쁘시게 할 것이 무엇인가 시험하여 보라'

주를 기쁘시게 할 것이 무엇인지 생각하게 되면 그 생각이 성령의 열매를 맺는 씨앗이 될 수 있는 것입니다. 본문 5절 보시면 '영을 따르는 자'라는 구절이 있습니다. 성령의 법에 매여 사는 성도는 성령의 생각을 따라야 함을 말씀하고 있습니다. 성령의 생각을 따르는 것이 하나님의 법에 굴복하는 순종의 믿음이며 하나님 기뻐하시는 삶의 시작이 될 수 있는 것입니다. 생각이 존재를 결정한다는 말이 있습니다. 지속적으로 품고 있는 생각이 나의 존재를 결정하게 되는 것입니다.

그리스도 안에 있는 우리는 성령의 법에 매여 사는 예수의 사람임을 기억하시고 성령께서 주시는 생각을 행동으로 옮기는 과정을 통하여 하나님 기뻐하시는 열매가 나타날 수 있기를 주님의 이름으로 축원합니다.

4. 그리스도인

성령의 사역 가운데 중요한 것은 성령은 우리로 하여금 그리스도의 사람이 되게 하신다는 사실 9절에서 말씀하고 있습니다.

'만일 너희 속에 하나님의 영이 거하시면 너희가 육신에 있지 아니하고 영에 있나니 누구든지 그리스도의 영이 없으면 그리스도의 사람이 아니라'

하나님의 영, 그리스도의 영 모두 성령을 가리키는 것으로 성령이 없으면 그리스도의 사람이 아니라고 사도 바울은 선언하고 있습니다. 나는 그리스도의 사람인가 이 질문에 답을 하기 원하신다면 고전 12:3절 말씀에 아멘으로 화답할 수 있어야 합니다.

'그러므로 내가 너희에게 알리노니 하나님의 영으로 말하는 자는 누구든지 예수를 저주할 자라 하지 아니하고 또 성령으로 아니하고는 누구든지 예수를 주시라 할 수 없느니라'

예수 그리스도를 향하여 주님이라고 고백하십니까, 내 안에 성령이 계심을 믿으시기 바랍니다. 제자훈련 하면서 질문을 던질 때가 있습니다. 성령 받으셨습니까 질문하면 네라고 대답을 잘하십니다. 진짜 성령 받으셨습니까, 세게 질문하면 대답 소리가 작아지는 것을 볼 때가 있습니다. 예수 그리스도가 나의 주되심을 믿음으로 고백하고 그리스도인이 되게 하시는 것은 성령의 사역입니다. 설령 그리스도인답게 살지 못한다 할지라도 그리스도의 사람으로 세워주시는 성령의 사역은 누구도 막을 수 없습니다. 이것을 불가항력의 은혜라고 말할 수 있습니다. 성령으로 아니하고는 누구든지 예수를 주시라 할 수 없느니라, 내 안에 성령이 거하심을 확신하며 아무 자격 없는 나를 그리스도인으로 세워주신 성령께 감사의 고백을 드리는 우리의 믿음 될 수 있기를 간절히 소망합니다.

5. 그리스도의 현존

예수님께서 승천하실 때 마지막으로 주신 말씀이 있습니다. 눅 24:49절입니다.

'**볼지어다** 내가 내 아버지께서 약속하신 것을 너희에게 보내리니 **너희는 위로부터 능력으로 입혀질 때까지 이 성에 머물라 하시니라**'

주님께서 무엇을 약속하셨습니까, 성령을 보내주시겠다 약속하셨습니다. 이 말씀을 복음서 기자들이 성경에 남겨놓은 이유가 있습니다. 주님께서 성령을 통하여 우리와 함께 계심을 알리기 위함입니다. 예수 그리스도께서 성령을 통하여 우리 안에 현존하고 계시다는 사실, 사도 바울은 10절에서 증거하고 있습니다.

'또 **그리스도께서 너희 안에 계시면** 몸은 죄로 말미암아 죽은 것이나 영

은 의로 말미암아 살아 있는 것이니라'

성령을 가리켜 9절에서는 그리스도의 영이라고 소개하고 있습니다. 성령은 그리스도가 거하는 영이요 예수님은 성령을 통하여 우리 안에 임재하고 계심을 믿으시기 바랍니다.

6. 부활의 보증

11절 보시면

'예수를 죽은 자 가운데서 살리신 이의 영이 너희 안에 거하시면 그리스도 예수를 죽은 자 가운데서 살리신 이가 너희 안에 거하시는 그의 영으로 말미암아 너희 죽을 몸도 살리시리라'

사도 바울이 성령을 가리켜 뭐라고 기록하고 있습니까, '예수를 죽은 자 가운데서 살리신 이의 영'이라고 소개하고 있습니다. 성령은 예수를 죽은 자 가운데서 살리신 하나님의 영이며 하나님은 우리 안에 거하시는 성령을 통하여 우리의 죽을 몸을 살리실 것을 성경은 약속하고 있습니다. 우리 안에 거하시는 성령을 통하여 우리의 죽을 몸을 살리신다는 말씀, 성령이 부활의 보증이 되심을 사도 바울은 강조하고 있습니다. 성령이 부활의 보증이 되시는 이유가 무엇일까, 우리는 성령을 통하여 예수 그리스도와 연합한 자가 되었기 때문입니다. 하나님께서 성령을 통하여 예수를 죽은 자 가운데서 살아나게 하셨다면 하나님은 우리 안에 거하시는 성령을 통하여 그리스도와 연합한 우리의 몸도 다시 살아나게 하신다는 말씀, 성령이 부활의 보증이 될 것을 믿으시기 바랍니다.

　이제 말씀을 맺고자 합니다. 사도 바울은 롬 8장에서 기독론에 근거한 성령의 사역을 제시하고 있습니다. 성령께서 믿음을 주심으로 2000년 전 그리스도의 십자가와 부활이 나의 구원을 위한 사건이 되게 하셨습니다. 죄와 사망의 법에 매여 살던 우리를 성령의 법에 매여 사는 새로운 섬김의 영역으로 옮겨주셨습니다. 육신의 생각을 따르며 살던 우리를 하나님 기뻐하시는 것이 무엇인가를 생각하는 그리스도인이 되게 하셨습니다. 성령이 우리 안에 거하심으로 예수 그리스도를 나의 주로 고백하는 성도가 되게 하셨습니다. 예수님께서 성령을 통하여 우리 안에 임재하심으로 그리스도의 현존을 날마다 느끼게 하셨습니다. 그리스도와 연합한 우리, 예수의 부활이 나의 부활이 될 것을 성령께서 보증해 주셨습니다. 지금도 우리 안에 거하시는 성령과 함께 하나님을 기쁘시게 할 것이 무엇인가 생각하며 성령의 생각을 삶으로 실천하는 우리를 통해 성령의 열매가 나타나기를 주님의 이름으로 축원합니다. 아멘

롬 8:12-17

    그러므로 형제들아 우리가 빚진 자로되 육신에게 져서 육신대로 살 것이 아니니라 너희가 육신대로 살면 반드시 죽을 것이로되 영으로써 몸의 행실을 죽이면 살리니 무릇 하나님의 영으로 인도함을 받는 사람은 곧 하나님의 아들이라 너희는 다시 무서워하는 종의 영을 받지 아니하고 양자의 영을 받았으므로 우리가 아빠 아버지라고 부르짖느니라 성령이 친히 우리의 영과 더불어 우리가 하나님의 자녀인 것을 증언하시나니 자녀이면 또한 상속자 곧 하나님의 상속자요 그리스도와 함께 한 상속자니 우리가 그와 함께 영광을 받기 위하여 고난도 함께 받아야 할 것이니라

20

그리스도와 함께 한 상속자

　우리는 성령장이라 부르는 롬 8장을 시작하면서 성령의 사역이 무엇인가를 살펴보았습니다. 성령은 그리스도 밖에 있던 우리를 믿음을 통하여 2000년 전 그리스도의 십자가와 부활이 나의 구원을 위한 사건이 되게 하셨습니다. 성령의 역사로 우리는 그리스도와 연합한 자가 되었고 언약의 상속자가 되었으며 하나님의 나라를 바라보며 소망을 품게 되었습니다. 성령은 죄와 사망의 법에 매여 있던 우리를 해방시켜 주었고 율법의 매임에서 벗어나 성령의 법에 매여 사는 새로운 섬김의 영역으로 옮겨주셨습니다. 성령은 하나님을 기쁘시게 할 것이 무엇인가를 생각하게 하시며 육신의 일을 따르지 않고 성령을 따라 사는 영적인 존재가 되게 하셨다고 사도 바울은 롬 8:5-6절에서 전하고 있습니다.

'육신을 따르는 자는 육신의 일을, 영을 따르는 자는 영의 일을 생각하나니 육신의 생각은 사망이요 영의 생각은 생명과 평안이니라'

성령은 우리로 하여금 예수 그리스도를 주라 고백하게 하심으로 그리스도인이 되게 하셨음을 롬 8:9절은 말씀하고 있습니다.

'만일 너희 속에 하나님의 영이 거하시면 너희가 육신에 있지 아니하고 영에 있나니 누구든지 그리스도의 영이 없으면 그리스도의 사람이 아니라'

성령은 그리스도의 영으로 승천하신 예수님이 우리 안에 현존하고 계심을 날마다 느끼게 하신다고 사도 바울은 강조하고 있습니다. 마지막으로 하나님께서 성령을 통하여 예수를 죽은 자 가운데서 살리셨다면 하나님은 우리 안에 거하시는 성령을 통하여 우리의 죽을 몸도 살아나게 하심으로 성령이 부활의 보증이 되심을 롬 8:11절은 약속하고 있습니다.

'예수를 죽은 자 가운데서 살리신 이의 영이 너희 안에 거하시면 그리스도 예수를 죽은 자 가운데서 살리신 이가 너희 안에 거하시는 그의 영으로 말미암아 너희 죽을 몸도 살리시리라'

오늘 본문에서 사도 바울은 어떤 메시지를 전하고자 하는 것일까, 사도 바울은 성도를 가리켜 빚진 자라고 부르고 있습니다. 12절 보시면

'그러므로 형제들아 우리가 빚진 자로되'

사도 바울이 그리스도인을 가리켜 빚진 자라고 부르는 것은 성령을 선물로 받았기 때문입니다. 그리스도인이 된다는 것은 하나님의 영, 그리스도의 영이신 성령을 소유한 자가 되었다는 것으로 성령은 하나님 주시는 최고의 영적 축복이라 말할 수 있습니다. 성령 받은 사람은 육신대로 살아서는 안 되며 성령을 따라 살아야 하는 영적 존재가 되어야 함을 12-13절은 말씀하고 있습니다.

'그러므로 형제들아 **우리가 빚진 자로되 육신에게 져서 육신대로 살 것이 아니니라** 너희가 육신대로 살면 반드시 죽을 것이로되 **영으로써 몸의 행실을 죽이면 살리니**'

성령 받은 그리스도인이 육신의 본능대로 살아서는 안 되며 영적인 삶을 살아야 하는 이유가 무엇인가 롬 8:10절 때문입니다.

'또 그리스도께서 너희 안에 계시면 **몸은 죄로 말미암아 죽은 것이나 영은 의로 말미암아 살아 있는 것이니라**'

본문에서 사도 바울은 성령의 인도함을 받는 사람은 하나님의 아들이 되었다고 선언하면서 성령을 가리켜 양자의 영이라 부르고 있습니다. 14-15절 보시면

'무릇 **하나님의 영으로 인도함을 받는 사람은 곧 하나님의 아들이라** 너희는 다시 무서워하는 종의 영을 받지 아니하고 **양자의 영을 받았으므로 우리가 아빠 아버지라고 부르짖느니라**'

성령은 그리스도인을 하나님의 자녀 되게 하는 양자의 영으로 성령 받은 사람은 하나님을 향하여 아빠 아버지라 부를 수 있다고 로마서는 말씀하고 있습니다. 하나님을 아버지라 부를 수 있다는 것은 하나님과 새로운 관계가 이루어졌다는 것을 의미합니다. 성령은 자격 없는 우리를 그리스도와 연합한 자가 되게 하시고 하나님을 향하여 아버지라 부를 수 있도록 양자의 영을 주셨습니다. 성령은 우리가 하나님의 자녀 된 것을 친히 증언하신다고 16절에서 증거하고 있습니다.

'**성령이** 친히 우리의 영과 더불어 **우리가 하나님의 자녀인 것을 증언하시나니**'

하나님을 향하여 아버지라 부른다는 것이 얼마나 귀한 은혜요, 축복인가 하나님을 아버지라 부른다는 것은 하나님께서 우리를 책임져 주신다는 것을 의미합니다. 하나님을 아버지라 부른다는 것은 하나님 나라의 유업을 이을 자가 되었다는 것을 뜻하며 하나님을 아버지라 부른다는 것은 그리스도와 함께 상속자가 된다는 것을 의미한다는 사실, 사도 바울이 전하고 싶은 메시지입니다. 17절 보시면

'자녀이면 또한 상속자 곧 **하나님의 상속자요 그리스도와 함께 한 상속자니** 우리가 그와 함께 영광을 받기 위하여 고난도 함께 받아야 할 것이니라'

그리스도와 함께 상속자가 된 성도는 주님과 함께 영광을 받기 위하여 그리스도의 고난에 동참해야 함을 로마서는 강조하고 있습니다. 그리스도와 함께 상속자가 되었다는 것이 무엇을 의미할까, 그리스도

의 영광에 동참하기 위하여 고난도 함께 받아야 한다는 말씀이 무엇을 가리키는 것일까, 오늘은 그리스도와 함께 한 상속자라는 제목 가지고 그 의미를 함께 찾아가며 말씀의 은혜를 나누기 원합니다.

첫째, 그리스도인은 나는 죽고 예수로 살고자 하는 몸부림이 필요합니다.
사도 바울은 성도를 향하여 빚진 자라고 부르고 있습니다. 사도 바울이 그리스도인을 가리켜 빚진 자라고 부르는 이유가 무엇인가 은혜 받은 자이기 때문입니다. 다음의 구절들을 보시기 바랍니다.

9절 '만일 너희 속에 하나님의 영이 거하시면'
10절 '또 그리스도께서 너희 안에 계시면'
11절 '예수를 죽은 자 가운데서 살리신 이의 영이 너희 안에 거하시면'

우리 안에 하나님의 영이 거하신다고 성경은 말씀하고 있습니다. 그리스도께서 성령을 통하여 현존하고 계심을 성경은 증거하고 있습니다. 예수를 죽은 자 가운데서 살리신 성령이 우리 안에 임재하고 계심을 사도 바울은 전하고 있습니다. 그리스도인이 된다는 것은 하나님의 영, 그리스도의 영이신 성령을 소유한 사람이 된다는 것을 의미합니다. 성령 받은 사람은 죄와 사망의 법에서 해방되는 구원의 기쁨을 누릴 수 있습니다. 성령 받은 사람은 그리스도와 연합한 자가 될 뿐만 아니라 그리스도와 함께 상속자가 되어 하나님 나라를 유업으로 받을 것을 성경은 약속하고 있습니다. 성령을 받는다는 것은 하나님 주신 최고의 영적 축복을 의미하며 사도 바울이 성령 받은 사람을 가리켜 빚진 자라고 부르는 것은 은혜받은 자이기 때문입니다. 빚진 자라는 단어는 헬라어 문헌에서 무엇인가를 갚아야 할 의무와 책임을 뜻함과 동시에 신으로부터 은혜받은 대가를 치러야 한다는 의미를 가지고 있습니다. 이에 대해 사도 바울은 성령 받은 그리스도인들을 향해 빚진 자의 심정을 가지고 살아야 한다고 12절에서 기록하고 있습니다.

'그러므로 형제들아 우리가 빚진 자로되 육신에게 져서 육신대로 살 것이 아니니라'

성령 받은 사람은 최고의 영적 축복을 받은 자이기 때문에 더 이상 육신에 끌려다니는 삶을 살아서는 안 된다고 로마서는 말씀하고 있습니다. 빚진 자의 의식을 가지지 않고 육신이 원하는 대로 살았을 때 어떤 결과로 돌아올 것인가, 13절 보시기 바랍니다.

'너희가 육신대로 살면 반드시 죽을 것이로되 영으로써 몸의 행실을 죽이면 살리니'

육신대로 살면 반드시 죽음을 맞이하는 이유가 무엇인가 육신의 본능대로 살면 남는 것은 죄밖에 없으며 죄의 삯은 사망이라는 대가를 치러야 하기 때문입니다. 성령을 소유한 우리 어떻게 해야 은혜받은 자답게 살 수 있을까.

1. 성령을 근심하게 하는 것
성령 받은 우리가 은혜받은 자로서 살기 위해서는 성령을 근심하게 하는 일이 무엇인가를 알고 있어야 합니다. 기억해야 할 것은 사탄 마귀는 우리의 약점을 이용하여 넘어뜨린다는 사실입니다. 사탄은 우리가 무엇에 약한지 알고 있고 약점이라는 틈을 이용하여 우리를 넘어뜨리려 한다는 것 잊지 마시기 바랍니다. 삼손은 그 시대 사사로 부름받았지만 육신의 정욕이라는 약점 때문에 하나님의 마음을 아프게 했습니다. 사울은 이스라엘의 초대 왕으로 세움받는 은혜를 입었지만 교만이라는 약점 때문에 실패자로 전락하였습니다. 아나니아와 삽비라에게 성도의 옷을 입혀 주었지만 돈의 욕심을 이겨내지 못하여 사단의 도구가 되어버렸습니다. 사탄 마귀는 우리의 약점을 알고 있고 약한 틈이 보이기만 하면 우리 안에 들어와 죄의 종으로 만들어 버린다는 사실 잊어서는 안 됩니다. 성령 받은 우리가 하나님 기뻐하시는 삶을 살기 위해 해야 할 일이 있습니다. 성령을 근심하게 만드는 나의 약점이 무엇인가를 정확히 알고 있어야 합니다. 내가 안고 있는 약점이 마귀의 도구가 되지 않도록 성령의 도우심을 구해야 합니다. 성령은 우리를 도우시는 보혜사이십니다. 나의 약점이 성령의 근심이 되지 않도록 도우심을 구할 때 나의 약함이 그리스도의 능력이 머무는 이유가 되어 약함을 강함으로 바꾸어 주시는 성령의 역사가 나타난다는 사실 고후 12:9-10절은 말씀하고 있습니다.

'나에게 이르시기를 내 은혜가 네게 족하도다 이는 **내 능력이 약한 데서 온전하여짐이라** 하신지라 그러므로 도리어 크게 기뻐함으로 **나의 여러 약한 것들에 대하여 자랑하리니** 이는 **그리스도의 능력이 내게 머물게 하려 함이라** 그러므로 내가 그리스도를 위하여 약한 것들과 능욕과 궁핍과 박해와 곤고를 기뻐하노니 이는 **내가 약한 그 때에 강함이라**'

2. 날마다 죽는 연습

성령 받은 사람은 그리스도와 연합한 자가 되어 그의 옛사람이 십자가에 죽게 됩니다. 하지만 아직도 남아 있는 것이 있습니다. 우리의 몸에는 옛사람의 습관, 옛사람의 흔적이 남아 있음을 인정하지 아니할 수 없습니다. 죄는 우리 몸에 남아 있는 옛사람의 습관과 흔적을 건드려서 옛사람으로 돌아가게 만든다는 데 문제가 있습니다. 이를 위해 우리가 해야 할 일이 있습니다. 나의 옛사람은 그리스도와 함께 죽었다는 사실을 날마다 선포해야 합니다. 나의 옛사람이 그리스도와 함께 죽었다는 것은 나는 죽고 예수로 살겠다는 하나님과의 약속입니다. 사도 바울은 갈 2:20절에서 이제는 내가 사는 것이 아니요, 내 안에 그리스도께서 사시는 것이라 고백하고 있습니다.

'내가 그리스도와 함께 십자가에 못 박혔나니 그런즉 이제는 내가 사는 것이 아니요 오직 내 안에 그리스도께서 사시는 것이라 이제 내가 육체 가운데 사는 것은 나를 사랑하사 나를 위하여 자기 자신을 버리신 하나님의 아들을 믿는 믿음 안에서 사는 것이라'

그리스도인이 된다는 것은 나는 죽고 예수로 사는 사람을 의미합니다. 성령 받은 사람으로서 어떻게 하면 우리가 예수의 사람으로 살 수 있을까, 날마다 죽는 연습이 필요합니다. 죽는다는 단어는 헬라어로 '끊어버리다'라는 뜻을 가지고 있습니다. 날마다 죽는 연습을 한다는 것은 아직도 남아 있는 옛사람의 습관을 끊어버리는 훈련이 필요함을 뜻합니다. 로마서를 기록한 사도 바울도 날마다 자신을 죽이는 훈련을 하지 않으면 성령의 사람으로 살 수 없음을 고전 15:31절에서 고백하고 있습니다.

'형제들아 내가 그리스도 예수 우리 주 안에서 가진 바 너희에 대한 나의 자랑을 두고 단언하노니 **나는 날마다 죽노라**'

나는 날마다 죽노라, 나는 죽고 예수로 살기 위해 몸부림쳤던 사도 바울의 외침을 우리는 기억해야 합니다. 나는 죽고 예수로 살기 위해 몸부림치는 자가 진정한 그리스도인입니다. 이를 위해 우리는 날마다 죽는 연습이 필요함을 사도 바울은 강조하고 있는 것입니다. 사랑하는 성도 여러분! 우리는 성령을 소유한 사람으로 최고의 영적 축복을 받은 자입니다. 은혜받은 자로서 성령을 근심하게 하는 것이 무엇인지를 정직하게 고백하며 성령의 도우심을 구할 때 옛사람의 습관이 끊어지고 옛사람의 흔적을 지움으로 나는 죽고 예수로 사는 우리를 통하여 하나님의 거룩하심이 증거될 수 있기를 주님의 이름으로 축원합니다.

둘째, 하나님을 아버지라 부르는 성도는 그리스도와 모든 것을 함께 하는 공동 상속자가 되었습니다.

사도 바울은 하나님의 영으로 인도함을 받는 사람이 하나님의 자녀가 될 수 있다고 14절에서 전하고 있습니다.

'무릇 **하나님의 영으로 인도함을 받는 사람은 곧 하나님의 아들이라**'

성령 받은 사람이 하나님의 자녀가 된다. 이것이 어떻게 가능한 일인가, 15절에서 찾아볼 수 있습니다.

'너희는 다시 무서워하는 종의 영을 받지 아니하고 **양자의 영을 받았으므로 우리가 아빠 아버지라고 부르짖느니라**'

무서워하는 종의 영이라는 표현이 나오는데 종의 영은 두려움을 느끼게 하는 영이라는 뜻입니다. 두려움을 느끼게 한다는 것은 하나님에 대한 경외심이 아니라 사람을 움츠러들게 만드는 공포심을 일으킨다는 의미입니다. 무엇을 잘못하였을 때 신이 노하지 않을까 하지 말아야 할 것을 하게 되었을 때 신이 저주하지 않을까, 이런 생각이 두려움과 무서움을 느끼게 하는 종의 영이라고 사도 바울은 알려주고 있습니다. 우리는 무서워하는 종의 영을 받지 아니하고 양자의 영을 받았다고 로마서는 말씀하고 있습니다. 성령을 가리켜 양자의 영이라 부르는 이유가 무엇인가, 성령을 가리켜 성경은 그리스도의 영이라고 기록하고 있습니다. 또한 성경은 예수님을 가리켜 하나님의 아들이라 증거하고 있습니다. 예수님께서 하나님과 아들의 관계를 이루고 계신다면 그리스도와 연합한 성도로 하여금 하나님의 자녀 되게 하시는 것이 성령의 사역입니다. 이러한 성령의 사역을 가리켜 사도 바울은 양자의 영이라 부르고 있습니다. 양자의 영이라는 것은 그리스도와 연합한 성도를 하나님과 자녀의 관계를 맺게 하시는 성령의 역할을 가리키는 표현입니다. 하나님의 영으로 인도함을 받는 사람이 하나님의 아들이 된다는 14절 말씀대로 성령은 우리로 하여금 하나님의 자녀 되게 하시는 양자의 영이심을 사도 바울은 강조하고 있습니다. 성령께서 우리를 하나님의 자녀로 세워주실 때 어떤 변화가 일어나게 되는가.

3. 양자의 특권

성경 주석가 바클레이는 양자의 영이신 성령을 받은 사람에게 주어지는 특권을 다음과 같이 설명하고 있습니다.

① 법적으로 입양된 사람은 그의 옛 생활을 문제 삼지 않는다.
② 입양된 사람은 가족으로서의 권리를 누리게 된다.
③ 입양된 사람은 아버지의 유산 상속자가 된다.

아무 자격 없는 우리를 성령께서 양자로 삼으시고 하나님의 자녀로 세워주실 때 우리의 옛사람을 문제 삼지 않으십니다. 하나님 나라의 가족이 되게 하십니다. 하나님의 나라를 유업으로 물려받을 상속자로 세워주십니다. 양자의 영이신 성령께서 우리를 하나님의 자녀 삼아주신 것이 얼마나 귀한 축복인지 고백하지 아니할 수 없습니다.

4. 아빠 아버지

15절 마지막 보시면 '양자의 영을 받았으므로 우리가 아빠 아버지라고 부르짖느니라' 성령 받은 우리는 하나님을 향하여 아빠 아버지라 부를 수 있는 자격이 주어짐을 성경은 말씀하고 있습니다. 아빠 아버지는 아버지를 가리키는 아람어와 헬라어가 혼합된 명칭입니다. 하나님을 향하여 아버지라 부른다는 것은 하나님과 우리 사이에 새로운 관계가 이루어졌음을 말합니다. 관계는 신분을 뜻하고 신분은 그에 어울리는 의무와 책임을 부여하게 됩니다. 하나님을 아버지라 부르는 우리는 하나님의 자녀답게 살아야 할 거룩한 의무가 있습니다. 성도로 부름 받은 우리가 구별된 존재로 살아야 하는 이유 거룩한 삶을 살아야 하는 이유 하나님을 아버지라 부르는 주의 자녀가 되었기 때문입니다. 또한 하나님을 아버지라 부르는 우리를 하나님은 끝까지 책임져 주신다는 사실. 사 49:15절에서 성경은 약속하고 있습니다.

'여인이 어찌 그 젖 먹는 자식을 잊겠으며 자기 태에서 난 아들을 긍휼히 여기지 않겠느냐 <u>그들은 혹시 잊을지라도 나는 너를 잊지 아니할 것이라</u>'

성령께서 우리를 하나님의 자녀로 세워주셨기에 신분에 어울리는 수준 있는 삶이 따라와야 합니다. 성도의 길을 걷는 우리를 통해 하나님의 거룩하심이 세상에 증거될 때 하나님께서 우리의 인생을 끝까지 책임져 주시기를 간절히 소망합니다.

5. 그리스도와 함께 한 상속자

성령 받은 우리를 가리켜 성경은 그리스도와 연합한 자가 되었다고 롬 6:5절에서 선언하고 있습니다.

'만일 우리가 그의 죽으심과 같은 모양으로 **연합한 자**가 되었으면 또한 그의 부활과 같은 모양으로 **연합한 자**도 되리라'

중요한 것은 성령은 그리스도와 연합한 우리를 그리스도와 모든 것을 함께 하는 상속자로 세워주신다는 사실입니다. 17절 보시면

'자녀이면 또한 상속자 곧 **하나님의 상속자요 그리스도와 함께 한 상속자니** 우리가 그와 함께 영광을 받기 위하여 고난도 함께 받아야 할 것이니라'

성령을 통하여 하나님을 아버지라 부르는 자가 그리스도와 함께 상속자가 되어 하나님의 나라를 유업으로 물려받는다는 사실, 갈 4:6-7절은 증거하고 있습니다.

'너희가 아들이므로 하나님이 **그 아들의 영을 우리 마음 가운데 보내사 아빠 아버지라 부르게 하셨느니라** 그러므로 네가 이 후로는 종이 아니요 아들이니 **아들이면 하나님으로 말미암아 유업을 받을 자니라**'

본문 17절 보시면 사도 바울은 우리를 가리켜 하나님의 상속자요, 그리스도와 함께 한 상속자가 되었다고 기록하고 있습니다. 하나님의 상속자가 되었다는 것은 하나님의 나라를 유업으로 받을 자가 되었다는 것이요, 그리스도와 함께 상속자가 되었다는 것은 그리스도와 모든 것을 함께 하는 공동상속인이 되었다는 것을 의미합니다. 이것이 어떻게 가능한 일인가, 예수님께서 십자가의 수난을 앞에 두시고 겟세마네 동산에서 마지막 기도를 드리셨을 때 하나님을 어떻게 부르셨는가, 막 14:36절 보시면

'이르시되 **아빠 아버지여** 아버지께서는 모든 것이 가능하오니 이 잔을 내게서 옮기시옵소서 그러나 나의 원대로 마시옵고 아버지의 원대로 하옵소서 하시고'

예수님께서 하나님을 향하여 아빠 아버지라 부르셨다면 양자의 영이신 성령을 통하여 우리도 하나님을 아빠 아버지라 부를 수 있습니다. 하나님을 아버지라 부르는 우리를 성령께서 하나님 나라의 상속자로 삼아주셨습니다. 그리스도와 연합한 우리를 예수와 함께 상속자로 세워주셨습니다. 그리스도와 함께 상속자가 되었다는 것은 그리스도와 모든 것을 함께 하는 공동상속인이 되었다는 것을 의미합니다. 그리스도와 모든 것을 함께 하는 공동상속인, 이것은 축복임과 동시에 책임이 주어졌다는 것을 의미합니다. 17절 보시면

'자녀이면 또한 상속자 곧 하나님의 상속자요 <u>그리스도와 함께 한 상속자니 우리가 그와 함께 영광을 받기 위하여 고난도 함께 받아야 할 것이니라</u>'

그리스도와 함께 공동상속인이 된 우리, 주님의 영광에 동참하기 위하여 예수님이 걸어가신 십자가, 고난의 길을 가야 함을 성경은 말씀하고 있습니다. 주님의 영광에 동참하기 위하여 우리가 걸어야 할 길이 무엇일까. 사람들이 가고자 하는 넓은 길이 아닌 가기 싫어하는 좁은 길을 갈 수 있어야 합니다. 사람들이 좋아하는 육신의 정욕, 안목의 정욕, 이생의 자랑을 예수의 이름으로 버릴 수 있어야 합니다. 사람들이 좋아하는 높은 자리가 아닌 낮은 자리에서 섬길 수 있는 겸손의 믿음이 있어야 합니다. 중요한 것은 성령과 함께 십자가를 지는 마음으로 좁은 길, 섬김의 길, 희생의 길을 걷는 자가 그리스도의 영광에 참여할 수 있음을 성경은 약속하고 있습니다. 성령 받은 우리, 하나님 주시는 최고의 영적 축복을 받았습니다. 성령을 통하여 우리

는 하나님을 아버지라 부르게 되었습니다. 성령을 통하여 우리는 하나님의 나라를 물려받는 상속자가 되었습니다. 성령을 통하여 우리는 그리스도와 모든 것을 함께 하는 공동상속인이 되었음을 로마서는 말씀하고 있습니다. 하나님께서 우리에게 은혜를 베푸시는 이유가 있습니다. 빌 1:29절 보시기 바랍니다.

'**그리스도를 위하여 너희에게 은혜를 주신 것은** 다만 그를 믿을 뿐 아니라 또한 **그를 위하여 고난도 받게 하려 하심이라**'

예수님과 연합한 성도로서 그리스도의 영광에 동참하기 위하여 주님 가신 십자가의 길을 묵묵히 걸어가는 우리 모두가 될 수 있기를 주님의 이름으로 축원합니다. 아멘

생각하건대 현재의 고난은 장차 우리에게 나타날 영광과 비교할 수 없도다 피조물이 고대하는 바는 하나님의 아들들이 나타나는 것이니 피조물이 허무한 데 굴복하는 것은 자기 뜻이 아니요 오직 굴복하게 하시는 이로 말미암음이라 그 바라는 것은 피조물도 썩어짐의 종 노릇 한 데서 해방되어 하나님의 자녀들의 영광의 자유에 이르는 것이니라 피조물이 다 이제까지 함께 탄식하며 함께 고통을 겪고 있는 것을 우리가 아느니라 그뿐 아니라 또한 우리 곧 성령의 처음 익은 열매를 받은 우리까지도 속으로 탄식하여 양자 될 것 곧 우리 몸의 속량을 기다리느니라 우리가 소망으로 구원을 얻었으매 보이는 소망이 소망이 아니니 보는 것을 누가 바라리요 만일 우리가 보지 못하는 것을 바라면 참음으로 기다릴지니라

21

참음으로 기다릴지니라

우리는 지난 시간에 사도 바울이 성도를 가리켜 빚진 자라고 부르는 장면을 롬 8:12절에서 살펴보았습니다.

'그러므로 형제들아 **우리가 빚진 자로되** 육신에게 져서 육신대로 살 것이 아니니라'

사도 바울이 성도를 향하여 빚진 자라고 부르는 이유는 성령을 받은 자이기 때문입니다. 성령은 하나님 주신 최고의 영적 축복이며 사도 바울이 성령 받은 성도를 가리켜 빚진 자라고 부르는 것은 은혜받은 자이기 때문입니다. 성령을 받은 우리 어떻게 해야 은혜받은 자답게 살 수 있을까, 성령을 근심하게 만드는 나의 약점이 무엇인가를 알고 그 약함이 사탄이 이용하는 도구가 되지 않도록 성령의 도우심을 구해야 합니다. 성령 받은 사람은 육신의 본능대로 살아서는 안 되며 영적인 존재로 살아가야 하는데 이를 위해 성도는 날마다 죽는 연습이 필요함을 기억하시기 바랍니다. 그리스도인이 된다는 것은 나는 죽고 예수로 사는 사람을 의미합니다. 성령 받은 사람으로서 어떻게 하면 우리가 예수의 사람으로 살 수 있을까, 날마다 죽는 연습이 필요합니다. 죽는다는 단어는 헬라어로 '끊어버리다'라는 뜻을 가지고 있습니다. 날마다 죽는 연습을 한다는 것은 아직도 남아 있는 옛사람의 습관을 끊어버리는 훈련이 필요함을 의미하는 것입니다. 또한 사도 바울은 성령 받은 성도를 향하여 하나님을 아빠 아버지라 부를 수 있는 자격이 주어졌음을 강조하며 하나님 나라의 유업을 약속받았을 뿐 아니라 그리스도와 모든 것을 함께 하는 공동 상속자가 되었다는 말씀을 전해주었습니다. 성령 받은 우리가 하나님을 향하여 아버지라 부를 때 어떤 변화가 일어나게 되는가, 하나님을 아버지라 부른다는 것은 하나님과 우리 사이에 화목의 관계가 이루어졌음을 의미하며 하나님은 아버지라 부르는 주의 자녀들을 책임져 주신다는 사실 성경은 약속하고 있습니다. 성령 받은 우리는 하나님 나라를 기업으로 받는 하나님의 상속자가 되었을 뿐만 아니라 그리스도와 모은 것을 함께 하는 공동상속인이 되었다는 사실 롬 8:17절에서 말씀하고 있습니다.

'자녀이면 또한 상속자 곧 하나님의 상속자요 그리스도와 함께 한 상속자니 우리가 그와 함께 영광을 받기 위하여 고난도 함께 받아야 할 것이니라'

사도 바울은 성령 받은 성도를 가리켜 그리스도와 함께 한 상속자라 부르면서 그와 함께 영광을 받기 위하여 고난도 함께 받아야 함을 선언하고 있습니다. 그리스도가 누리고 있는 영광에 동참하기 위하여 성도로 부름받은 우리는 왜 고난에 참여해야 하는가, 이 질문에 답을 주는 것이 오늘 본문이 시작되는 18절입니다.

'생각하건대 현재의 고난은 장차 우리에게 나타날 영광과 비교할 수 없도다'

로마서는 고난과 핍박 속에 믿음을 지키고 있는 로마의 성도들을 위해 기록한 목회서신서입니다. 사도 바울은 로마에 있는 성도들의 형편을 이해하면서 현재의 고난을 인내의 믿음으로 이겨내야 한다고 말씀을 전하고 있습니다. 왜냐하면 현재 당하고 있는 고난이 장차 누리게 될 영광과 비교할 수 없기 때문이라고 사도 바울은 위로와 소망의 말씀을 전하고 있습니다. 또한 사도 바울은 성도가 누리게 될 영광을 피조물도 고대하고 있다고 하나님의 자녀들이 영광의 자유에 이르는 날 피조물도 썩어짐의 종노릇에서 해방되는 회복의 기쁨 누리게 될 것을 19, 21절에서 기록하고 있습니다.

'피조물이 고대하는 바는 하나님의 아들들이 나타나는 것이니'
'그 바라는 것은 피조물도 썩어짐의 종 노릇 한 데서 해방되어 하나님의 자녀들의 영광의 자유에 이르는 것이니라'

하나님은 성도가 누리게 될 영광에 대한 보증으로 성령을 보내주셨으며 우리는 구원이 완성되는 그날을 소망 가운데 기다려야 함을 23절은 말씀하고 있습니다.

'그뿐 아니라 또한 우리 곧 성령의 처음 익은 열매를 받은 우리까지도 속으로 탄식하여 양자 될 것 곧 우리 몸의 속량을 기다리느니라'

현재의 고난과 비교할 수 없는 영광의 날을 성령을 통하여 보증받은 우리는 그날이 임하기까지 참음으로 기다려야 함을 사도 바울은 24-25절에서 결론의 말씀을 제시하고 있습니다.

'우리가 소망으로 구원을 얻었으매 보이는 소망이 소망이 아니니 보는 것을 누가 바라리요 만일 우리가 보지 못하는 것을 바라면 참음으로 기다릴지니라'

사도 바울이 본문을 통해 전하고 싶은 복음이 무엇일까. 현재의 고난은 장차 나타날 영광과 비교할 수 없다는 사실, 우리의 구원이 완성될 보증으로 하나님께서 성령을 보내주셨다는 사실, 주님께서 오시는 날은 우리의 구원이 완성되는 날이요, 주님과 함께 영화의 단계로 들어가는 영광스러운 날이기 때문에 그날을 소망하며 현재의 고난을 참고 이겨내야 한다는 것이 사도 바울이 전하고 싶은 메시지가 아닐까, 생각됩니다. 오늘은 '참음으로 기다릴지니라' 이 제목 가지고 말씀 나눌 때 인내의 믿음을 가지고 하나님의 날을 기다리는 여러분들에게 모든 것을 회복시키시고 영광의 날을 맞이하게 하시는 하나님께 감사를 드리는 우리 모두가 될 수 있기를 주님의 이름으로 축원합니다.

첫째, 믿음을 가진 성도는 하나님의 결론을 가지고 살아야 합니다.

본문을 읽어보면 눈에 들어오는 단어가 있습니다. 소망이라는 단어입니다. 19절에 고대하는 바, 21절에 그 바라는 것은, 24절에 소망으로, 25절에 바라면 이 모든 표현들이 성도가 품어야 할 소망을 가리키고 있습니다. 사도 바울이 로마에 있는 성도를 향하여 소망을 품고 살아야 함을 강조하는 이유가 무엇일까. 믿음을 가진 사람은 어떤 형편에서도 하나님의 결론을 가지고 살아야 하기 때문입니다. 18절 보시면

'생각하건대 현재의 고난은 장차 우리에게 나타날 영광과 비교할 수 없도다'

사도 바울은 현재의 고난과 나타날 영광을 대조하면서 지금 당하고 있는 어려움이 장차 누리게 될 영광과 비교가 되지 않는다고 선언하고 있습니다. 이것이 믿음을 가진 성도가 품어야 할 하나님의 결론입니다. 하나님의 결론을 가지고 살아가는 성도는 이것을 생각하며 살아야 한다고 18절 첫 마디에서 강조하고 있습니다. '생각하건대' 생각하다는 헬라어로 '로기조마이'라고 하는데 결론을 내리다는 뜻입니다. 믿음을 가진 성도가 생각해야 할 주제가 무엇인가 하나님이 이루어 주실 결론입니다. 성도가 품어야 할 하나님의 결론은 과연 무엇을 의미할까.

1. 장차 나타날 영광

18절 보시면 현재의 고난은 장차 우리에게 나타날 영광과 비교할

수 없다고 성경은 약속하고 있습니다. 나타날 영광이라는 표현이 나오는데 나타나다는 헬라어로 가려진 것을 제거하다라는 뜻으로 여기서 계시하다라는 단어가 나왔습니다. 지금은 감추어져 있지만 때가 되면 성도가 누리게 될 영광을 하나님께서 분명히 보여주실 것을 사도 바울은 강조하고 있습니다. 주님께서 다시 오시는 날 그날이 오기를 소망하며 믿음으로 고난을 견뎌낸 성도들은 감추어진 영광을 보게 될 것이며 그리스도와 함께 영화를 누리게 될 것을 성경은 고후 4:17절에서 말씀하고 있습니다.

'우리가 잠시 받는 환난의 경한 것이 지극히 크고 영원한 영광의 중한 것을 우리에게 이루게 함이니'

지금은 가리어져 있지만 장차 누리게 될 영광을 바라보며 인내의 믿음을 가지고 살아가는 것이 성도가 품어야 할 소망임을 사도 바울은 전하고 있습니다. 이것이 우리가 가지고 있어야 할 하나님의 결론입니다. 중요한 것은 하나님의 결론을 가지고 살아가는 자는 어떤 고난과 역경도 이겨낼 수 있다는 사실입니다. 하나님의 결론을 가지고 살아가는 자는 어떤 상황에서도 흔들리지 않습니다. 왜냐하면 확실히 이루어질 결과를 알고 있기 때문입니다. 언젠가 도쿄 올림픽을 보면서 두 가지 경험을 하게 되었습니다. 남자 유도 개인전 결승은 실시간으로 보았고 터키와 경기했던 여자 배구는 녹화된 것을 보았습니다. 남자 유도 개인전 결승을 실시간으로 볼 때 밥이 넘어가지 않았습니다. 결과를 알지 못하기 때문에 손에 땀을 쥐면서 경기를 지켜보았지만 안타깝게도 일본 선수에게 지고 말았습니다. 하지만 터키와 경기

했던 여자 국가대표 경기는 상황이 달랐습니다. 경기 과정은 숨 막히는 접전의 접전이었지만 이미 승리의 결과를 알고 있었기 때문에 마음의 여유를 가지고 녹화된 경기를 볼 수 있었습니다. 결과를 알고 있는가, 모르는가는 삶의 과정에서 찾아오는 고난을 어떻게 상대하게 하는지 결정짓는 중요한 기준이 될 수 있습니다.

사랑하는 성도 여러분! 현재의 고난은 장차 우리에게 나타날 영광과 비교할 수 없다고 성경은 약속하고 있습니다. 이것이 우리가 품어야 할 하나님의 결론이며 이것을 생각의 주제로 정하고 살아가는 자는 어떤 형편에서도 견딜 수 있고 어떤 고난도 참음으로 이겨낼 수 있다고 성경은 증거하고 있습니다. 하나님의 결론을 가지고 살아가는 여러분들에게 세상이 주는 고난을 이겨내게 하시는 보혜사 성령이 우리와 함께 하고 계심을 믿으시면서 장차 누리게 될 영광의 날을 소망하며 살아가시기를 주님의 이름으로 축원합니다.

2. 회복의 날

19절 보시면 피조물이 고대하는 바가 있다고 사도 바울은 알려주고 있습니다.

'피조물이 고대하는 바는 하나님의 아들들이 나타나는 것이니'

피조물이 고대하는 바가 하나님의 아들들이 나타나는 것이라고 성경은 말씀하고 있습니다. 무엇을 의미하는가, 하나님의 아들들이 나타난다는 것은 예수님께서 재림하시는 날 그리스도인들이 주님과 함께 영화의 단계에 들어가는 것을 의미합니다. 성도들이 주님과 함께 영화의 단계에 들어가는 것을 피조물이 고대하는 이유가 무엇인가. 그날은 모든 것이 제자리로 돌아가는 회복의 날이 될 것이기 때문입니다. 사도 바울은 20절에서 피조물이 처한 상태를 보여주고 있습니다.

'**피조물이 허무한 데 굴복하는 것은** 자기 뜻이 아니요 오직 굴복하게 하시는 이로 말미암음이라'

인간을 포함한 피조물들이 허무한데 굴복하고 있다는 것이 사도 바울이 진단한 현재 상태입니다. 허무한 데라는 표현이 나오는데 허무하다는 것은 무익한, 쓸데없는, 목적이 없는 상태를 의미합니다. 피조물의 상태가 어떠한가 창조의 원래 목적을 잃어버리고 허무한데 굴복하여 썩어짐의 종노릇하고 있다고 성경은 전해주고 있습니다. 그 이유가 무엇인가 인간 타락의 결과 때문입니다. 하나님께서 범죄한 아담에게 징계를 내리실 때 피조물도 함께 벌을 받았습니다. 창 3:17-18절 보시기 바랍니다.

'아담에게 이르시되 네가 네 아내의 말을 듣고 내가 네게 먹지 말라 한 나무의 열매를 먹었은즉 **땅은 너로 말미암아 저주를 받고** 너는 네 평생에 수고하여야 그 소산을 먹으리라 **땅이 네게 가시덤불과 엉겅퀴를 낼 것이라**'

아담이 타락할 때 피조물도 함께 저주를 받았고 그로 말미암아 자연은 인간에게 가시덤불과 엉겅퀴를 토해내고 있습니다. 지금 우리가 당하고 있는 자연재해, 환경 오염, 바이러스의 출현 같은 것들이 저주받은 땅이 토해내고 있는 가시덤불과 엉겅퀴라고 해석할 수 있습니다. 중요한 것은 인간의 타락으로 인하여 땅은 저주를 받았고 피조물은 창조의 원래 목적을 상실한 허무한 상태에 있다고 성경은 말씀하고 있습니다. 이로 인하여 피조물이 함께 탄식하며 고통을 겪고 있다는 사실 사도 바울은 22절에서 기록하고 있습니다.

'**피조물이** 다 이제까지 **함께 탄식하며 함께 고통을 겪고 있는 것을 우리가 아느니라**'

그런데 성경은 탄식하며 고통을 겪고 있는 피조물이 바라는 것이 있다고 전하고 있습니다. 21절 보시면

'**그 바라는 것은 피조물도 썩어짐의 종 노릇 한 데서 해방되어 하나님의 자녀들의 영광의 자유에 이르는 것이니라**'

주님께서 오시는 날이 되면 하나님의 자녀들이 영광의 자유에 이르게 될 것이며 피조물도 썩어짐의 종노릇에서 해방되어 창조의 목적을 되찾는 회복의 날이 될 것을 성경은 약속하고 있습니다. 우리는 여기서 예수 그리스도가 만물을 새롭게 하시는 제2의 창조 역사를 이루시는 하나님이심을 알 수 있습니다. 이에 대해 이사야 선지자는 사 65:17, 25절에서 예언하고 있습니다.

'**보라 내가 새 하늘과 새 땅을 창조하나니** 이전 것은 기억되거나 마음에 생각나지 아니할 것이라'
'이리와 어린 양이 함께 먹을 것이며 사자가 소처럼 짚을 먹을 것이며

뱀은 흙을 양식으로 삼을 것이니 나의 성산에서는 해함도 없겠고 상함도 없으리라 여호와께서 말씀하시니라'

사랑하는 성도 여러분! 모든 것을 제자리로 돌아가게 하시고 만물을 새롭게 하시는 분이 예수 그리스도이심을 믿으시기 바랍니다. 많은 사람들이 코로나 이전 시대로 돌아가지 못할 것이라고 주장하고 있습니다. 그러나 우리는 만물을 새롭게 하시는 예수 그리스도의 창조능력을 믿어야 합니다. 지난날처럼 되게 할 것이라 말씀하시며 바벨론 땅 허무한 곳에 굴복하고 있던 유다 백성들을 하나님께서는 약속대로 제자리로 돌아오게 하셨고 무너진 성전과 성벽을 재건하게 하셨습니다. 우리는 그 하나님을 믿어야 하는 것입니다. 지난날처럼 되게 할 것이라는 주의 약속을 믿어야 하는 것입니다. 피조물도 만물을 새롭게 하시는 회복의 날을 소망하며 기다리고 있다면 하나님의 자녀 된 우리는 장차 누리게 될 영광의 날을 바라보며 하나님의 결론을 품고 현재의 고난을 믿음으로 이겨내야 할 줄 믿습니다. 무너진 모든 것을 다시 재건하실 그리스도를 믿는 우리에게 회복의 은혜가 임하기를 주님의 이름으로 축원합니다.

둘째, 하나님은 참음으로 기다리는 자를 웃게 하십니다.

23절이 중요한 말씀입니다.

'그뿐 아니라 또한 우리 곧 성령의 처음 익은 열매를 받은 우리까지도 속으로 탄식하여 양자 될 것 곧 우리 몸의 속량을 기다리느니라'

성령의 처음 익은 열매라는 표현이 나오는데 무슨 의미인지 이해가 되십니까. 어떤 신학자는 성령의 처음 익은 열매라는 구절이 당황스러운 표현이라고 하면서 납득하기 어렵다고 이야기한 적이 있습니다. 성령의 처음 익은 열매가 무엇을 의미하는가, 공동번역에서는 이렇게 표현하고 있습니다. '하나님께서 첫 선물로 주신 성령' 공동번역에서는 성령과 처음 익은 열매와 첫 선물을 같은 개념으로 이해하고 있습니다. 성경이 성령을 가리켜 처음 익은 열매라고 표현하는 것은 성령이 강림하신 오순절과 연관이 있습니다. 행 2장에 보면 성령은 오순절 날 강림하셨습니다. 유대 사회에서 오순절은 첫 열매를 거두어 드리는 절기로 하나님이 성도들에게 주신 구속사의 첫 선물이 성령이라는 사실을 성경은 증거하고 있습니다. 존 스토트는 성령의 처음 익은 열매에 대하여 이렇게 해석하고 있습니다. '첫 열매라는 말은 추수의 처음 시작이자 완전한 추수가 뒤따를 것에 대한 보증이다' 이에 근거하여 23절 보시면 하나님께서 성령을 첫 열매로 주시는 이유를 이해할 수 있습니다.

'그뿐 아니라 또한 우리 곧 **성령의 처음 익은 열매를 받은 우리까지도 속으로 탄식하여 양자 될 것 곧 우리 몸의 속량을 기다리느니라**'

성령은 구속함을 받은 우리에게 하나님이 주신 첫 열매이자 선물입니다. 성령 받은 우리는 구원을 향한 첫걸음을 시작하였으며 우리의 구속이 완성되는 그날까지 성령께서 우리와 동행하시며 우리의 믿음을 붙들어 주실 것을 성경은 약속하고 있습니다. 우리는 여기서 중요한 결론을 내릴 수 있습니다. 우리의 구원을 누가 보증하시는가, 하나님께서 보내주신 성령이 우리의 구원이 완성될 것을 보증해 주신다는 사실 사도 바울이 전하고 싶은 복음입니다.

그런데 23절 보시면 안타깝게도 탄식이라는 단어가 등장하고 있습니다. 성령을 받은 성도가 왜 탄식하고 있는가 답은 간단합니다. 우리에게는 아직도 육신의 연약함이 있고 옛사람의 흔적이 남아 있기 때문입니다. 육신을 가지고 살아가는 우리는 죄의 유혹에 넘어질 연약함이 있고 죄의 습성이 남아 있음을 인정하지 아니할 수 없습니다. 성령을 받은 성도가 육신의 약함 때문에 탄식하는 것은 자연스러운 현상이라 말할 수 있습니다. 중요한 것은 성령 받은 사람은 연약함 때문에 탄식할 수 있지만 죄의 유혹 때문에 넘어질 수 있지만 그럼에도 불구하고 성령께서 우리의 구원이 완성될 것을 보증해 주신다는 사실 사도 바울이 강조하고 싶은 메시지입니다. 주님께서 오시는 날이 되면 우리의 몸도 구속함을 얻어 영화로운 몸을 입게 될 것이고 그리스도가 누리는 영광에 참여하게 된다는 사실 성경이 선포하는 복음입니다. 주님께서 오시는 날 우리의 몸은 어떻게 변화될까. 주님과 같이 부활의 신령한 몸으로 다시 살아난다는 사실 고전 15:42-44절은 증거하고 있습니다.

'죽은 자의 부활도 그와 같으니 썩을 것으로 심고 **썩지 아니할 것으로 다시 살아나며** 욕된 것으로 심고 **영광스러운 것으로 다시 살아나며** 약한 것으로 심고 **강한 것으로 다시 살아나며** 육의 몸으로 심고 **신령한 몸으로 다시 살아나나니** 육의 몸이 있은즉 또 영의 몸도 있느니라'

누가 우리의 연약한 몸을 부활의 신령한 몸으로 영광스러운 몸으로 다시 살리실 수 있는가, 고후 3:18절 보시기 바랍니다.

'**우리가 다 수건을 벗은 얼굴로 거울을 보는 것 같이 주의 영광을 보매 그와 같은 형상으로 변화하여 영광에서 영광에 이르니 곧 주의 영으로 말미암음이니라**'

이를 보증하기 위해 하나님께서 보내주신 선물이 바로 성령이십니다. 성령은 우리에게 믿음을 주셨고 하나님과의 관계를 회복시켜 주셨습니다. 성령은 우리에게 구원의 문을 열어주셨으며 구속의 첫걸음을 떼게 하셨습니다. 성령은 그리스도가 누리는 영화를 우리도 누리게 될 것을 보증해 주셨습니다. 성령을 선물로 받은 우리는 세상에서 어떻게 살아야 하는가.

1. 보이지 않는 것

눈에 보이는 것을 바라며 그것이 전부인 양 살아가는 사람들 안목의 정욕에 물든 사람들이 세상을 대하는 자세입니다. 하나님 보시기에 두 종류의 사람이 있습니다. 눈에 보이는 대로 살아가는 롯의 인생이 있습니다. 눈에 보이는 것을 좇으며 살아가는 롯의 인생 결말이 어떻게 되었습니까, 창 13:12절 주목해 보시기 바랍니다.

'**아브람은 가나안 땅에 거주하였고 롯은 그 지역의 도시들에 머무르며 그 장막을 옮겨 소돔까지 이르렀더라**'

롯은 눈에 보이는 것을 좇아 살았습니다. 물이 넉넉해 보이는 땅 돈이 몰려드는 도시들을 옮겨 다니며 살았습니다. 끝내 소돔 성에 들어가 세상의 가치관에 휩쓸려 살다가 소돔과 고모라가 무너질 때 가정이 무너졌습니다. 롯의 인생이 무너졌고 자식의 인생도 무너졌습니다. 하지만 아브라함은 달랐습니다. 아브라함은 눈에 보이는 대로 살았던 사람이 아니었습니다. 눈에 보이지는 않지만 아브라함은 약속의 말씀을 따라 살았습니다. 하나님의 인도하심을 믿음으로 따라 살았습니다. 그 결과 아브라함은 약속의 땅 주인이 되었고 그 땅을 지금도 이스라엘의 후손들이 누리며 살고 있습니다. 성령 받은 사람은 눈에 보이는 대로 살아서는 안 됩니다. 성령 받은 사람은 보이지 않는 것을 소망하며 살아야 합니다. 그것이 믿음으로 사는 성도의 인생이며 품었던 소망이 영원한 현실이 되는 날을 성령께서 이루어 주실 것을 믿으시기 바랍니다.

2. 인내의 믿음

24-25절 보시면

'우리가 소망으로 구원을 얻었으매 보이는 소망이 소망이 아니니 보는 것을 누가 바라리요 만일 우리가 보지 못하는 것을 바라면 **참음으로 기다릴지니라**'

옛날에 '웃으면 복이와요'라는 프로그램이 있었습니다. 하지만 성경은 이렇게 말씀하고 있습니다. 참음으로 기다리는 자가 웃게 될 것이라고…. 하나님은 참음으로 기다리는 자를 웃게 하신다는 사실, 믿으시기 바랍니다. 참음으로 기다리는 자가 결국에는 웃게 되는 이유가 무엇일까, 약속의 말씀을 품고 기도하며 인내의 믿음으로 그날을 기다리는 자가 결실의 축복 맺을 수 있기 때문입니다. 참음으로 기다리는 자를 웃게 하시는 하나님을 기대하며 눅 8:15절 묵상하시면 좋겠습니다.

'좋은 땅에 있다는 것은 착하고 좋은 마음으로 말씀을 듣고 지키어 인내로 결실하는 자니라'